Angelika U. Reutter, Anne Rüffer
Frauen leben für den Frieden

Zu diesem Buch

Im Jahr 1905 erhielt Bertha von Suttner den Friedensnobelpreis – als erste Frau. Schon Alfred Nobel, der 1896 in seinem berühmten Testament diesen Preis stiftete, hatte die österreichische Pazifistin dafür empfohlen. Bis heute wurde diese international angesehene Auszeichnung jedoch erst zehnmal an Frauen vergeben, darunter an Mutter Teresa, den »Engel der Armen«, an Jody Williams, die für das Verbot von Landminen kämpfte, und zuletzt an die Iranerin Schirin Ebadi. Mit ihrem Engagement für Frieden und Menschenrechte haben diese Frauen gezeigt, daß Gegengewalt nicht die einzige Antwort auf kriegerische Konflikte und Menschenrechtsverletzungen ist. Angelika U. Reutter und Anne Rüffer haben in diesem Band die Lebenswege von elf bewundernswerten Frauen nachgezeichnet, die sich auf ihre ganz persönliche Art gegen Gewalt stark machten und dafür mit dem Friedensnobelpreis belohnt wurden. In ihren Reden kommen die Preisträgerinnen auf eindrucksvolle Weise selbst zu Wort.

Angelika U. Reutter, geboren 1943 in Bremen, studierte Psychologie an der Antioch University, Ohio, arbeitet seit fünfzehn Jahren in eigener Praxis und leitet Managementseminare.
Anne Rüffer, geboren 1957 im nordrheinwestfälischen Langerwehe, baute eine Firmengruppe im Kommunikationsbereich mit auf, war als Journalistin für Wochenzeitungen und verschiedene Fernsehstationen tätig und ist heute Mitinhaberin des Verlags Rüffer & Rub. Zuletzt erschien ihr Buch »Leben mit Schizophrenie«.

Angelika U. Reutter, Anne Rüffer
Frauen leben für den Frieden

Die Friedensnobelpreisträgerinnen
von Bertha von Suttner bis Schirin Ebadi

Mit 15 Abbildungen

Erweiterte Ausgabe

Piper München Zürich

Erweiterte Taschenbuchausgabe
Piper Verlag GmbH, München
April 2004
© 2001 Rüffer & Rub Sachbuchverlag, Zürich
unter dem Titel:
»Frauen mit Idealen. Zehn Leben für den Frieden«
Umschlag / Bildredaktion: Büro Hamburg
Isabel Bünermann, Friederike Franz,
Charlotte Wippermann, Katharina Oesten
Foto Umschlagvorderseite: Alexandra Avakian / Contact
Press Images / Agentur Focus
Satz: Diem Seiler DDB, Zürich
Druck und Bindung: Clausen & Bosse, Leck
Printed in Germany   ISBN 3-492-24209-X

www.piper.de

Inhalt

Anhang

Einleitung

Krieg ist immer das Resultat von Angst und Gewalt. Im Konflikt soll gelöst werden, was in Gesprächen und Verhandlungen nicht zu lösen war, nicht gelöst werden wollte. Zurück bleiben Elend und Zerstörung, Wut und Ohnmacht, und nicht zuletzt Brutstätten neuer Gewalt. Wer durch Waffengewalt besiegt wurde, will sich rächen, will Gerechtigkeit für sich und seine Sache – auch mit Gewalt.

Daß es auch andere Wege gibt, zeigen die Beispiele der elf Frauen, die bisher mit dem Friedensnobelpreis ausgezeichnet wurden. Sie beschlossen, sich für ihre Ideale einzusetzen, ohne sich mit Angst, Gewalt und Brutalität zu identifizieren. Ihre Motivation erwuchs aus einer Leben gebenden Haltung, einer inneren Haltung, die bereit war, dem Leben zu vertrauen und nicht aufzugeben.

Angelika U. Reutter und Anne Rüffer

Über die Friedfertigkeit

von Georg Kohler

I.

Warum Frieden zu machen soviel schwieriger ist als Krieg, ist eine Frage, über die nachdenken muß, wer die außerordentliche Leistung und die Tugend der Friedfertigkeit begreifen will, die sich in den elf Frauen verkörpert, die das Thema dieses Buches bilden.

Frieden zu machen und zu halten verlangt den Mut zu Neuem und ein ziviles Charisma, die das vollkommen Nicht-Selbstverständliche in jenen Situationen sind, die dem Ausbruch von Gewalt und der starren Logik blutiger Konflikte zugrunde liegen. Hat der Kreislauf von Raserei und Verletzung, von wütender Rache und kalter Vergeltung einmal begonnen, dann regiert das Gesetz der Wiederholung, und es ist nicht viel weniger als ein Wunder, wenn Menschen und Ereignisse auftreten, die den Wahnwitz aufzubrechen vermögen, bevor sich alle wechselseitig getötet haben.

Ich habe den Ausdruck »Wunder« nicht zufällig ins Spiel gebracht. Das Wort verweist auf die mit der Friedfertigkeit verbundene Tiefendimension vernünftiger Versöhnlichkeit, auf deren Kräfte Friedfertigkeit angewiesen ist – deren Kräfte zu erschließen aber auch ihr eigenes Vermögen darstellt.

Die Gestalt der antiken Mythologie, die diesen Zusammenhang zum Vorschein bringt, heißt *Iphigenie*. Iphigenie ist die große und – im Rahmen der antiken, vom patriarchalen Code der

Herrschafts- und Unterwerfungszeichen geprägten Mythologie – die einsame Figur der Versöhnung. In ihr repräsentiert sich das Gegenprinzip zur tragischen Notwendigkeit der homerischen Heldenmänner, die, einmal miteinander in Kampf geraten, nur noch Sieg oder Niederlage kennen, Feind oder Freund, Triumph oder Unterwerfung, und deshalb gezwungen sind, alles vermittelnd Friedensstiftende durch Krieg zu vernichten. Iphigenie sprengt die Verkettung von Gewalt und Gegengewalt, indem sie – freilich mit Athenes Hilfe – den fremden König Thoas, der ihr Asyl gewährte und den sie schließlich doch verläßt, zum Verzicht auf sein Kriegerrecht bewegt. Das ist ihre erste Wirkung. Die zweite Wirkung, die sie zur Kulturheroin ersten Ranges erhebt, ist mit einer Praxis verknüpft, die in der griechischen Antike für uns nicht leicht unterzubringen ist, die aber in der Frühzeit bei allen Völkern des Mittelmeerraumes verbreitet gewesen sein muß. Mit ihrem Weggang sorgt Iphigenie nämlich für das Ende ritueller Opferungen von Menschen: des Brauches, dem sie als Artemispriesterin verpflichtet war.

Zivilisationsgeschichtlich betrachtet markiert sie gleichermaßen den Schlußpunkt der archaischen Indifferenz gegenüber dem bewußten Lebenswunsch menschlicher Wesen wie die Eröffnung einer Kultur symbolischer, nicht mehr buchstäblicher Besinnung aufs Töten und Getötet-Werden.

II.

Iphigenie ist die älteste Tochter des Agamemnon und der Klytaimnestra, und was sie später selber mitvollzieht, um es schließlich zu beenden, soll zuallererst an ihr geschehen: das Menschenopfer. Als Agamemnon (bekanntlich einer der Führer im Trojanischen Krieg) seine Armee gesammelt hatte, war es ihm nicht möglich, mit den Schiffen auszufahren, weil Artemis, die Göttin der Jagd und zugleich die Beschützerin der wilden

Tiere, der Kinder und der Schwachen, unüberwindbaren Gegen-
wind schickte. Weshalb, ist in der Überlieferung umstritten.
Einige Quellen sagen, »daß sich entweder Agamemnon gebrüstet
hatte, ein besserer Jäger zu sein als selbst Artemis; [andere] daß
er in dem Jahr, als Iphigenie geboren wurde, gelobt hatte, die
schönste Frucht des Jahres zu opfern, und das Gelöbnis nicht
gehalten hatte, da dies eben Iphigenie war; oder daß Artemis
ihn für eine Sünde seines Vaters Atreus strafte, der den Eid gebrochen hatte, das erste Lamm seiner Herde zu opfern. Aischy-
los [der Tragödiendichter] nimmt an, daß der Grund für Artemis' Feindseligkeit ein von Zeus gesandtes Omen war, das sich
für Agamemnons künftigen Sieg in Troja verbürgen sollte: Vor
den Augen der griechischen Armee hatten nämlich zwei
Adler, die die Atriden, die zwei Söhne des Atreus: Agamemnon
und Menelaos, symbolisierten, eine trächtige Häsin in Stücke
gerissen, und Artemis war als Beschützerin der Tiere [und der
Fruchtbarkeit] über das Leiden der unschuldigen Kreatur so
erzürnt, daß sie die Abfahrt der Flotte verhinderte. Jedenfalls
verlangte Artemis nun das Leben Iphigenies.«[1]

Agamemnon tut, was der Krieger und General tun muß. Mit
einer List lockt er Iphigenie aus der Obhut der Mutter nach
Aulis, wo sein Heer wartet, und schlachtet, wie von der Göttin
befohlen, die Tochter. Klytaimnestra wird ihm die Tat nie vergeben, und nach seiner Rückkehr aus Troja läßt sie ihn im Bad
erschlagen.

Über das, was passierte, als Iphigenie zum Opferaltar geführt
wurde, gibt es zwei Versionen. Nach der einen, aischyleischen,
wird sie im Beisein des Vaters von den Priestern am Artemis-
altar getötet. Nach der anderen, vom Dichter Euripides berich-
teten (und diese ist es, die Iphigenie vom bloßen Opfer zur
Friedensstifterin erhebt), wird sie von der Göttin im letzten
Augenblick gerettet, und an ihrer Stelle stirbt ein Tier. Artemis

versetzt Iphigenie nach Tauris auf der Krim, »wo sie in einem Tempel, in dem Menschenopfer stattfanden, ihre Priesterin sein sollte«².

III.

Iphigenie wird so selber beteiligt am sakralen Dienst, der verlangt, daß man zur Erinnerung an die Macht der Götter und als Warnung vor menschlichem Übermut (und, im Fall von Tauris, zur Abschreckung der Auswärtigen) seinesgleichen umbringt. Im taurischen Tempel befand sich ein Artemisstandbild, dem alle Fremden, die ins Land kamen, darzubringen waren. Iphigenie mußte die Gefangenen auf diese Handlung vorbereiten. Inzwischen hatte ihr Bruder, Orest, viele Jahre nach der Entrückung Iphigenies, die schließlich auch Agamemnon das Leben kostete, den Vater gerächt. Orest tötete seine Mutter und den Onkel Aigist, der als Klytaimnestras Liebhaber, von ihr angestiftet, Agamemnon mit einem Beil zerstückelt hatte. Aber auch Orests Tat ist Mord, Ausdruck von Haß und böser Verzweiflung; keine gerechte Strafe, sondern die Fortsetzung der blutigen, selbstmörderischen Kette, die die Atriden aneinander bindet. Deshalb treiben ihn die Furien, die Geister des inneren Aufruhrs und des seelischen Unglücks, in den Wahnsinn. Erst ein apollinisches Orakel verspricht Heilung: Wenn es Orest gelinge, die taurische Statue nach Attika zu bringen, dann werde die Schuld am Muttermord gesühnt sein.

»Als er mit seinem Vetter Pylades im Land der Taurer anlangte, nahm ihn König Thoas gefangen und übergab ihn Iphigenie zum Artemisopfer. Als Iphigenie hörte, daß die beiden Griechen waren…, versprach sie, einen von den beiden freizulassen, wenn er ihrem Bruder Orest Nachricht überbringen würde. Auf diese Weise erkannten Bruder und Schwester einander.«³

Um Orest zu retten, aber auch um das Orakel zu erfüllen, muß Iphigenie den König und die Taurer verraten und mit ihrer alten Rolle brechen. Sie ist Täterin, aber keine des Schwertes, sondern der Selbstüberschreitung (zweifellos setzt sie ihr Leben aufs Spiel, wenn sie der sakralen Ordnung widerspricht, die die Tötung der Eindringlinge verlangt) – und der List: »Iphigenie überlegte, wie sie Orest und Pylades vor dem Tod bewahren konnte, und erzählte Thoas vom Muttermord des Griechen, der ihn unrein gemacht habe: die zur Opferung vorgesehenen Fremden, so erklärte sie, wie auch das Artemisbildnis und sie selber als deren Priesterin müßten im Meer gereinigt werden, wobei die Taurer die Blicke abzuwenden hätten.«[4] Der Trick gelingt; die drei kommen mitsamt der Statue auf Orests Schiff und kehren nach Attika zurück.

IV.

Damit ist die Geschichte, wie sie Euripides berichtet, freilich noch nicht zu Ende erzählt. Um das, was nun geschieht – und was das für die Deutung von Iphigenies Gestalt besagt –, richtig zu verstehen, muß man sich drei Einsichten vor Augen halten, die alle mit Iphigenies Aufbruch zusammenhängen. Nämlich die Einsicht des Mit-Leides, die Iphigenie in der Begegnung mit dem fremden Bruder erfährt; die Einsicht in die Möglichkeit des Anderen und Neuen, die Iphigenie vom Orakel lernt: »Nimm das Bild, brich den Bann und geh!«; die Einsicht in die Chancen der List, die nicht schwächer sein müssen als die des Schwerts und der Gewalt.

Orest ist Iphigenies Bruder und zugleich ein Unbekannter. Sie weiß nicht, wer er ist, wenn sie ihn zum ersten Mal sieht. Im euripideischen Drama ist diese Szene, die schließlich zur gegenseitigen Erkenntnis tiefer Verbundenheit führt, von Anfang an mehr als bloß ein familiärer Akt. Daß der leidende Fremde der

Bruder ist und von derselben Heimatlosigkeit geschlagen wie Iphigenie selber, läßt den Zuschauer am Beispiel der Geschwister erleben, daß zwischen den Menschen, so fremd sie sich auch sein mögen, ein gemeinsamer Zusammenhang und jenes Bedürfnis nach Heilung besteht, das alle einander so vertraut machen könnte wie die zwei, die sich endlich als Gefährten in der gleichen Schicksalsgemeinschaft erkennen und begreifen.

Nach Tauris ist Orest gekommen, weil das Orakel und also ein Gott, Apollon, es wollte. Durch Orest, den Bruder, hört das Iphigenie, und weil sie dem Bruder vertraut, vertraut sie dem Spruch als einer göttlichen Weisung: »Nimm das Bild; geh!« Darin liegt die Ermächtigung, die Tradition zu durchkreuzen, die sie bisher beherrscht hat, und etwas Neues zu beginnen. Die Götter verlangen nicht, daß ihr Bild ewig in Blut getaucht bleibt; es genügt, wenn die Menschen am Bild vergegenwärtigen, was zu lehren dessen eigentlicher Gehalt ist: die Ehrfurcht vor dem Leben – das so verletzbar ist wie eine trächtige Häsin oder ein wehrloses Kind. (Artemis forderte – und entrückte – Iphigenie, weil sie, die Göttin der Hege des Natürlichen, die ungehemmte Mordlust der nach Troja ausrückenden Krieger empört hatte.)

Das Orakel ermutigt zum Aufbruch noch in einem zweiten Sinn; nämlich in dem Sinn, der Iphigenie zum Symbol epochaler Wandlung macht: zur Figur, durch die das Sakrale geistig wird und seine furchtbare, menschenverzehrende Buchstäblichkeit verliert. Wer das *Bild* reinigen muß, weiß: die Götter und ihr Bild sind nicht das Gleiche. Und er – oder sie – weiß, daß das, was das Götterbild bedeutet, ebenso eine menschliche Wahrheit ist wie die Warnung vor unmenschlicher Selbstüberhebung. Wen diese Botschaft aber erreicht hat, der ist zu einem Bewußtsein gelangt, das mit der barbarischen Buchstäblichkeit nicht mehr vereint werden kann, die die Bedingung aller archa-

ischen Unmittelbarkeit ist – sei es der vermeintlichen Real-
präsenz des Göttlichen in dessen Abbild, sei es der im Opfer
zu leistenden Erinnerung an die humane Hinfälligkeit durch
den Vollzug einer tatsächlichen Tötung.

V.

Iphigenie wird durch ihre Erfahrung mit Orest zu einsichtig
und zu klug, um weiterhin in der alten Art Priesterin zu bleiben.
Deshalb darf sie zur List greifen, die – anders als die erste List
des Agamemnon, die alles Unheil in Gang gebracht hatte –
den Bann löst und die Atriden von ihrer Friedlosigkeit befreit.
Allerdings: Mut, Mitleid, Klugheit und Tatkraft allein genügen
nicht, um die Grundkehren im Seelenzustand der Menschen zu
bewirken, die Haß und Feindschaft, böse Vorurteile und gewalt-
tätige Fremdenangst verwandelten in Achtung vor dem Anderen
und in Sympathie. Fried-Fertigkeit, in dem epochemachenden
Sinn, wie ihn Iphigenie verkörpert, ist eine ganz und gar ungewöhnliche Macht und ihr Auftreten ein Ereignis, das die nor-
malen Kausalitäten unterbricht. Sie ist etwas Wunderbares, d.h.
ein Wunder Wirkendes, in der ursprünglichsten Bedeutung des
Wortes. Der Mythos und das euripideische Stück machen das
klar durch den manifesten Eingriff der Götter, ohne den alle
menschlichen Energien nichts wert wären. Poseidon, der Meer-
gott, hilft bei der Flucht und – das vor allem – Athene erscheint
dem erbosten Thoas und sagt ihm, Apollon und Artemis selbst
hätten die Überführung des Bildes nach Attika beschlossen.
Seitdem hörten die Menschenopfer an Artemisaltären auf.

Die Epiphanie der Götter ist die mythisch-archaische Weise, das
Unerhörte von Iphigenies Friedensmacht zu bezeichnen. Erst
Goethes Darstellung der Figur aber erklärt auch dem modernen,
wenn man will: dem aufgeklärten Bewußtsein hinreichend
rational, worauf Iphigenies Wirkung beruht – und inwiefern

es das Werk einer universalen Kraft ist, die Iphigenie zwar zu wecken, aber nicht zu erschaffen vermag. Bei Goethe verzichtet Iphigenie auf alle List und setzt auf Verständigung durch Wahrheit – was in zwiefacher Hinsicht das Not-Wendige und Richtige ist. Im Vertrauen auf die gemeinsame Geltung der »Stimme der Menschlichkeit« erreicht sie Thoas' Geist und Gemüt und heilt zugleich Orest, der darauf den Orakelspruch so zu interpretieren versteht, daß zu dessen Erfüllung ein Betrug oder Raub gar nicht mehr nötig ist. Das Orakel meinte nicht Apollons Schwester Artemis, sondern die eigene Schwester, Iphigenie.

Orest (zu Thoas): »Das Bild, o König, soll uns nicht entzweien' / Jetzt kennen wir den Irrtum, den ein Gott / Wie einen Schleier um das Haupt uns legte / Da er den Weg hierher uns wandern hieß. / Um Rat und um Befreiung bat ich ihn / Von dem Geleit der Furien; er sprach / Bringst du die Schwester, die an Tauris' Ufer / Im Heiligtume wider Willen bleibt, / Nach Griechenland, so löst sich der Fluch.« Weil ihm durch Iphigenie klargeworden ist, daß es immer nur um den lebendigen Menschen und nicht um ein bloßes Abbild gehen darf, kann Orest auf die sakrale Figur und das Haben-Wollen verzichten, und dies gibt Thoas die Freiheit, sich seinerseits aus der Verstrickung von Selbstbehauptung, Überwältigung und Rache zu lösen: »*Thoas:* So geht! *Iphigenie:* Nicht so, mein König! Ohne Segen / In Widerwillen scheid' ich nicht von dir. / Verbann uns nicht! Ein freundlich Gastrecht walte / Von dir zu uns: so sind wir nicht auf ewig / Getrennt und abgeschieden (…) wende dich zu uns und gib / Ein holdes Wort des Abschieds mir zurück! / Dann schwellt der Wind die Segel sanfter an / Und Tränen fließen lindernder vom Auge / Der Scheidenden. Leb wohl! und reiche mir / Zum Pfand der alten Freundschaft deine Rechte. *Thoas:* Lebt wohl!«

VI.

Warum ist Frieden zu machen so schwer? Goethes Schauspiel, dessen Ende die Versöhnung vollzieht, als wäre sie das natürlichste Geschehen zwischen den Menschen, erklärt am Schicksal des Orest, was Friedlosigkeit im Grunde ist: eine Krankheit. Eine seelische Krankheit mit höchster Ansteckungsgefahr. Wer von ihr betroffen ist, überträgt sie mit beinahe mechanischer Notwendigkeit auf die, die seinen Weg kreuzen. So wird auch offensichtlich, was es braucht, um der Krankheit der Friedlosigkeit zu widerstehen – nämlich eine seltene Resistenz und wunderbare Widerstandskraft, die vor der Gewalt nicht den Kopf verliert, dem Wahnsinn das Mitleid nicht verweigert und im Verhängnis die Hoffnung nie aufgibt.

Iphigenie ist, wie jede Friedensstifterin, ein Genius der Ermutigung und Zuversicht. Ein Geist, der die kranken Seelen heilt, indem er sie an das erinnert, was sie eigentlich sind und immer noch sein könnten: Räume des Austauschs von Gefühlen, nicht Verliese der Ichsucht; Möglichkeiten des Neubeginns, nicht Geschöpfe der Zwänge und der Macht.

Friedfertig ist der Geist, der heilt, indem er die Seelen zu sich selber bringt und zugleich weit werden läßt; das heißt: der sie so öffnet, daß sie bei sich anderes als nur dies vernehmen, was sie bisher bestimmte, und dadurch jene Stimme überdeckte, die ebenso die eigene wie die von alter ego ist, die – wie Thoas sie nennt – »Stimme der Wahrheit und der Menschlichkeit«, die jeder hört, »geboren unter jedem Himmel, dem/ Des Lebens Quelle durch den Busen rein / Und ungehindert fließt«.

VII.

Iphigenien sind Heilerinnen. Wie sie wirken und was sie wirken, ist kein Geheimnis: Sie glauben – so einfach darf man es sagen – an das Bessere und Gute im Menschen. Rar und außerordentlich ist aber die Ausstrahlung, die von diesen »Frauen mit Idealen« ausgeht. Sie ist es, die ihre Überzeugungen leuchtend macht – und zum großen Geschichtszeichen: »Ja zur Güte gehört Stärke. (...) In der allgemeinen Auffassung sind gut und schwach beinahe identische Begriffe. Aber man wird es noch begreifen lernen, daß es Genies und Helden der Güte geben kann, und daß die Welt heute solche Helden braucht.« *(Bertha von Suttner)*

Professor Dr. Georg Kohler ist Ordinarius für politische Philosophie an der Universität Zürich.

Vom Menschen zum »Edelmenschen«, der den Frieden will

Bertha von Suttner
Friedensnobelpreis 1905

»*Gegen Unrecht – wenn man es als solches erkennt – muß man sich wehren, da gibt's nichts anderes. Schweigen ist da, obwohl es Verachtung auszudrücken vorgibt, selber verächtlich. Nicht nur die Betroffenen müssen reagieren; auch den Unbeteiligten, wo immer sie ein Unrecht sehen, kommt es zu, sich dagegen aufzulehnen. Ihr Schweigen ist Mitschuld und beruht zumeist auf denselben Motiven wie das Schweigen der Betroffenen, nämlich auf Ängstlichkeit. Nur nicht anstoßen... nur nicht sich Unannehmlichkeiten zuziehen; das ist das Grundmotiv, wenn es sich auch äußerlich als vornehme Zurückhaltung gebärdet.*«[5]

Bertha von Suttner

»*Wenn ich diesmal anonym vor das Publikum trete, so geschieht es, weil mein Name, wenn genannt, gerade solche Kreise meinem Buch verschließen könnte, für die es hauptsächlich bestimmt ist.*«

Dieser Satz, mit »Jemand« unterzeichnet, wurde »im Frühjahr 1889« geschrieben. Noch einmal, im Spätherbst 1890, meldete sich dieser »Jemand« zu Wort, in der zweiten Auflage des Buches: »*Es wurde von so vielen Seiten die Behauptung aufgestellt, daß Maschinenalter von Max Nordau* [1849–1923, Schriftsteller und Arzt, mit Theodor Herzl einer der Gründer des Zionismus, Kultur- und Zeitkritiker] *verfaßt sei, daß dieser sich veranlaßt fand, im ›Berliner Tagblatt‹ und anderen Zeitungen zu erklären, daß dies ein Irrtum sei, da er die Gewohnheit habe, das, was er schreibe, mit seinem Namen zu vertreten. ›Jemand‹ kann sich nur geschmeichelt fühlen, daß seine Arbeit einem so bedeutenden Schriftsteller zugeschrieben worden ist; doch wollte er sich gegen den in Dr. Nordaus Worten enthaltenen, leisen Vorwurf verwahren, als beruhe die Anonymität auf einer Art Mutlosigkeit, auf der Scheu, für die eigene Meinung offen einzustehen. Dies ist hier nicht der Fall. Wenn einmal das Geheimnis verraten sein wird – und dies pflegt ja früher oder später immer zu geschehen –, so wird man leicht einsehen, warum einzig im Interesse des Buches der Autorenname so lange als möglich verschwiegen worden ist.*«[6]

»Jemand« hatte allen Grund zur Vorsicht, sorgten doch diese *Zukunftsvorlesungen über unsere Zeit,* so der Untertitel des Buches, für heftigste Diskussionen. Kein Thema ließ »Jemand« aus – ob es um die Gleichstellung der Frau in der Gesellschaft ging, um den generellen Verzicht auf Gewalt oder den Jugendunterricht. Auch über Frauen, Liebe, Soziologie, Politik, Religion, Literatur, Kunst und Wissenschaft tat »Jemand« ausführlich seine Meinung kund.

Hinter dem Pseudonym verbarg sich eine Person, die ihre Memoiren mit den Worten einleitete: »*Was mich einigermaßen berechtigt, meine Erlebnisse mitzuteilen, ist der Umstand, daß ich mit vielen interessanten und hervorragenden Zeitgenossen zusammenge-*

troffen bin, die sich allmählich zu historischer Tragweite herausgewachsen haben, mir manchen Einblick in das politische Getriebe unserer Zeit gewährten, und daß ich im ganzen also wirklich Mitteilungswertes zu sagen habe.«[7] Das klingt selbstbewußt und doch zurückhaltend. »Jemand« war eine Frau. Und von einem von einer Frau verfaßten Buch, das wissenschaftlichen Anspruch erhob, hätte zu jener Zeit vermutlich niemand Kenntnis genommen. »Jemand« war zudem eine starke Frau, die den geistigen Aufstand gegen militaristische Staatsideologien wagte. Sie galt als Utopistin und wurde als exaltierte »Friedensbertha« belächelt: *»Ich weiß, ihr haltet mich alle für eine lächerliche Närrin. Gebe Gott, daß ihr Recht haben möget«*[8], sagte diese Frau kurz vor ihrem Tod zu Stefan Zweig.

Den Ausbruch des Ersten Weltkrieges erlebte sie nicht mehr: Am 21. Juni 1914 starb Bertha von Suttner, sieben Tage bevor der österreichische Thronfolger Franz Ferdinand und seine Frau Sophie in Sarajewo ermordet wurden.

Jemand ergreift das Wort

Die Damen der feinen Berliner Gesellschaft haben sich an diesem Abend im Jahre 1892 zu einer besonderen Lesung eingefunden. Eine Aristokratin in schwarzer Toilette betritt den Raum. Sie ist von stattlicher Gestalt, hat ein schönes, klares Gesicht. Ruhig blickt sie auf die Versammlung und beginnt dann, aus ihrem Buch vorzulesen. Aber wie unerhört ist der Inhalt des Vorgetragenen: *»Ha, welche Lust, Soldat zu sein, ha, welche Lust… Eigentlich beginnt der Rausch – oder das Fieber mit einem Wort – schon beim Abmarsch. Zwar ist der Abschied vom Liebchen schwer gefallen – es war das eine Stunde, welche das Herz mit weichem Weh erfüllte –, aber wenn man einmal draußen ist mit den Kameraden, wenn es heißt: jetzt wird an die höchste Aufgabe gegangen, welche das Leben an den Mann stellen kann, nämlich das*

geliebte Vaterland verteidigen… Als dann die Spielleute den Radetzkymarsch intonierten und die seidenen Falten der Fahnen im Winde
flatterten, ich muß gestehen, in diesem Augenblick hätte ich nicht
umkehren mögen, auch in den Arm der Liebe nicht. Da fühlte ich,
daß ich dieser Liebe nur würdig wäre, wenn ich da draußen an der Seite
der Brüder meine Pflicht getan… Daß wir zum Siege marschierten,
bezweifelten wir nicht… Das ist ein eigenes Hochgefühl. Dieses
Bewußtsein, daß in dem Augenblicke ein Stück Weltgeschichte sich
abspielt, und dann der Stolz, die Freude am eigenen Mut – rechts und
links der Tod, der große, geheimnisvolle, dem man männlich trotzt…
es erwacht die Kampflust, es lodert die Wut, der Feindeshaß… das
Dreinhauen wird zur Wonne… Das Leben wird zum Plunder, Töten
wird zur Pflicht…«[9]

Die feinen Damen erschrecken. Es sind die Worte eines
Soldaten. Die Autorin fährt fort: »Das Dorf ist unser, nein, es ist
des Feindes und wieder unser, aber ein Dorf ist's nicht mehr, sondern
ein rauchender Trümmerhaufen. Die Bewohner hatten es schon früher
verlassen. Zum Glück, denn der Kampf in einem bewohnten Orte ist
gar etwas Fürchterliches, denn es fallen Kugeln von Feind und Freund
mitten in die Stuben hinein und töten Weiber und Kinder. Eine Familie
war dennoch in dem Orte zurückgeblieben, den wir gestern genommen,
verloren und wieder genommen haben, nämlich ein altes Ehepaar und
dessen Tochter – diese im Kindbett. Der Gatte dient in unserem Regi-
ment. Er sagte mir's, als wir uns dem Dorfe näherten. Der arme Teufel!
Er kam gerade zurecht, um die Wöchnerin und das Kind sterben zu
sehen, eine Bombe war neben dem Bette geplatzt. Was mit den Alten
geschah, ich weiß es nicht, vermutlich unter den Trümmern begraben.
Der Kampf auf offenem Felde ist schaurig genug, aber der Kampf
zwischen den menschlichen Wohnungen ist noch zehnmal grausiger.
Stürzendes Gebälk, aufschlagende Flammen, erstickender Rauch –
vor Angst toll gewordenes Vieh, jede Mauer, Festung oder Barrikade,
jedes Fenster Schießscharte. Eine Brustwehr habe ich da gesehen, die
war von Leichen gebildet. Da hatten die Verteidiger alle in der Nähe
liegenden Gefallenen aufeinandergeschichtet, um so geschützt darüber

auf den Angreifer hinwegzuschießen. Diese Mauer vergesse ich wohl im Leben nicht...« [10]

Die Stimme der Vortragenden wird kräftiger: *»Unsere Welt gibt sich für ungeheuer klug und belächelt die Wilden – und doch: In manchen Dingen können wir nicht bis auf fünf zählen... Und solange wir uns an die Vergangenheit klammern, werden wir Wilde bleiben. Aber schon stehen wir an der Pforte einer neuen Zeit – die Blicke sind nach vorwärts gerichtet, alles drängt mächtig zu anderer, höherer Gestaltung... Die Wildheit mit ihren Götzen und Waffen – schon schleudern sie viele von sich. Schon haben wir die Schwelle eines Zeitalters betreten, wo die Menschheit sich zur Menschlichkeit erhebt – zur Edelmenschlichkeit.«* [11]

Eine Zuhörerin spricht aus, was viele denken: »Gott hat es doch so gewollt. Es stirbt jeder nur dort und dann, wie es ihm vom Schicksal bestimmt ist.« Genau darüber hat Bertha von Suttner in ihrem Buch geschrieben: Wie sollte Gott entscheiden, was Menschen nicht aufhören wollten zu tun? Darüber, wie in den Kirchen das »Nun danket alle Gott« gesungen wird, wenn die »beneidenswerten Jungen« in den Kampf ziehen, um als Helden zurückzukehren, während die Gebete der Frauen sie begleiten. Jeder betet für die Seinen. Aber was ist mit den anderen, den Feinden?

Die Widersacher der fast Fünfzigjährigen nennen das Buch *Die Waffen nieder!* eine »rührselige Albernheit«, eine »aufdringliche, unkünstlerische Tendenzmacherei«, ein »gänzlich verfehltes Machwerk«. Sie glauben an die ›Gewehr-bei-Fuß-Ideologie‹, die auch noch die folgenden Jahrzehnte beherrschen wird. Bertha von Suttner weiß aber auch, daß viele andere es lesen und dadurch das Signal zur internationalen Friedensbewegung gegeben werden wird: *»Der Friedensliga wollte ich einen Dienst leisten, wie konnte ich das besser tun, als indem ich ein Buch zu schreiben versuchte, das ihre Ideale verbreiten sollte? Und am wirksamsten, so dachte ich, konnte ich das in Form einer Erzählung tun. Dafür würde ich sicherlich ein größeres Publikum finden als für eine Abhandlung.«* [12]

Der Friedenswille scheint wie ein Schiff, mit weißen Segeln zwar, im tosenden Meer der Kriegsbegeisterung zu versinken. In dieser Zeit grandioser Waffentechnik, die in einem noch nie dagewesenen Rüstungswettlauf immer ausgefeilter wird, warnt »Jemand« zutiefst beunruhigt: *»Alles wird verhundertfacht: die Schnelligkeit, das Licht, die Schöpfungs- und Vernichtungskraft. Der Wert von tausend Stunden Hände- und Geistesarbeit kann in die Leistung einer Sekunde gepreßt werden und tausend Todesqualen – in eine Bombe.«* [13]

Die Menschheit war deutlich gekennzeichnet durch Pionier- und Entdeckergeist in Wissenschaft und Technik. Bertha von Suttner weist das altersschwache Argument der Theologen, nach dem Kriege ihre letztliche Ursache in der sündigen Natur des Menschen fänden, leidenschaftlich mit den Worten zurück, daß der Mensch die Gefahr geschaffen habe und es auch an ihm sei, vor ihr zu hüten. Alle menschliche Energie müsse sich darauf konzentrieren, Bedingungen für den Frieden zu schaffen. So fordert sie ein rigoroses Umdenken der Mächtigen und jedes einzelnen: Das jahrtausendealte Ideal des »Kriegshelden« solle endlich dem »Friedenshelden« weichen.

Die Waffen nieder!

Die Frau, die Alfred Nobel mit *»chère baronne et amie«* ansprach, hieß mit vollem Namen Baronin Bertha von Suttner, geborene Bertha Sophia Felicita Gräfin Kinsky von Chynic und Tettau. Ein wahrhaft geschichtsträchtiger Name, den sie in *Die Waffen nieder!* verarbeitet, denn die Hauptperson, Komteß Martha Althaus, spätere Gräfin Dotzky, eine junge Frau der Wiener Hocharistokratie, trägt durchaus autobiographische Züge. Die Heldin dieses Schicksalsromans entlarvt das »mordgebietende Hurra«, die »edle Unsterblichkeit des Kriegshelden« und »die soldatische Wollust, den Feind zu besiegen«, die so oft in den

Schulbüchern besungen werden. Martha schildert die Kriegs-
bilder ohne Scheu, grausam und nackt. Die großen europäischen
Kriege von 1859 (Frankreich und Piemont-Sardinien gegen
Österreich, Schlacht von Magenta und Solferino), 1864 (Preußen
und Österreich verbünden sich gegen Dänemark), 1866 (Österreich gegen Preußen, Niederlage Österreichs in der Schlacht bei
Königgrätz) und 1870/71 (deutsch-französischer Krieg) treffen
sie schwer. Ihr erster Mann fällt 1859, mehrere Angehörige
werden 1866 von der Cholera dahingerafft. Ihr zweiter Gatte
wird schwer verwundet. Das Paar schließt sich der Friedensbewegung an und – als hätte Martha nicht schon genug erdulden müssen – die Franzosen erschießen 1871 ihren Mann als
angeblichen deutschen Spion. Martha fühlt grenzenlose Trauer
über den Verlust ihrer beiden Männer und denkt über die aus
Vaterlandsliebe begangenen Morde nach, die nur wegen dieses
Patriotismus keine sein sollen.

Als sie ihr Buch veröffentlichen will, bekommt Bertha von
Suttner zu hören, daß dieses Thema das Publikum nicht inter-
essiere oder daß die Leser sich verletzt fühlen könnten. Den
Kompromißvorschlag eines Verlages, den Buchtitel zu ändern,
lehnt sie ab. Erst drei Jahre nach Fertigstellung des Manuskripts
wagt es der Verlagsbuchhändler Edgar Pierson in Dresden, Ende
1889, das Buch zu veröffentlichen. Er druckt tausend Exemplare,
und das Unglaubliche geschieht: Das Buch erweist sich als
Bestseller, erreicht bis 1905 siebenunddreißig Auflagen, wird in
sechzehn Sprachen übersetzt und auch auf dem amerikanischen
Kontinent bekannt – ein Erfolg, der um die Jahrhundertwende
im deutschsprachigen Raum einmalig ist. Der liberale Politiker
und Philosoph Ritter Bartholomäus von Caneri schreibt im
März 1890 in der Wiener »Neuen Freien Presse«: »*Mit wahrem
Heldensinne wird da Front gemacht gegen den Zug unserer Zeit und
dem Kriege der Krieg erklärt. Niemals ist dem Militarismus in so
drastischer Weise dargetan worden, wieviel Elend er um sich verbreitet
und wie schön das von ihm mißachtete Leben sein kann.*«[14] 1913 wird

Die Waffen nieder! sogar verfilmt. Am 20. April 1914, zwei Monate vor dem Tod der Autorin, nimmt die Nordisk-Filmgesellschaft in ihrer Wiener Wohnung ein Interview auf, das dem Film vorangestellt werden soll. Die Uraufführung ist für den 17. September 1914 anläßlich der Eröffnung des Weltfriedenskongresses in Wien geplant, doch der Erste Weltkrieg durchkreuzt das Vorhaben.

Die Kritiker jedoch schütteln bei Erscheinen des Romans den Kopf über dessen Pathos. In einer Zeit des Ästhetizismus gilt *Die Waffen nieder!* literarisch als völlig mißraten. Doch die Beanstandungen lenken vom Zweck, nämlich »der Friedensliga einen Dienst zu leisten«, keineswegs ab. Im Gegenteil: Streitgespräche über die literarische Qualität erlahmen schnell, statt dessen entbrennen in der Öffentlichkeit Diskussionen über Krieg und Frieden und hören nicht mehr auf. Das bis anhin Selbstverständliche gerät ins Wanken. Sollte es tatsächlich andere politische Lösungen geben als die bisher propagierten und praktizierten, fragen sich die Leser, aufgestachelt von »Jemand«, einer Frau...

Das aufregende Leben der Bertha von Suttner zeigt den Mut und das Wagnis einer Frau um die Jahrhundertwende, zur Zeit der untergehenden Donaumonarchie, die sich mit starkem und geschicktem Willen zwischen Politik und Pazifismus, Literatur und Journalismus, Frauenbewegung und Liberalismus, österreichischer Aristokratie und internationalem Mäzenatentum bewegte und vom »Niemand« zum »Jemand« wurde – zu einer Frau, die sich mit Kraft und Vertrauen unermüdlich für die Entwicklungsfähigkeit der Menschen engagierte. Sie selbst faßte es in folgende Worte: »*Die ewigen Wahrheiten und ewigen Rechte haben stets am Himmel der menschlichen Erkenntnis geleuchtet, aber nur ganz langsam wurden sie von da herabgeholt, in Formen gegossen, mit Leben gefüllt, in Taten umgesetzt. Ideale nennt man diese Dinge,*

DIE WAFFEN NIEDER!

von

BERTHA VON SUTTNER

solange sie noch im Reiche der Idee schweben, als erreichte Fortschritte stehen sie da, sobald sie in eine sichtbare, lebendige und wirkungskräftige Form gebracht worden sind.«[15]

Die Veröffentlichung von *Die Waffen nieder!* fiel in eine neue Phase der pazifistischen Bewegung: Die französische Revolution jährte sich zum hundertsten Male. Bürgerliche Friedensfreunde übernahmen die Losung »*Liberté, Egalité, Fraternité*« und versammelten sich vom 23. bis 27. Juni 1889 in Paris zu einem Weltfriedenskongreß. Sie erinnerten daran, daß 1789 durch die Deklaration der Menschen- und Bürgerrechte eine neue, friedvolle Ära verheißen worden war. »Die Brüderlichkeit zwischen den Menschen bedingt die Brüderlichkeit zwischen den Völkern« – dieses Credo postulierten die Teilnehmer des nachfolgenden Weltfriedenskongresses in London 1890 als Maßstab der internationalen Politik. Bertha von Suttner hatte diesem Credo in ihrem Buch konkrete Form gegeben und damit den bürgerlichen Friedensfreunden ein Mittel gereicht, um den Geist des Militarismus und die Politik des Wettrüstens zu bekämpfen. Es wurde als Botschaft verstanden und gefeiert, von einfachen Bürgern wie von berühmten Kollegen, Leo Tolstoj pries das Buch gar als die europäische Antwort auf *Onkel Toms Hütte*: »*Ich schätze Ihr Werk sehr und denke, daß die Publikation Ihres Romans ein glückliches Vorzeichen ist. Die Abschaffung der Sklaverei wurde durch das berühmte Buch einer Frau, Mme Beecher-Stowe [Onkel Toms Hütte] vorbereitet; Gott gebe es, daß die Abschaffung des Krieges durch das Ihre bewirkt wird.*«[16]

Unter den Reaktionen auf *Die Waffen nieder!* gab es auch amüsante. Bertha von Suttner befand sich auf einer Vergnügungsreise nach Mentone und Venedig, als sie den englischen Pazifisten Felix Moscheles, der der Londoner Peace Association angehörte, kennenlernte. Nachdem er ihren Roman gelesen hatte, besuchte Moscheles sie 1890 in Venedig. Er war tief erschüttert und davon überzeugt, daß der Mann, um den die Heldin trauert – Baron Friedrich Tilling –, nicht mehr am Leben sei. Als ihm Baron von Suttner entgegentrat, fragte er diesen verwirrt »Sie sind also nicht tot?«, so stark identifizierte er die Autorin mit der Romanfigur.

Aus Johann Strauß' Absicht, einen Friedenswalzer für die Autorin zu komponieren, wurde zwar nichts, aber der Operettenkomponist Franz von Suppé widmete ihr einen Männerchorgesang »Die Waffen nieder!«, der am Vierten Weltfriedenskongreß in Bern zum ersten Mal aufgeführt wurde.

So wie der Roman die verschiedenen Lager in Aufruhr brachte, veränderte er auch das Leben der Autorin. Der Erfolg gab ihr die Kraft, 1891 die Friedensgesellschaften in Österreich und Italien zu gründen. Für das Komitee konnte sie einige prominente Zeitgenossen gewinnen, darunter die Grafen Carl Coronini und Rudolph Hoyos, den Mediziner Professor Freiherr von Krafft-Ebing und den steirischen Volksdichter Peter Rosegger. Hilfe fand sie zudem beim österreichischen Abgeordneten Bartholomäus Carneri, der sich bereits zuvor als weiser, willensstarker Wegbegleiter erwiesen hatte. Berühmte Namen, die sie unterstützten, konnte sie zwar unzählige vorweisen: Leo Tolstoj, Ludwig Fulda (1862–1939, Schriftsteller, Lustspieldichter), Max Nordau, Michael Georg Konrad (1846–1927, Schriftsteller, Gründer der Zeitschrift »Die Gesellschaft«, nationalliberaler Reichstagsabgeordneter 1893–1898), Conrad Ferdinand Meyer, Friedrich Spielhagen (1829–1911, Herausgeber von »Westermanns Monatshefte«), Ernst Haeckel (1834–1919, Zoologe und Naturphilosoph) und viele andere aus der politischen Szene. Sie alle stimmten ihr aus innerster Überzeugung zu, gedachten aber nicht, konkret zuzupacken.

Bertha von Suttner war davon überzeugt, daß Frieden »von oben nach unten« durchgesetzt werden mußte, und »oben« waren zu ihrer Zeit die Aristokratie und die Männer. Deren Haltung war aber eher phlegmatisch. Doch selbst wenn sie in der Öffentlichkeit von diesen lächerlich gemacht wurde, ließ sich Bertha von Suttner weder einschüchtern noch entmutigen. Im Gegenteil: Spott wie »wehleidige Priesterin des Gemüts« spornte sie eher an. Geschickt kam sie immer wieder auf den Punkt: *»Diejenigen, die die Lunte in den Händen haben, geben zum Glück acht. Sie wissen, daß bei solchem Pulvervorrat die Folgen schrecklich wären, wenn sie unvorsichtig oder gar freventlich das Feuer anlegten. Um also diese wohltätige Vorsicht zu steigern, wird der Pulvervorrat immer vergrößert. Wäre es nicht einfacher, freiwillig und übereinstimmend die Lunten wegzutun, mit anderen Worten abzurüsten? Den internationalen Rechtsstand einzusetzen, die getrennten Gruppen, die einander stets schwören, daß sie, wenn von der anderen Gruppe angegriffen, Schulter an Schulter kämpfen wollen, zu einer Gruppe zu verschmelzen, den Bund der zivilisierten Staaten Europas zu gründen?«* [17]

Ein anderes wichtiges Anliegen war für Bertha die Gleichberechtigung. Besonders setzte sie sich für die Zulassung von Frauen zu Bildungsstätten ein, die bis dahin nur Männern vorbehalten waren. Sie kämpfte für die persönlichen und politischen Rechte der Frauen, glaubte aber nicht, daß Frauen wegen ihres Geschlechts dem Frieden mehr verpflichtet seien als Männer. Sie glaubte vielmehr an den »Edelmenschen«.

Ihrem Aufruf zur Gründung einer »Österreichischen Gesellschaft der Friedensfreunde« waren nach einem Monat bereits über zweitausend Menschen gefolgt. Unter Suttners Präsidium nahm die neue Organisation im November desselben Jahres an der dritten Weltfriedenskonferenz in Rom teil. Als erste Frau durfte sie auf dem Kapitol sprechen, und merkwürdigerweise blieb das ihr altbekannte, sie ansonsten so plagende Lampenfieber diesmal aus: *»Man sollte glauben, daß sich nun der besagte Dämon auf mich hätte stürzen müssen, um mich jämmerlich zu würgen. Nichts davon. Ganz ruhig, unbefangen, freudig erhoben sagte ich, was ich zu sagen hatte, und stürmischer Beifall folgte meinen Worten.«* [18] Die Frau, die, wie sie in ihren Memoiren bemerkte, weiter keine Verdienste mitbrachte, als ein aufrichtiges Buch geschrieben zu haben, war jetzt eine öffentliche Person geworden.

Sie wurde zur Vizepräsidentin des Internationalen Friedensbüros gewählt, das seine Arbeitsstätte in Bern eröffnete und die Friedensinitiativen koordinieren sollte.

Die Adlige ohne Stammbaum

»Ach, warum bin ich nicht als Knabe zur Welt gekommen«, seufzte die junge Komteß Martha Althaus im ersten Teil von *Die Waffen nieder!* Ein Gedanke, der wohl auch die junge Bertha beschäftigt haben muß. Zu ihrer Zeit waren Männer Träger der Geschichte, groß und erhaben, wichtig und göttlich. Helden, die in den Schulbüchern gefeiert wurden: Sie kämpften und starben aus Liebe zum Vaterland.

»Die jugendliche Bertha war doch eine rechte Null«, notierte die vierundsechzigjährige Friedenskämpferin in ihr Tagebuch, als sie, berühmt geworden, über ihr Leben nachzudenken und ihre Memoiren zu schreiben begann. Vielleicht empfand sie dieses Gefühl der Wertlosigkeit, weil sie eine *»so schale, flittrige Jugend hatte, so Unschönes wie Spielbadreisen und Geldesverlobungen«,* wie sie es ausdrückte. Aus der unbedarften Komteß Kinsky war eine neue »Heldin« geworden, die nicht mehr fürs Vaterland sterben, sondern leben wollte, lieben und dienen. Das Mädchen, das am 9. Juni 1843 im Palais Kinsky am Altstädter Ring in Prag geboren wurde, war einen langen Weg gegangen. Sein Vater, k.u.k.-Feldmarschalleutnant Franz Josef Kinsky, war kein Haupterbe, sondern nur der dritte Sohn. Er lebte zwar in einem phantastischen Prager Palais, allerdings nur in einer Wohnung. Der Fünfundsiebzigjährige starb kurz vor Berthas Geburt und hinterließ eine fast fünfzig Jahre jüngere Witwe und den sechsjährigen Sohn Arthur, geboren 1837. Doch neben dem Ausfallen des Ernährers gab es ein noch größeres Problem: Berthas Mutter war »ungeboren« wie es in der Umgangssprache der österreichischen Aristokratie hieß. Sie konnte die benö-

tigten sechzehn hochadligen Ururgroßeltern nicht aufweisen, die ihr die Ebenbürtigkeit und damit das Recht, am Wiener Hof zu allen Festlichkeiten zugelassen zu werden, verschafft hätten. Daß Berthas Mutter eine geborene »von Körner«, eine Verwandte des berühmten Freiheitsdichters Theodor von Körner war, spielte hierbei keine Rolle. Den Zwiespalt, einerseits Aristokratin zu sein, andererseits als Bürgerliche behandelt zu werden, überwand Bertha von Suttner nie. Noch in ihrer zweiten Lebenshälfte, als sie längst eine »öffentliche Person« war, die Anspruch auf Gehör hatte, suchte sie ihre Identität zu festigen: Auf ihren Visitenkarten stand »Baronin Suttner, née Gräfin Kinsky«. Sie konnte soviel leisten, wie sie wollte, die Gesellschaft hatte sie nie wirklich akzeptiert und sie ihr Leben lang ihre Unterlegenheit spüren lassen.

Zwar kritisierte Baronin von Suttner den österreichischen Adel, doch schwingt in ihren Worten etwas Bewunderung mit: *»Da sind die Galerien mit den Bildern gekrönter Vorfahren, da ist die Rüstkammer mit den Waffen, die von den heerführenden Mitgliedern des Hauses getragen wurden, da sind die Zimmer, in denen königliche Gäste gewohnt haben, da sind ganze Museen von Pretiosen, Pergamenten und Dokumenten, die von der historischen Herrlichkeit des Hauses zeugen, da spricht alles von Macht, Glanz und Ruhm... Der Respekt, den das Alter einflößt, der fromme Schauer, den die sichtbare Spur längst verflossener Zeiten in jeder Seele weckt, die Achtung vor der melancholischen, aber ehrfurchtgebietenden Majestät der Vergangenheit – diesen Zoll von Gefühlen, die das prächtige, traditionsreiche Schloß jedem Besucher abzwingt, den zollt der Besitzer seiner eigenen Geburt, die ihn zum Erben und zum Repräsentanten aller gehäuften Ehren seines Hauses eingesetzt hat. Diese Selbstehrerbietung heißt dann Hochmut – aber liegt nicht auch eine Pietät darin?«* [19]

Als Vormund erhielt Bertha den General und Feldzeugmeister Friedrich Landgraf zu Fürstenberg, ein Freund und Kamerad ihres verstorbenen Vaters. Der von Bertha »nicht ungeliebte Fritz« hatte bei Hofe eine hohe Stellung, schwärmte für Feldmarschall Joseph Graf von Radetzky (1766–1858; nach ihm wurde der berühmte Radetzkymarsch benannt) und ließ außer seiner Gesellschaftsklasse, dem Hochadel, keine andere gelten. *»Der Ruhm der österreichischen Armee war in seinen Augen einer der schönsten Bestandteile der allgemeinen Weltenordnung. Mir schien er uralt, aber urlieb«,* schrieb Bertha über den Landgrafen, dem sie prägende Vorstellungen ihres Lebens verdankte. *»Ich betete ihn an, betrachtete ihn als höheres Wesen, dem ich unbedingten Gehorsam, Verehrung und Liebe schuldete und auch gern zollte.« Sein Bild hatte ihre »ganze Kindheit und erste Jugend… freundlich durchleuchtet«*[20].

Berthas Mutter blieb eine tief gedemütigte Frau, nicht nur wegen des mangelhaften Stammbaums, sondern auch durch den Tod des Ehemannes, der sie als »Frau ohne Mann« isoliert und schutzlos zurückließ. Als Sängerin versuchte sie, ihre Außenseiterposition zu verbessern, was ihr aber gründlich mißlang. Danach suchte Sophie Gräfin Kinsky beim Spiel das große Glück. Freudig malten sie und ihre Schwester sich aus, was sie mit den gewonnenen Millionen anfangen würden. *Rien ne va plus –* das wenige letzte Geld schmolz dahin. Und mit dem Geld schien auch die letzte Hoffnung auf ein bißchen mehr gesellschaftliche Anerkennung dahinzuschmelzen. Das Manko, nur eine »von Körner« zu sein, hätte lediglich durch eine angemessene Heirat aus der Welt geschafft werden können.

Auch Berthas Vormund litt, allerdings aus entgegengesetzten Gründen: Eine Heirat mit Sophie Gräfin Kinsky hätte seinem Ansehen bei Hof geschadet. Seine verborgene Herzensneigung galt, wie er selbst sagte, einer Frau, die zwar die Witwe eines Aristokraten, aber von Geblüt aus nicht hoffähig war. Seiner Familie wollte er kein Ärgernis bereiten, ihm selbst wäre eine solche Liaison gegen die »Korrektheit« gegangen. So blieb er unverheiratet und ein Leben mit Sophie Gräfin Kinsky ein Traum.

Die zwölfjährige Bertha und ihre fast gleichaltrige Kusine Elvira träumten auch, aber von etwas ganz anderem. Sie erfanden ein Spiel, das sie »Puff und Paff« nannten. Puff: Bertha schreitet durch den Raum. Sie gehört dem Hochadel an. Reichtum und orientalische Pracht umgeben sie. Ihre Schönheit ist berauschend, ihre Intelligenz feinsinnig. Feurige Liebesblicke werden ihr von allen Seiten zugeworfen, sie bleibt kühl. Und dann kommt er, der Held, der russische Fürst, der sie leidenschaftlich will. Er, gespielt von Elvira, ist belesen, Philosoph und rezitiert selbstgeschriebene Balladen. Ihre Begegnung entwickelt und verwickelt sich zu köstlichen Liebesdramen mit Eifersucht und Leidenschaft, Liebesschwüren und Zurückweisungen mit kühlem Lächeln... Paff: Das Spiel ist aus. Die Illusionen bleiben, bis zum nächsten Mal. Und das Spiel fand fast täglich statt. Sagte eine »Puff«, begann das Spiel, das stundenlang dauern konnte und mit verstellten Stimmen, Gesängen und Requisiten immer großartiger gestaltet wurde. Sagte eine von ihnen »Paff«, war das Spiel zu Ende, das Thema erschöpft, oder das Drama mußte wegen des energischen Dazwischentretens einer der Mütter unterbrochen werden.

Die kluge Elvira hatte schon mit acht Jahren einen gewissen Ruf als Dichterin errungen: Franz Grillparzer schrieb ihr freundlich, und Marie von Ebner-Eschenbach machte ihr einen Besuch. Ihr früh verstorbener Vater, ein Büchernarr, hatte dem kleinen Mädchen Hegel, Fichte und Kant zu lesen gegeben und zur Erholung Shakespeare, Uhland, Körner und Hölderlin empfohlen. Bei den Puff- und Paff-Spielen trug Elvira ihre selbstverfaßten Lieder und Tragödien vor. Sie führte ein Poesiealbum, in das sich Richard Wagner, Friedrich Halm, von Rückert und Hebbel eingetragen hatten, das Briefe von Lamartine, Victor Hugo, Alessandro Manzoni sowie die Abschrift einiger Zeilen aus *David Copperfield* in der Handschrift von Charles Dickens enthielt. Schillers Tochter sandte von dessen Weste ein Stückchen lila Seidenstoff, Nikolaus Lenaus Schwester eine gepreßte Rose von dessen Grab. Als Elvira, noch sehr jung, an Schwindsucht starb, erbte Bertha dieses Juwel. Elvira war die Dichterin,

Bertha die Schönheit. Sie beneideten sich nie. Sie fanden es großartig, verschieden zu sein. Puff – Paff: das Geheimnis einer Freundschaft.

Das Leben von Mutter Sophie und ihrer Tochter Bertha verlief auch Puff – Paff, drunter und drüber. Puff: rosarote Illusionen, Paff: alles vorbei. Enttäuschungen, Demütigungen und immer wieder die Erfahrung, nicht zu genügen. Um diese Scharte auszuwetzen, hätte sich Bertha hochwohlgeboren verheiraten müssen, doch die erste Chance kam zu früh: Prinz Philipp von Wittgenstein hielt nach einem »herrlichen Ball« um ihre Hand an, doch sie war erst dreizehn Jahre alt. Dies war der erste und zugleich letzte Hauch der ganz großen Welt, denn Mutter Sophie hatte nach wie vor kein Glück im Lebensspiel, und ein Ortswechsel folgte dem anderen. Nun waren sie verarmte Adlige zweiter Klasse.

Zu dieser Zeit fanden die Kriege statt, die die Lage Österreichs völlig verändern sollten: 1859 verlor Österreich die Lombardei, 1864 zog es mit den Preußen gegen Dänemark, 1866 schlug Bismarck die zu wenig vorbereiteten Österreicher bei Königgrätz. Die Ereignisse zogen allerdings an der jungen Gräfin vorbei. Vom Leiden der Menschheit, das sie später in ihrem Roman schildern würde, wußte sie damals nichts. Politik war ihr fremd, das Thema Krieg und Frieden angesichts ihrer persönlichen Probleme uninteressant. Doch Bertha bildete sich weiter. Jeden Tag verbesserte sie ihre Sprachkenntnisse und las so viele Bücher, daß fraglich war, ob es wohl genügend gäbe, um ihren Wissensdurst zu stillen. Was sollte sie tun, wenn sie eines Tages alle gelesen hätte? »*Ob ich nun zu Hause in Baden oder auf der Reise war, ob ich Opernschulen besuchte oder in der großen Welt unter Festen und Freunden mich bewegte, ob ich verliebt oder verlobt und wieder entlobt war, ob mir die Existenz Glanz und Freuden oder Kummer und Sorgen bot – immer verbrachte ich mehrere Stunden des Tages in Gesellschaft von Büchern. Damals, in der Zeit, von der ich spreche, hätte das, was ich gelesen, schon eine stattliche Bibliothek gefüllt. Den ganzen Shakespeare, den ganzen Goethe, den ganzen Schiller und Lessing, den ganzen Victor Hugo… Anastasius Grün, Hamerling, Grillparzer, Byron, Shelley, Alfred Musset, Tennyson unter den Dichtern, unter den Romanschriftstellern kannte ich den ganzen Dickens, den ganzen Buwler, oder sagen wir lieber gleich, die ganze Tachnitz-Edition. Im Französischen die Romane der Georges Sand, Balzac, Dumas – das Theater der Corneille, Racine, Molière, Dumas fils, Augier, Sardou.«* [21]

Die große Liebe

»Nein«, sagte die Baronin zum Traum ihres Sohnes Arthur, die Erzieherin Bertha Kinsky zu ehelichen, eine arme, vom Adel verschmähte Jungfer, Tochter einer leichtsinnigen Mutter, die »alles«, auch ihre Ehre, im Spielkasino verloren hatte. Zudem war sie sieben Jahre älter als ihr geliebter Sohn. Das konnte die Baronin nicht zulassen. Ihr Mann Carl kümmerte sich nicht um die Affäre. Also war es an ihr, die Pläne ihres Jüngsten zu verhindern.

Die junge Gouvernante war zwar außerordentlich gebildet und kannte die Schriften von Kant, Schopenhauer, Hartmann, Strauß, Feuerbach, Pascal, Comte, Littré, Jules Jant oder Alfred Fouille. Ein wissenschaftliches und philosophisches Bouquet feinster Gedanken umgab die fast Dreißigjährige, die eigentlich etwas Unerhörtes tat: Im Schutz der Familie der Baronin verdiente sie ihr eigenes Geld. Doch als alleinstehende Frau konnte sie nur als Gesellschafterin arbeiten und mit anderen verkehren, ohne ihre »Ehre« einzubüßen. Daß die Gesetze der Ehre übertreten werden sollten, das verlangte sie gewiß nicht, aber diese Gesetze seien es, die geändert werden sollten, schrieb später die berühmt gewordene Bertha von Suttner.

Die junge Frau war nicht nur gebildet, sondern auch schön, wenn auch etwas rundlich, weswegen sie von den vier Töchtern der Baronin verspottet wurde. Sie hatte ein empfindsames Gesicht und Augen, die freundlich funkelten. Doch all das hatte ihr weder zu einer passenden Ehe verholfen noch zu einer Künstlerlaufbahn. Beide Wünsche waren geplatzt wie ein rosaroter Luftballon: Puff – Paff. Auch den Traum einer standesgemäßen Hochzeit hatte sie eben erst begraben müssen. Prinz Adolf zu Sayn-Wittgenstein-Hohenstein, ein Phantast und Verschwender, in den sie sich verliebt hatte, war während einer Reise in den USA, wo er eine Weltkarriere als Sänger beginnen wollte, unversehens gestorben. Für Bertha war damit nicht nur die Verlobung, sondern auch die letzte Eintrittskarte in den Hochadel »verpufft«.

Auch diesmal schien alles verloren: Obwohl die Baronin Bertha sehr mochte und später unterstützen würde, widersetzte sie sich eindeutig der Beziehung ihres Sohnes mit dem »Fräulein«. Die beiden Verliebten trafen sich heimlich zu Tête-à-têtes im Park von Harmannsdorf oder in der Loge der Oper.

»Ein sehr reicher, hochgebildeter, älterer Herr, der in Paris lebt, sucht eine sprachkundige Dame, gleichfalls gesetzten Alters, als Sekretärin und Oberaufsicht des Haushalts.« Diese Anzeige stand in der »Wiener Tageszeitung«. »*Durch Deine Liebe hast Du mich ein Glück kennen lassen, das meinem ganzen Leben eine Weihe geben wird*«, beschwor der scheue Arthur seine Bertha, die entschlossen auf das Inserat geantwortet hatte. Sie wollte den Mann verlassen, von dem sie schwärmte: »*Ich habe keinen Menschen gekannt, der nicht von Arthur Gundaccar von Suttner entzückt gewesen wäre. Selten wie weiße Raben sind solche Geschöpfe, die einen so unwiderstehlichen Charme ausströmen, daß dadurch alle, jung und alt, hoch und gering, gefangen werden. Arthur Gundaccar war ein solcher.*«[22]

Der dreiundvierzigjährige Alfred Nobel geht auf dem Bahnsteig hin und her. Lieber würde er jetzt am Pult in seinem Palais an der Rue Malakoff sitzen und einen seiner geistvollen, witzigen

Briefe schreiben. Dabei fühlt er sich sicher. Wesentlich wohler als in dieser merkwürdigen Situation, eine Dame am Bahnhof abzuholen, die er nicht einmal persönlich kennt. Mit seinen sanften, klaren Augen über dem kräftigen, dunklen Bart, sucht er schüchtern die Menge nach ihr ab. Was würde es ihm in den nächsten Minuten nützen, daß er Russisch, Schwedisch, Französisch, Deutsch und Stenographie beherrschte? Sollte er das Gespräch damit beginnen, daß er 1867, knapp dreiunddreißig Jahre alt – genauso alt wie die erwartete Dame – das wichtigste seiner dreihundertfünfundfünfzig Patente angemeldet hatte, das *Dynamite – Nobels Safe Gun Powder,* dank dem wichtige Bauten wie der Panamakanal und zahlreiche Eisenbahntunnel erst ermöglicht worden waren? »O nein«, sagt sich der leicht gebeugt gehende Herr. Und seine Gedanken scheinen sich im Auf und Ab seiner Schritte zu verselbständigen: *»Misanthrop, ja, das bin ich. Bei mir sind eine Menge Schrauben los – verdaue Philosophie besser als Essen… Meine Ansprüche sind schrecklich, aber ich gehöre nicht zu denen, die Unmögliches verlangen, und wenn mir jemand sympathisch ist, dann lasse ich verschiedene meiner Ansprüche wie ein Kartenhaus zusammenfallen… Das kommt daher, obwohl selbst eine Art wertloses Grübelinstrument, ich doch den Wert anderer erkennen und würdigen kann.«*[23] Plötzlich bleibt der in sich versunkene Mann stehen und richtet sich auf. Seine düsteren Gedanken hellen sich auf, seine Bewegungen bekommen etwas Jugendliches. Er weiß nun, worüber er mit ihr sprechen wird: über Byron, seinen Lieblingsdichter – nicht zu ernst, eher geistvoll und witzig. Das haben sie bereits seit längerer Zeit in ihrem regen Briefwechsel getan.

Freundlich geht Alfred Nobel auf Bertha Kinsky zu – und das sollte über zwanzig Jahre so bleiben: ein freundliches Aufeinanderzugehen von zwei schicksalhaft verbundenen Menschen, deren Freundschaft bis zum letzten Brief Nobels an die berühmte Friedenskämpferin hielt. »Sie machte auf mich einen sehr sympathischen Eindruck«, wird er später in seinem Tagebuch festhalten. »Magnetismus«, das ist es, was der Industriemagnat zwischen sich und seiner neuen Sekretärin verspürt, als er sie in das Grand Hotel am Boulevard des Capucines führt. Er weiß, daß das prachtvolle Palais auf die junge Frau Eindruck machen könnte, auch wenn es noch nicht ganz fertig ist.

Geradezu mitreißend fröhlich wirkt die junge Frau auf ihn. Am Abend bittet Nobel die neu in sein Leben gekommene »Warmherzigkeit in Person«, ihn, den reichsten Tramper der Welt, wie er genannt wird und dies lachend zitiert, zu begleiten. Er fährt mit ihr über die Champs Elysées und beschließt, jeden Tag zwei Stunden mit seiner neuen Sekretärin zu verbringen. Könnte ihm diese Frau helfen, seine Einsamkeit und sein Miß- trauen gegenüber sich selbst und den Menschen zu lindern? Er erinnert sich an das Gedicht *The Riddle,* das er als Achtzehn- jähriger in der Art seines Vorbildes Shelley geschrieben hatte. Darin hatte er die Liebe zu einem Mädchen beschrieben, das ihm durch den Tod entrissen wird, und seinen inbrünstigen Schwur, »sein Leben von nun an edler Pflicht zu weihen«. Und er wünscht sich, dieser Frau neben ihm sein Gedicht vorzulesen, sie an seinen Idealen und Wünschen teilhaben zu lassen.

»Er wußte so fesselnd zu plaudern, zu erzählen, zu philosophieren, daß seine Unterhaltung den Geist ganz gefangennahm. Mit ihm über Welt und Mensch, über Kunst und Leben, über die Probleme von Zeit und Ewigkeit zu reden, war ein geistiger Hochgenuß«,[24] schreibt Baronin von Suttner später über Alfred Nobel, von dem sie den Impuls für ihre spätere Aufgabe in der internationalen Friedens- bewegung bekommt, von einem Mann, der den zu seiner Zeit effizientesten Sprengstoff erfunden hatte, in der Hoffnung, daß er einen Stoff oder eine Maschine von so »fürchterlicher, massen- haft verheerender Wirkung erfinden könnte, daß dadurch Kriege überhaupt unmöglich würden«.

Rüstungsfragen und das Thema Krieg und Frieden hatten Alfred Nobel seit seiner Kindheit beschäftigt. Schon 1876 schwebte ihm eine »Veredelung der menschlichen Gesellschaft« vor: *»Neue Kenntnisse, neue Entdeckungen, ideale Kunstwerke sollen* die Welt bereichern und verschönern, und zur Sicherung all dieser Güter, alles Gedeihens Grundbedingung: Der Frieden.«[25] Und weiter: »Zur Erschaffung des Friedens müßte beitragen auf der einen Seite die Verscheuchung menschlicher Dummheit und Roheit durch Kunst und Wissen, die Überwindung des Elends durch die Fortschritte der Gutes schaffenden Technik, und auf der anderen Seite die Ad-absurdum-Führung des Krieges durch seine eigene höllische Entfaltung.«[26] Mit diesem Gedanken stand Nobel nicht allein da. Auch aus der 1892 erschienenen umfangreichen militärwissenschaftlichen Studie des russischen Eisenbahnindustriellen und Pazifisten Johann von Bloch Der Krieg der Zukunft, in der dieser bereits in vielen Einzelheiten die technischen, wirtschaftlichen und sozialen Erscheinungen und Auswirkungen des Ersten Weltkrieges vorhersagte, zog man oft den vorschnellen Schluß, der Krieg sei durch die technischen Fortschritte unmöglich geworden. Viele Pazifisten jener Zeit glaubten zudem, die »Kulturstaaten der Welt« seien auf dem besten Wege, sichere Methoden zur friedlichen Konfliktlösung zu finden.

Bertha von Suttners späteres Leben und Wirken begeistern den einsamen Freund. Zeitlebens bleiben sie in sensiblem Respekt verbunden, doch den Wandel in seiner Haltung vom überzeugten Anhänger der »Ideologie der Abschreckung« zur »Annahme der Ideale der Friedensbewegung« – ausgelöst durch die unermüdliche Freundin – gesteht der mißtrauische Mann nicht einmal ihr ein. Trotz eindringlicher Bitten erscheint er an keiner der von ihr initiierten Friedensversammlungen. Er spendet ihr Geld, gibt aber nie ein öffentliches Bekenntnis für die Bewegung ab.

Dies ändert sich nach seinem Tod am 10. Dezember 1896. In seinem berühmt gewordenen Testament ordnet er an, daß sein Vermögen in eine Stiftung eingebracht werden solle, mit der die Nobelpreise für Wissenschaft und Literatur finanziert werden sollten. Und noch einen ganz besonderen Preis sieht er vor: »Dieser ist bestimmt für denjenigen oder diejenige, welcher oder *welche am meisten oder am besten für die Verbrüderung der Völker, für die Abschaffung oder Verminderung bestehender Heere sowie die Bildung und Verbreitung von Friedenskongressen gewirkt hat.«* [27] Die für die damaligen Verhältnisse ungewöhnliche Formulierung »derjenige oder diejenige, welcher oder welche« und die spezifische Erwähnung der Friedenskongresse deuten darauf hin, daß Nobel selbst sehr wohl an eine mögliche Verleihung des Friedenspreises an Bertha von Suttner gedacht hatte.

Um so größer ist Berthas Enttäuschung, daß sie insgesamt viermal übergangen wird. Als sie dann »endlich« den ersehnten Preis erhält, ist die Stimmung, besonders im deutschen Reich, gegen sie. Eine Nachricht der »Hochwacht« in Stettin gibt das deutlich wieder: *»Und es kam so. Wir haben recht geahnt. Frau Baronin von Suttner hat nun wirklich den Friedenspreis der Nobelstiftung erhalten. Im übrigen gestattet sich die Geschichte weiterzugehen. Und was insbesondere Deutschland anbetrifft, so hält es das Pulver trocken und das Schwert geschliffen.«* [28]

Das hätte sich Nobel, der immer stärker »unter der Zeit litt«, sicher anders gewünscht. Auch er »ahnt« wie Bertha von Suttner schreckliche Kriege voraus, doch er schweigt. Das Reden und Handeln überläßt er der wortstarken Frau.

In den ersten Tagen nach ihrer Begegnung fragte er sie: »Sind Sie freien Herzens?« Bertha erzählt freimütig von ihrer Entsagung. Nobel, skeptisch und mißtrauisch gegenüber allen Bindungen, erwidert: »Seien Sie ganz mutig, brechen Sie den Briefwechsel ab... dann lassen Sie nur einige Zeit vergehen – ein neues Leben, neue Eindrücke und Sie werden beide vergessen...«

Acht Tage später erhält Bertha zwei Depeschen. Die eine von Nobel, der für ein paar Tage verreist ist und sie mit versteckten, für ihn ganz mutigen Worten umwirbt: »Glücklich angekommen, bin in acht Tagen wieder in Paris«, die andere von Arthur aus Wien: »Kann ohne Dich nicht leben.«

Bertha entscheidet sich gegen die »gute Partie« und für das Abenteuer mit dem mittellosen Mann ohne Beruf. Sie weiß, daß sie, sieben Jahre älter, die Hauptverantwortung für diesen Bund des Lebens wird übernehmen müssen. Und das tut sie.

Alfred Nobel stürzte sich nach Berthas Flucht in die Einsamkeit und dann in eine Affäre mit einer zwanzigjährigen Blumenverkäuferin. Was er immer befürchtet hatte, trat ein: Die junge Sophie Hess gibt sein Geld aus und enttäuscht ihn auf Schritt und Tritt.

Das Vertrauen in Bertha verliert Nobel jedoch nicht. Dies bestätigt er immer wieder in seinen Briefen. Am 21. November 1896 etwa so: »*Chère baronne et amie.. .bei guter Gesundheit, nein, leider bin ich es nicht, und ich konsultiere sogar die Ärzte, was nicht nur zu meinen Gewohnheiten, sondern auch zu meinen Prinzipien in Gegensatz steht. Ich, der ich im übertragenen Sinn kein Herz habe, habe aber eines als Organ, und das spüre ich. Aber genug von mir und meinen kleinen Leiden. Ich bin entzückt zu sehen, daß die Friedensbewegung an Boden gewinnt, dank der Bildung der Massen und dank besonders der Kämpfer gegen Vorurteil und Finsternis, unter denen Sie einen hohen Rang einnehmen. Das sind Ihre Adelstitel. Herzlichst Ihr A. Nobel.*«[29]

Auf der Flucht

Der rote Wein ist schwerer als die Erde. Das Heimweh, das die Georgier selbst zu Hause empfinden, verbindet den roten Wein und die schwere Erde zu einem Geschenk, das man nicht kaufen kann. »Was du verschenkst, ist dein, was du behältst, auf ewig verloren«, sagt Schotha Rusthaweli, der bedeutendste Dichter des Landes im Nationalepos *Der Recke im Tigerfell*. In seinem goldenen Zeitalter, im 12./13. Jahrhundert, hatte Georgien Größe und Bestand. Damals hatte König Dawit Ost- und Westgeorgien geeinigt. Seine Urenkelin, die schöne und kluge Königin Tamara, bezauberte ihre Untertanen. Unter ihrer gütigen Ägide umfaßte Georgien Teile des heutigen Armenien und

Aserbeidschans, reichte bis in die Türkei, erstreckte sich bis zum Schwarzen Meer: ein großes, weltoffenes Reich, in dem Wissenschaft, Kunst und Literatur blühten.

In dieses Land kamen Bertha und Arthur von Suttner im Sommer 1876 und lauschten der Sage: Als Gott die Welt erschuf, nahm er das Allerschönste, Meeresbuchten und Berghänge, Himmelblau und Immergrün, zusammen, drückte es an seine Brust und machte sich auf den Heimweg. Da stolperte er über den großen Kaukasus, und wo die Schätze hinfielen, entstand Georgien – der Garten Eden, den die Georgier dann erhielten, weil sie so schön sangen, tanzten und die Trommel schlugen, obwohl sie bei der Landverteilung ihrer Faulheit wegen zu spät kamen.

In nächtelanger Arbeit übersetzten Arthur und Bertha von Suttner Rushtawelis Epos und fanden so ihre Beziehung zu dem Land, das die beiden Heimatlosen für insgesamt neun Jahre aufnehmen würde. In Kutais, in der Nähe des Schwarzen Meeres, bezogen die beiden eine kleine, sehr bescheidene Wohnung. Hierher waren sie nach ihrer heimlichen Hochzeit am 12. Juni 1876 in der Kirche St. Ägyd in Gumpendorf ge-flüchtet. Ein Abenteuer, knisternd vor Risiko und völlig Neuem, Unbekanntem: Ohne Unterstützung, ohne Geld, nur ausge-stattet mit einer Adresse, die das Schicksal Bertha im Sommer 1864, als sie noch Komteß Kinsky hieß, zugespielt hatte. Damals wurde sie Ekaterina Dadiani, Witwe des Fürsten von Mingrelien und Tochter eines georgischen Fürsten, vorgestellt und von dieser eingeladen, sie in Georgien zu besuchen. Doch die Hoff-nung, daß die Fürstin Arthur am Zarenhof eine Anstellung besorgen könnte, erfüllte sich nicht. So brachte sich das Paar mühsam mit Gesang-, Klavier- und Sprachunterricht durch: *»Es hat Tage gegeben – nicht viele, aber einige –, wo wir nichts zum Mittagessen hatten, aber Tage, wo wir miteinander nicht gescherzt, gekost und gelacht hätten, die sind nicht vorgekommen.«*[30] Als nach Ausbruch des russisch-türkischen Krieges kaum jemand noch

Interesse an Musik- und Sprachlektionen zeigte, begannen sie beide zu schreiben. Arthur schickte der »Neuen Freien Presse« Berichte über die Kriegsereignisse im Kaukasus. Berthas Beiträge, meist einfache Liebesgeschichten, wurden in »Neue Illustrierte Zeitung«, »Die Gartenlaube«, »Berliner Tagblatt« und anderen Zeitschriften gedruckt. Im Sommer nach Kriegsende schrieb sie ein Theaterstück und eine Gesellschaftskomödie. Trotz der schwierigen Umstände war es eine äußerst glückliche Zeit. Kinder hatten sie nicht, worüber Bertha froh war, denn für eine Schar Kinder sorgen wollte sie nicht.

Mit Arthur ging sie eine Symbiose ein, die für Berthas geistiges Leben entscheidend werden sollte: die Ehe als Dialog. »Zenit des Glücks«, nannte sie es. Vom Himmel hatte sie es bekommen, auf Erden hielt sie es fest. Löwenmutig verteidigte sie die Liebe und den Schutz, den ihr diese bot, und zweifelte nie daran. »Löwos« – ihre Augen leuchteten, wenn sie diesen Kosenamen aus Arthurs Munde hörte. »Meuner«, antwortete sie ihm. Der kleine Raum, in dem ihre beiden Pulte wie alte Freunde Rücken an Rücken gelehnt standen und in dem das Klavier hoheitsvoll den Mittelpunkt bildete, war erfüllt von Musik, von dem Walzer, den Arthur für »Löwos«, für seine Frau mit der Löwenmähne, komponiert hatte.

Fünfunddreißig Jahre später sollte Bertha von Suttner in den vierundzwanzig Briefen an ihren am 10. Dezember 1902 verstorbenen Mann, die unter dem Titel *Briefe an einen Toten* veröffentlicht wurden, schreiben: »*Warum ist es natürlich, Schönheit zu erstreben? Warum lieben wir das Leben? Warum lieben wir Musik? Weil das Leben – die Seele der Dinge – Harmonie ist. Es geht ein Rhythmus durchs Universum, der alle Dinge zwingt, mit ihm in Einklang zu schwingen. Auf sein Gebot nehmen die leblosen Dinge Formen von harmonischer Schönheit an. Keine Schneeflocke, die sich nicht freudig diesem rhythmischen Gebote fügte. Ihm zu gehorchen, malt der Falter seine Flügel und stimmt die Nachtigall die Leier. Der Komponist ordnet seine Symphonie, der Maler seine Farben, der Dichter* seine Worte und der Edelmensch seine Taten, um in Einklang zu kommen mit diesem großen Liede der Welt. Noch vollzieht sich das unter uns ganz unbewußt. Wenn es uns erst zum Bewußtsein gelangen wird, was wir tun, dann werden wir jene große Freude empfinden...«[31]

In ihrer Liebe fanden Bertha und Arthur zeitlebens eine Oase. Dort wuchs ihre Rose, Sinnbild ihrer Gefühle. Für die Dornen sorgte Bertha gelegentlich selbst, wenn sie in ihren Romanen Intimes, für die damalige Zeit Anstößiges ausplauderte, zum Beispiel in ihrem Buch *Es Löwos,* in dem sie die Geschichte ihrer Ehe erzählte. Arthur störte Berthas Direktheit nie. Er blieb zeitlebens bezaubert von seiner dominanten Lebensgefährtin und stand vorbehaltlos zu ihr. Als Bertha die Friedensgesellschaften gründete und Resolutionen verfaßte, Friedensappelle unterzeichnete, Kongresse besuchte und Vorträge hielt, so daß für die langen Gespräche und das Klavierspiel weniger Zeit blieb, half er, wo er konnte, begleitete sie, förderte ihre Aktivitäten und beschränkte sich auf wenige Stunden mit ihr, sei's auf Reisen oder in ihrem österreichischen Domizil in Harmannsdorf. Als es 1891 in Österreich zu Ausschreitungen gegen Juden kam, gründete er den Verein zur Abwehr des Antisemitismus, den er »Anti-Anti-Verein« nannte. Diesem Verein, der vor antisemitischen Ausschreitungen warnte, gehörten prominente Zeitgenossen wie die Dichter Ludwig Ganghofer und Marie von Ebner-Eschenbach sowie der Walzerkönig Johann Strauß an. Und Bertha wirkte kräftig mit. Zeitweise war ihr Engagement für Arthurs Antisemitismusbewegung genauso stark wie für ihre Friedensgesellschaften, ja, für sie gehörten beide zusammen. In ihren als *Die Haager Friedenskonferenz* veröffentlichten Tagebuchblättern findet sich am 17. Mai 1899 folgender Eintrag: *»Wenn man an gewisse Antisemiten denkt und an ihr leider geduldetes Auftreten, so wird man am empfindlichsten in seinem Friedensoptimismus gestört...«* Diese und andere Äußerungen brachten ihr zeitweise Schmähbriefe ein, und aus der »Friedensbertha« wurde die »Judenbertha«. Aber sie blieb dabei: *»Es gibt nur ein* *redliches Mittel, Verfolgte vor Verfolgung zu schützen: sich neben sie zu stellen.«*[32]

1898 sprach sich Zar Nikolaus II. in einem Manifest für die Aufrechterhaltung des allgemeinen Friedens und für die Herabsetzung der Rüstung aus und schlug eine internationale Konferenz vor, die über diese Ziele beraten sollte. Als einzige Frau und Nichtregierungsvertreterin nahm Bertha von Suttner an dieser von Nikolaus II. initiierten 1. Haager Friedenskonferenz teil. Zu den positiven Ergebnissen der Konferenz gehörten das Verbot von Dumdum-Geschossen und Kampfgasen und die Konvention der friedlichen Schlichtung internationaler Konflikte durch ein Schiedsgericht, das »Haager Tribunal«.

Um der Sache willen

Mit Spott und Rückweisungen konnte Bertha von Suttner umgehen, doch allein zurückgelassen zu werden, war für sie das schwerste. So schrieb sie Arthur nach seinem Tod: »*…Neger gelyncht, Armenier erschlagen, Juden verfolgt, Philippiner gefoltert, Hungersnot in Indien… Entrüstung und Mitschmerz flammen auf, helfen wollte jeder einzelne, wenn er könnte, aber die Gemeinschaft der Staaten, die helfen könnte, die ist noch im alten Bann, die interveniert nicht. Die Staaten bilden noch keine Gemeinschaft, sie sind ›souverän‹. Und sie proklamieren als gesunden Egoismus, als Staatsräson, was die dümmste, primitivste Phase der Selbstliebe ist: nur für sich und nur durch sich leben wollen. Man will nicht schützen, und bleibt selbst ungeschützt, man liebt nicht, und bleibt ungeliebt, man ist souverän, das heißt allein. Es ist aber nicht gut, daß der Mensch allein sei. Wie ich das empfinde, mein Toter, denn Du hast mich allein gelassen und es ist nicht gut. Nein, doch nicht ganz allein – denn Dein Bild ist bei mir, Dein Andenken füllt mir die Seele aus…«*[33]

Und er, Arthur, hatte Bertha ein Testament hinterlassen: »*Du weißt, daß wir in uns diese Pflicht fühlten, unser Scherflein zum Besser-*

werden der Welt beizutragen, für das Gute, für das unvergängliche Licht
der Wahrheit zu arbeiten, zu ringen. Mit meinem Heimgang ist für
Dich diese Pflicht nicht erloschen; das gute Andenken an Deinen Ge-
fährten muß Dich aufrecht erhalten; Du mußt um unsertwillen, um
der guten Sache willen die Arbeit fortsetzen, bis auch Du am Ende
der kurzen Lebensstation anlangst. Mut also! Kein Verzagen. In dem,
was wir leisten, sind wir ewig, und darum mußt Du trachten, noch viel
zu leisten. Harmannsdorf, 12. Juni 1902« [34]

Woran Arthur starb, ist nicht überliefert, belegt ist hingegen
eine schwere Malaria während ihrer Jahre im Kaukasus, auf die
er die ihn mehr und mehr schwächende Krankheit und seinen
Zerfall zurückführte.

Arthurs Worte beflügeln Bertha von Suttner, und sie reist im
Oktober 1907 an die 2. Haager Konferenz, einberufen vom
amerikanischen Präsidenten Theodore Roosevelt. Die Konferenz, an der Regierungsvertreter aus sechsundzwanzig Nationen
teilnehmen, hat pragmatische, genau umrissene Ziele: das Problem der Abrüstung zu diskutieren, die Regelung des Kriegs-
rechts voranzutreiben und das Schiedsgericht einzusetzen. Doch
das Ergebnis ist niederschmetternd – man scheitert in der
Abrüstungsfrage, und Bertha bezeichnet die Friedenskonferenz als »Kriegsgebrauchskonferenz«. Teilen kann sie diese Enttäuschung nun nur noch mit ihrem treuesten Mitarbeiter Alfred Hermann Fried.

Im Herbst 1891 hatte sie Fried zum ersten Mal getroffen.
Damals lebte der österreichische Verleger und Journalist in
Berlin. Fried entwickelte sich rasch vom enthusiastischen Ver-
ehrer und lernbegierigen Schüler zum unabhängigen und selbst-
bewußten Kollegen, Ratgeber und zuweilen auch Kritiker der
Friedenskämpferin. Er inspirierte sie, 1912 die Zeitschrift »Die
Waffen nieder!« herauszugeben und war zu Beginn Verleger des
Blattes, das allerdings nie über zweihundert Abonnenten hin-

auskam. 1911 erhielt er für seine Beiträge als Publizist und Theoretiker des internationalen Pazifismus ebenfalls den Friedensnobelpreis.

Die Angst vor der Schwerfälligkeit des Alters beschleicht sie immer heftiger. Der Einfluß der Friedensgesellschaften nimmt ständig ab. Irgend etwas, was sie nicht fassen kann, bahnt sich an. Kaiser Franz Joseph – wie hatte sie doch für ihn geschwärmt – läßt sie links liegen. Sie forciert noch einmal ihr schriftliches Werben für Friedensvereine und Kongresse und gewinnt dadurch Aufmerksamkeit. Doch ihre Geldnöte kann sie trotz aller Anstrengung nicht aus der Welt schaffen. Erst eine Ehrengabe in Höhe von zwanzigtausend Kronen, die von ihren Bewunderern gesammelt worden war und die sie zum sechzigsten Geburtstag erhält, macht sie für eine kurze Zeit unabhängig.

1904, auf einer Vortragsreise, verbunden mit der Bostoner Friedenskonferenz und einem Besuch bei Präsident Theodore Roosevelt, lernt sie nach Arthur und Alfred Nobel nochmals einen für sie wichtigen Mann kennen: Andrew Carnegie, das amerikanische Finanzgenie, der ihr finanzielle Sicherheit im Alter bietet. Carnegie sieht den Sinn des Geldes darin, es zu spenden oder Stiftungen zur Verfügung zu stellen. Er überläßt seinem amerikanischen Friedensfonds zehn Millionen Dollar und der europäischen Friedensbewegung beträchtliche Summen. Nach ihrer zweiten Amerikareise im Jahre 1912, die sie große Anstrengungen kostet, teilt Carnegie Bertha von Suttner mit, daß sie ab Januar 1913 von seiner Stiftung eine monatliche Pension erhalten werde. Zusammen mit den Unterstützungen von Nobel reicht dies, um von Suttner und die europäische Friedenszentrale vorläufig zu retten.

1911 meldet sich die Friedenskämpferin noch einmal mit einem Roman zu Wort: *Der Menschheit Hochgedanken*. Zum ersten Mal wagt es jemand – wieder eine Frau –, die literarische Schreckensvision einer atomaren Waffe zu entwerfen: »*Damit ist eine Machtfülle in unsere Hand gegeben, für die uns noch das Fassungsvermögen fehlt… Der Radiumkondensator ist erfunden. Mit von Wolkenhöhen herab gesandten Radiumstrahlenbündeln in ein paar Minuten feindliche Flotten und Heere zu vernichten, feindliche Städte zu zertrümmern, ist ein Kinderspiel. Gegenseitig. Achtundvierzig Stunden nach der sogenannten ›Eröffnung der Feindseligkeiten‹ könnten beide kriegführende Parteien einander besiegen und im feindlichen Lande kein Gebäude und kein Lebewesen zurückgelassen haben.«* [35]

Die Hoffnungen, die Vernunft könnte über Waffengewalt siegen, schwinden: Italiens Krieg gegen die Türkei 1911, die Balkankriege 1912/13 und die diplomatischen Krisen zwischen den europäischen Großmächten machen es schwer, unbeirrbar daran festzuhalten. *»Ja, zur Güte gehört Stärke. Das sehen die Leute noch nicht ein. In der allgemeinen Auffassung sind gut und schwach beinahe identische Begriffe. Aber man wird es noch begreifen lernen, daß es Genies und Helden der Güte geben kann, und daß die Welt heute solche Helden braucht. Solche, die das gut und edel Gewollte nicht nur wollen, sondern es allem Widerstand gegenüber auch durchsetzen.«* [36]

Der deutsche Kaiser Wilhelm II., für Suttner zeitlebens die Verkörperung des Militarismus, glaubt unumstößlich an die Politik des gezogenen Degens. Im März 1914 schreibt Bertha von Suttner: *»Es ist ein unheimliches Treiben, welches gegenwärtig die internationale Politik und Publizistik beherrscht. Nichts als gegenseitige Verdächtigung, Beschuldigungen und Verletzungen. Nun ja, das ist der richtige Gesang zu der Orchestermusik der auffahrenden Kanonen, der bombenwurfprobenden Luftschiffe und namentlich der kriegsministeriellen Mehrforderungen. Zu dieser Höllenbegleitung passen die Haßarien und die hämischen Chöre.«* [37] Was sollte sie noch tun?

Am 9. Juni 1914 feiert sie ihren siebzigsten Geburtstag. Sie bereitet den nächsten Weltfriedenskongreß für September 1914 in Wien vor. Doch die Ärzte diagnostizieren Magenkrebs. Bis zum 20. Juni ist sie bei klarem Bewußtsein. Ihre letzten verständlichen Worte lauten: *»Die Waffen nieder, sagt es allen. Ich* gehe nach Durazzo.« Um den Besitz Durazzos, das zu Albanien gehörte, waren neue Konflikte entbrannt, die Bertha von Suttner mehr beschäftigten als ihre tödliche Krankheit.

Am 21. Juni 1914 stirbt Bertha von Suttner. Am 28. Juni 1914, sieben Tage nach ihrem Tod, beginnt der Erste Weltkrieg. Vier Jahre später sind über zehn Millionen Tote zu beklagen.

Nobelpreisrede Bertha von Suttners
18. April 1906

»Die ewigen Wahrheiten und ewigen Rechte haben stets am Himmel der menschlichen Erkenntnis geleuchtet, aber nur gar langsam wurden sie von da herabgeholt, in Formen gegossen, mit Leben gefüllt, in Taten umgesetzt.

Eine jener Wahrheiten ist die, daß Frieden die Grundlage und das Endziel des Glückes ist, und eines jener Rechte ist das Recht auf das eigene Leben. Der stärkste aller Triebe, der Selbsterhaltungstrieb, ist gleichsam eine Legitimation dieses Rechts, und seine Anerkennung ist durch ein uraltes Gebot geheiligt, welches heißt: ›Du sollst nicht töten.‹

Doch wie wenig im gegenwärtigen Stande der menschlichen Kultur jenes Recht respektiert und jenes Gebot befolgt wird, das brauche ich nicht zu sagen. Auf Verleumdung der Friedensmöglichkeit, auf Geringschätzung des Lebens, auf den Zwang zum Töten ist bisher die ganze militärisch organisierte Gesellschaftsordnung aufgebaut.

Und weil es so ist und weil es so war, solange unsere – ach so kurze, was sind ein paar tausend Jahre? – sogenannte Weltgeschichte zurückreicht, so glauben manche, glauben die meisten, daß es immer so bleiben müsse. Daß die Welt sich ewig wandelt und entwickelt, ist eine noch gering verbreitete Erkenntnis, denn auch die Entdeckung des Evolutionsgesetzes, unter dessen Herrschaft alles Leben – das geologische wie das soziale – steht, gehört einer jungen Periode der Wissenschaftsentwicklung an. Nein, der Glaube an den ewigen Bestand des Vergangenen und Gegenwärtigen ist ein irrtümlicher Glaube...

Daß das Werdende, das Erzielte immer um einen Grad besser, höher, glücklicher sich gestaltet als das Gewesene, das Überwundene, das ist die Überzeugung derer, die das Entwicklungsgesetz erkannt haben und die an seiner Betätigung mitzuhelfen sich bemühen. Erst durch die Erkenntnis und bewußte Benützung der Naturgesetze und Naturkräfte, sowohl auf physischem wie auf moralischem Gebiete, werden die technischen Erfindungen und die sozialen Einrichtungen geschaffen, welche unser Leben erleichtern, bereichern und veredeln. Ideale nennt man diese Dinge, solange sie noch im Reiche der Idee schweben, als erreichte Fortschritte stehen sie da, sobald sie in eine sichtbare, lebendige und wirkungskräftige Form gebracht worden sind.

› Wenn Sie mich auf dem laufenden erhalten und ich erfahre, daß die Friedensbewegung den Weg der praktischen Betätigung einzuschlagen beginnt, dann will ich dabei mit pekuniären Mitteln weiterhelfen. ‹ Dies sind die Worte, die der edle Nordländer, dem ich die Ehre verdanke, vor Ihnen, meine Herren und Frauen, hier zu erscheinen, die Alfred Nobel im Jahre 1892 in Bern an mich richtete, als er dort, wo eben ein Friedenskongreß tagte, mit uns, meinem Mann und mir, zusammentraf.

Daß Alfred Nobel sich allmählich überzeugt hat, daß die Bewegung aus dem Wolkengebiet der frommen Theorien auf dasjenige der erreichbaren und praktisch abgesteckten Ziele übergegangen ist, das hat er durch sein Testament bewiesen. Neben den anderen Dingen, die er als zur Förderung der Kultur dienend erkannt hat, nämlich die Wissenschaft und die idealistische Literatur, hat er auch die Ziele der Friedenskongresse, nämlich Erlangung internationaler Justiz und daraus folgend Herabminderung der Heere, angereiht...

Aber auch einen näheren und unmittelbareren Weg sah Nobel vor sich. Ein anderes Mal schrieb er mir: › Man könnte und sollte bald zu dem Ergebnis gelangen, daß sich alle Staaten solidarisch verpflichten, denjenigen anzugreifen, der zuerst einen anderen angriffe. Das würde den Krieg unmöglich machen und müßte auch die brutalste und unvernünftigste Macht zwingen, sich an das Schiedsgericht zu wenden oder ruhig zu bleiben. Wenn der Dreibund alle, statt drei Staaten umfaßte, so wäre der Friede auf Jahrhunderte gesichert. ‹

Alfred Nobel hat die großen Fortschritte und die entscheidenden Ereignisse nicht mehr erlebt, durch welche die Friedensidee zu lebendigen Organen, d.h. funktionierenden Institutionen gelangt ist.

Im Jahre 1894 konnte er doch noch erfahren, daß der große englische Staatsmann Gladstone, noch über das Schiedsgerichtsprinzip hinaus, die Einsetzung eines ständigen Völkertribunals vorschlug... Aber die Folgen davon: die Einberufung der Haager Konferenz und die Gründung des dortigen ständigen Gerichtshofes, die haben sich erst nach seinem Tode vollzogen… *Die Überzeugung von der Möglichkeit, von der Notwendigkeit und von der Segensfülle eines gesicherten juristischen Friedenszustandes zwischen den Völkern ist schon zu sehr in alle Schichten, auch schon in die Machtsphären gedrungen, die Aufgabe ist schon zu klar hingestellt, und zu viele arbeiten schon daran, als daß sie nicht früher oder später erfüllt werden sollte. Heute sind die Staatsoberhäupter schon zahlreich, die sich zum Ideal der Friedensbewegung bekennen. Vor einigen Jahren war noch kein einziger Minister in ihren Reihen…*

Sehen wir uns doch ein wenig in der Welt um, ob die Ereignisse und Aspekte wirklich dazu berechtigen, von den positiven Ergebnissen des Pazifismus und von seiner fortschreitenden Entwicklung zu reden. Ein furchtbarer Krieg, wie ihn die Weltgeschichte noch nicht gesehen hat, hat eben im fernen Osten gewütet; eine noch furchtbarere Revolution knüpft sich daran, die das riesige russische Reich durchschüttert und deren Ende gar nicht abzusehen ist… im mittleren und westlichen Europa indessen kaum überstandene Kriegsgefahr… Säbelgerassel, Pressehetzen; fieberhaftes Flottenbauen und Rüsten überall; in England, Deutschland und Frankreich erscheinen Romane, in welchen der Zukunftsüberfall des Nachbarn als ganz selbstverständlich Bevorstehendes geschildert wird mit der Absicht, dadurch noch zu heftigerem Rüsten anzuspornen… und sogar die Zweite Haager Konferenz wird mit einem Programm versehen, das sie zu einer Kriegskonferenz stempelt, und da wollen die Leute behaupten, die Friedensbewegung mache Fortschritte?…

Man muß… verstehen, daß zwei Weltanschauungen und zwei Zivilisationsepochen jetzt miteinander ringen, und da wird man gewahr, daß mitten unter dem krachenden, drohenden Alten das verheißende Neue sich emporringt… Ganz unabhängig von der eigentlichen Friedensbewegung, die ja selbst mehr ein Symptom als die Ursache der sich vollziehenden Wandlung ist, geht ein Prozeß der Internationalisierung, der Solidarisierung der Welt vor sich. Dazu wirken mit: die technischen Erfindungen, der gesteigerte Verkehr, die sich verzweigenden und international durchdringenden Interessengemeinschaften, die gegenseitige

*wirtschaftliche Abhängigkeit, und halb unbewußt… waltet da der Selbst-
erhaltungstrieb der menschlichen Gesellschaft, die ja auf dem Wege der
ewig gesteigerten Vernichtungsmethode ihrer Zerstörung entgegenginge
und sich instinktiv dagegen aufbäumt.*

*Neben diesen unbewußten Faktoren, die eine Ära der Kriegslosigkeit
vorbereiteten, gibt es die vollkommen Zielbewußten, welche den ganzen
Aktionsplan schon in deutlichen Umrissen vor sich sehen… Der gegenwärtige englische Premier Campbell-Bannermann wirft von neuem die
Abrüstungsfrage auf. Der französische Senator d'Estournelles will die
französisch-deutsche Entente in die Wege leiten. Ein Jaurès fordert die
Sozialisten aller Länder zum einmütigen Widerstand gegen den Krieg
auf. Ein russischer Gelehrter (Novikov) verlangt den Siebenbund der
konföderierten Großstaaten der Erde; ein Roosevelt bietet sämtlichen
Staaten Schiedsgerichte an und spricht in seiner Botschaft an den
Kongreß folgende Worte: ›Es sei die Pflicht seiner Regierung, auf jede
nur mögliche Weise die Zeit näher zu bringen, wo das Schwert nicht
mehr Schiedsrichter zwischen den Völkern wäre.‹*

*Bei Amerika möchte ich etwas verweilen. Das Land der unbeschränk-
ten Möglichkeiten zeichnet sich dadurch aus, daß es die größten und
neuesten Pläne mit kühnem Geist entwirft und zu deren Ausführungen
die einfachsten und kürzesten Mittel aufzufinden versteht. Mit anderen
Worten: ideal im Denken, praktisch im Tun. Die moderne Friedensbewegung wird… von Amerika aus einen kräftigen Anstoß und eine
klare Formel der Verwirklichung finden. In den eben zitierten Worten
des Präsidenten liegt die volle Erfassung der Aufgabe und in den
nachfolgenden Sätzen, die einer gegenwärtig in Amerika betriebenen
Friedenskampagne als Programm dienen, ist die Methodik deutlich vor-
gezeichnet: 1. Schiedsgerichtsverträge; 2. Eine Friedensunion zwischen den Staaten; 3. Eine internationale Institution, kraft deren das
Recht zwischen den Völkern ausgeübt werden könnte, wie es zwischen
unseren Staaten (von Nordamerika) ausgeübt wird und dadurch die
Abschaffung der Notwendigkeit, zum Kriege Zuflucht zu nehmen.*

*Als mich Roosevelt am 17. Oktober 1904 im Weißen Haus emp-
fing, sagte er zu mir: ›Der Weltfriede kommt, er kommt gewiß, aber nur*

Schritt für Schritt.‹ Und so ist es auch. So deutlich erkannt, so schein-
bar naheliegend und leicht erreichbar ein Ziel auch winkt, der Weg dahin
kann nur Schritt für Schritt zurückgelegt, und unzählige Hindernisse
müssen dabei überwunden werden.

…Es ist also kein leichter Kampf, der noch vor dem Pazifismus
liegt. Von allen Kämpfen und Fragen, die unsere so bewegte Zeit erfül-
len, ist diese Frage, ob Gewaltzustand oder Rechtszustand zwischen
den Staaten, wohl die wichtigste und folgenschwerste. Denn ebenso
unausdenkbar wie die glücklichen und segensreichen Folgen eines ge-
sicherten Weltfriedens, ebenso unausdenkbar furchtbar wären die Folgen
des immer noch drohenden, von manchen Verblendeten herbeigewünsch-
ten Weltkrieges. Die Vertreter des Pazifismus sind sich wohl der Gering-
fügigkeit ihres persönlichen Machteinflusses bewußt, sie wissen, wie
schwach sie noch an Zahl und Ansehen sind, aber wenn sie beschei-
den von sich selbst denken, von der Sache, der sie dienen, denken sie
nicht bescheiden. Sie betrachten sie als die größte, der überhaupt gedient
werden kann. Von ihrer Lösung hängt es ab, ob unser Europa noch der
Schauplatz von Ruin und Zusammenbruch werden, oder ob und wie
in Verhütung dieser Gefahr noch früher die Ära des gesicherten Rechts-
friedens eingeführt werden soll, in der die Zivilisation zu ungeahnter
Blüte sich entfalten wird. Das ist die Frage, die mit ihren vielseitigen
Aspekten das Programm der Zweiten Haager Konferenz füllen sollte,
statt den vorgeschlagenen Erörterungen über die Gesetze und Gebräuche
des Seekrieges, Beschießung von Häfen, Städten und Dörfern, Legung
von Minen, usw. Durch dieses Programm zeigt sich, wie die Anhänger
der herrschenden Kriegsordnung diese letzteren sogar noch auf dem
eigensten Terrain der Friedensbewegung zwar modifizieren, aber auf-
rechterhalten wollten. Die Anhänger des Pazifismus jedoch, innerhalb
und außerhalb der Konferenz, werden zur Stelle sein, um ihr Ziel zu
verteidigen und sich ihm wieder einen Schritt zu nähern. Das Ziel
nämlich, welches, um Roosevelts Worte zu wiederholen, die Pflicht seiner
Regierung, die Pflicht aller Regierungen darstellt: ›Die Zeit herbeizu-
führen, wo der Schiedsrichter zwischen den Völkern nicht mehr das
Schwert sein wird.‹«

Durch die dunkle Nacht der Seele die Menschheit ein Stück weiterbringen

Jane Addams
Friedensnobelpreis 1931

»Ich sehnte mich nach dem Trost einer sozialen Überzeugung, die zugleich das soziale Chaos erklären, wie auch einen logischen Weg zu besserer sozialer Ordnung zeigen würde. Ich fühlte mich in übertriebenem Maße verantwortlich für die Armut, in deren Mitte ich lebte, und für die mich auch die Sozialisten immer wieder zur Rechenschaft zogen.«[38]

Jane Addams

Die Tochter eines vornehmen Mannes

In Cedarville, einem kleinen Dorf im Staate Illinois, sitzt im Jahre 1867 ein kleines Mädchen und wünscht sich nichts sehnlicher, als einen Müllerdaumen zu bekommen. Lange kann es einfach so dasitzen und zwischen Daumen und Zeigefinger das gemahlene Korn zerreiben, das zwischen den Mühlsteinen hervorquillt: *»Ich glaube, ich habe nie einen brennenderen Wunsch gehabt, als daß mein rechter Daumen auch breit werden möchte, wie der meines Vaters es infolge seiner Arbeit in der Mühle geworden war… Diese Nachahmung war ein ehrlich entrichteter Zoll, den ich dem geliebten Gegenstand meiner Neigung darbrachte. Ich hoffe, ich habe später einen angemesseneren Ausdruck dafür gefunden, schwerlich einen mehr von Herzen kommenden. Ich trug vielleicht auf diese Weise meinen Teil zu all der Bewunderung bei, die unsere Generation so bereitwillig Männern zollt, die alles der eigenen Kraft verdanken«,* schreibt sie, inzwischen vierzig Jahre alt, in ihren Lebenserinnerungen.[39]

Der »geliebte Gegenstand« ihrer Neigung, Vater John Addams, war acht Wahlperioden lang Mitglied des Staatssenats von Illinois und ein enger Vertrauter Abraham Lincolns, der von 1861 bis 1865 Präsident war. Nach dem frühen Tod der Mutter Sarah, Jane ist erst zwei Jahre alt, wird Vater John die wichtigste Bezugsperson seiner jüngsten Tochter. Er erzieht sie im Glauben der amerikanischen Quäker und belohnt sie schon als kleines Mädchen mit fünf Cent für jedes Heldenleben von Plutarch, das sie ihm erzählen kann. Gar fünfundzwanzig Cent erhält sie für jeden gelesenen Band von Irvings *Leben Washingtons*. Der Vater ist der Fixstern des jungen Mädchens und der einzige, der allein durch seine Anwesenheit die Melancholie, in die Jane oft versinkt, durchbrechen kann. All ihre Bewunderung gehört diesem Mann, der von seinem Freund Abraham Lincoln stets liebevoll als »mein lieber Addams mit dem Doppel-D« bezeichnet wird. Die vier lebenden Geschwister sind wesentlich älter als Jane, vier weitere bereits gestorben, und die Stiefmutter Anne kommt erst sechs Jahre später in die Familie. »*Mich fesselte an meinem Vater nicht nur tiefste Neigung; er führte mich auch zu den sittlichen Forderungen des Lebens und gab mir an ihnen einen Rückhalt für später, auf den ich mich in verwickelten Lagen verließ.*«[40] Diese Bindung war durchaus gegenseitig, John Addams verbringt viel Zeit mit Jane und ermuntert sie, zu lernen. In intensiven Gesprächen gibt er ihr Lebensweisheiten wie »Innere Wahrhaftigkeit geht über alles« mit auf den Weg, an die sie sich immer halten wird.

Höhen und Tiefen, Phasen großartiger Pläne und tiefster Niedergeschlagenheit sowie langandauernde Depressionen bestimmen von Anfang an das Leben der Jane Addams. Ihr Leben lebt sie allein, ohne eigene Familie, jedoch umgeben von Freunden. Da sie aufgrund ihrer Spinaltuberkulose, einer Infektion des Rückgrats, keine Kinder haben kann, verzichtet sie auf eine schon geplante Heirat. Und doch ist sie es, die den vielen Einwandererfamilien im aufblühenden Industrieland die geistige, kulturelle und soziale Heimat bietet, ohne die eine menschenwürdige Existenz nicht möglich ist. Sie gründet 1889 die soziale Bewegung der *Settlements* (Wohlfahrtshäuser), wird dafür zunächst wie eine Heilige verehrt, nur wenige Jahre später aber wegen ihrer Friedensaktivitäten gehaßt und verfolgt. Mehrmals wählt man sie unter die zehn ersten Frauen des Landes, noch häufiger wird sie jedoch als »Landesverräterin« geächtet. Erst nach acht vergeblichen Nominationen – darunter eine durch Präsident Woodrow Wilson – erhält sie 1931 als zweite Frau und erste Amerikanerin in Anerkennung ihres Lebensmottos »Die Menschheit ein Stück weiterbringen« den Friedensnobelpreis.

Bereits als junges Mädchen leidet sie an ihrer körperlichen Unzulänglichkeit: »*Ich betete inbrünstig, daß niemand dem Besuch verraten würde, daß das häßliche kleine Mädchen mit dem schlechten Gang, die wegen des krummen Rückens den Kopf schief hielt, die Tochter dieses vornehmen Mannes sei. Um der Gefahr vorzubeugen, daß wir miteinander in Beziehung gebracht würden, ging ich an solchen Sonntagen nicht neben meinem Vater, obgleich dieser Weg für mich das Ereignis der Woche war, sondern ich hielt mich dicht neben meinem Onkel James Addams.«* [41]

Sie muß aufpassen, darf sich nicht zu stark bewegen. Ruhiges Liegen haben die Ärzte verordnet, damit das Ergebnis der Operation nicht gefährdet wird. Gegen die anhaltenden Schmerzen im Rücken spritzen sie ihr Morphium, mehr können sie bei einer Spinaltuberkulose um 1880 nicht tun. Gegen die Schmerzen der Seele gibt es jedoch kein linderndes Medikament, helfen weder Bäder noch Umschläge. Die dunklen Wolken der Depression ziehen auf. Zwar verfällt Jane der Krankheit niemals gänzlich wie ihr älterer Bruder Weber, der viele Jahre in Anstalten verbringt und diese nach einem schweren Zusammenbruch nicht mehr verläßt. Doch immer begleiten sie deren drohende Schatten, und sie muß mit unnachlässiger Energie dagegen ankämpfen.

Sechs Monate lang ist sie im Hause ihrer Schwester buchstäblich ans Bett gefesselt. Zwar ist es ihr nach einer Weile gestattet zu lesen, doch macht die Krankheit die Fortsetzung ihrer medizinischen Studien unmöglich. Ihr inniger Wunsch nach einem sinnvollen Tun scheint in weite Ferne zu rücken. In ihrem Tagebuch notiert sie über diese Zeit: *»…muß jeder Mensch auf seine Weise trachten, die moralischen Verpflichtungen in Taten umzusetzen. Sonst verblassen sie zu einem abstrakten Begriff.«* [42] Eine Antwort, mit welchen Taten sie diese persönliche Forderung an sich selbst erfüllen will, hat sie zu diesem Zeitpunkt noch nicht.

»Ich war zweifellos ›überdrüssig, ach des eigenen Selbst, der Frage müde bin ich, was zu werden mir bestimmt?‹, auch waren meine Sicherheit und mein so lange aufrechterhaltener Anspruch auf Unabhängigkeit durch manches klägliche Mißlingen erschüttert worden«, beschreibt Jane Addams einmal ihre jahrelange Suche nach der eigenen Bestimmung. [43] Und auch während ihrer ersten Reise

durch Westeuropa findet sie zunächst keine befriedigende Antwort: *»Damals fand ich keinen Trost; im Gegenteil, der traurige Eindruck verschärfte sich noch. Wohl zwei Jahre lang mischte sich in meine Verzweiflung über die mir so plötzlich zu Bewußtheit gebrachte Not, die für mich zum Weltschmerz wurde, ein Gefühl von Nutzlosigkeit, von vergeblich aufgewandter Energie, kurz der feste Glaube, daß das Streben nach Geistesbildung letzten Endes weder Trost noch Hilfe bringen werde, sondern daß die Fülle von Stoff, die wir alle in uns aufnehmen, uns ungeschickt zum Handeln macht.«*[44] Die Not, die sie derartig aufwühlt, begegnet ihr vor allem in den Armenvierteln Londons. Doch es bedarf viel Zeit und einer weiteren Reise nach Europa, bis Jane Addams ihren Platz findet. *»Ich habe acht Jahre gebraucht – vom Verlassen des Rockford College 1881 bis zur Eröffnung von Hull House im Herbst 1889 –, um mich zu Überzeugungen von einiger Klarheit durchzuringen und sie womöglich in die Tat umzusetzen. Während dieser Zeit war ich mir meist völlig über alle sittlichen Lebensziele im unklaren, einzig an dem Wunsch hielt ich fest, in einer wirklich lebendigen Welt zu leben und mich nicht mit einem wesenlosen abstrakten oder ästhetischen Abglanz davon zu begnügen.«*[45]

Verzweiflung und Nutzlosigkeit – Worte, die Jane Addams auffallend häufig in ihrem Buch *Zwanzig Jahre sozialer Frauenarbeit in Chicago* benutzt. Dabei gehört sie zu jener ersten Schicht privilegierter junger Frauen in den USA, denen der Zugang zu den Universitäten gestattet wird.

Es wird sich offenbaren, denn es ist an der Zeit

Der Junge ist erst zehn Jahre alt, als er beherzt die Stufen zum Hull House im 19. Bezirk von Chicago hinaufsteigt. Im Schlepptau hat er eine gebrechliche, betagte Frau. Wie ein Lauffeuer hat sich in der ärmlichen Gegend herumgesprochen, daß man in diesem Haus zu essen bekommt. Da wird wohl genug Platz sein für eine alte Frau, die seit sechs Wochen in der Küche der Familie auf dem Boden, direkt neben dem Herd, ihr Lager aufgeschlagen hat. Eigentlich kennt der Junge die alte Frau gar nicht. Sie stand eines Tages einfach vor der Tür, nachdem ihr Sohn gestorben war. Da ihr Sohn früher in derselben Werkstatt wie der Vater des Jungen gearbeitet hatte, fiel ihr in ihrer Verzweiflung diese Familie ein, als sie nicht mehr weiterwußte. *»Die alte Frau blieb stumm; aber mit dem Ausdruck lähmender Furcht vor dem Armenhaus in den Augen war sie die Verkörperung der herz-zerbrechenden Angst, die einem die Insassen des Siechenhauses kaum weniger unglücklich erscheinen läßt als die, die ihre letzte Kraft auf-bieten, nicht hinzukommen«,* heißt es in Janes Erinnerungen. [46]

Sie kennt das Gefühl der Verlassenheit aus eigener bitterer Er-fahrung. Ihr über alles geliebter Vater stirbt 1881 im Alter von nur neunundfünfzig Jahren, als sie kaum einundzwanzig Jahre alt ist, und läßt sie alleine zurück. Sie versinkt in Depressionen, die lange nicht weichen wollen. Noch tiefer als bisher kriecht ihr die Einsamkeit in die Knochen, scheint alles Lebendige zuzu-decken. Reisen lenken zwar davon ab, helfen aber auf Dauer nicht. Wer soll nun ihr Freund und Unterstützer auf der Suche nach der eigenen Bestimmung sein? Und wenn sie genau hin-schaut, kann sie in den Augen dieser gebrechlichen Frau einen alten, vertrauten Schmerz erkennen…

Der kleine Junge gibt der Gründerin des Hull House den letzten Anstoß, sich intensiv mit der Problematik der Verlassenheit und der Armut alter Menschen zu beschäftigen. Nur wenige Tage zuvor haben aufgeregte Frauen Jane Addams zu einer alten deutschen Frau gerufen, die sich mit verzweifelter Kraft an eine kleine, abgenutzte Kommode klammert. Den Abgesandten des Siechenhauses gelingt es nicht, die Frau von der Kommode zu lösen und sie an den gefürchteten Ort zu bringen. *»Sie weinte nicht und klagte nicht, gab überhaupt keinen menschlichen Laut von sich;*

aber zwischen ihren halberstickten Atemzügen stieß sie ein jammer-
volles Winseln aus, wie ein Tier, das in eine Falle geraten ist. Ganz
entsetzt sahen die an der Tür zusammengelaufenen Frauen und Kinder
auf die Verkörperung dessen, was drohend über dem Leben jedes Armen
steht, sobald er keine Arbeit hat, und das mit zunehmendem Alter näher
zu rücken scheint.« [47] Von nun an bietet Jane alten Menschen, die
keine Angehörigen mehr haben und die ihr Leben in Armen-
häusern fristen müßten, regelmäßige Treffpunkte an und bezieht
sie in das gesellige Leben von Hull House ein.

Schon früher ist Jane Zeugin extremer Armut geworden. Auf
Anraten ihres Arztes reist sie 1883 in Begleitung ihrer Stiefmutter
nach Europa: einerseits, um ihre Krankheit zu kurieren, andererseits, um den Schmerz über den Verlust des Vaters zu lindern.
Doch das lähmende Gefühl von Einsamkeit nimmt nicht ab.

In London führt ein Stadtmissionar eine kleine Zahl Reisen-
der in den Osten der Stadt, um den Samstag nachts stattfin-
denden Verkauf von Obst und Gemüse zu sehen. Da gemäß
Londoner Stadtverordnung bis Montag nichts mehr verkauft
werden darf, versucht man alles, was sich nicht länger hält,
noch loszuwerden. Jane beobachtet, wie sich ein einzelner Mann
aus einer Gruppe löst und einen Kohlkopf, den er gerade erworben hat, mit den Zähnen auseinanderreißt. Er verschlingt
den ungewaschenen und rohen Kohl gierig. Was ihr aber vor
allem im Gedächtnis haften bleibt, sind nicht die hageren, gelben Gesichter, sondern *»…die Myriaden von Händen, die so er-*
greifend leer, kraftlos und verarbeitet, das einzige Helle in dem un-
sicheren Licht der Straße, die sich nach Nahrung ausstreckten, die
zum Essen nicht mehr taugte… Nichts anderes in dieser Welt ist so
ausdrucksvoll wie die Menschenhand, dieses älteste Werkzeug, mit
dem der Mensch sich seinen Weg aus der Wildnis heraus gebahnt hat,
und mit dem er sich unaufhörlich weiterarbeitet. Ich habe seitdem nie
wieder erhobene Hände sehen können, weder in den rhythmischen
Bewegungen turnender Mädchen, noch in einer Klasse pausbäckiger

*Kinder, die sie in eifriger Erwiderung einer Frage ihrem Lehrer ent-
gegenstrecken, ohne daß sie mir dieses Bild zurückgerufen hätten, das
mir damals das Herz zusammenkrampfte.«* [48]

Doch eine Antwort auf die Frage, wie dieser Armut zu begegnen sei, hat Jane nicht anzubieten. Zunächst reist sie weiter
nach Italien, Frankreich, Österreich und Deutschland, Länder,
von denen sie im College viel gehört hat und deren Sprachen
sie fließend beherrscht. Auch dort sieht sie Armut, doch nichts
beeindruckt sie so nachhaltig wie das Elend in London. Immer
stärker wird sie von Widerwillen gegen ihre Landsleute erfüllt.
Die europäischen Pensionen sind zu dieser Zeit voll von amerikanischen Müttern und Töchtern, die der Wunsch nach
Bildung den Ozean hat überqueren lassen – eine Bildung
allerdings, die sie selten in ihrem Alltagsleben sinnvoll nutzen
können. Sie besichtigen Burgen und Schlösser, wandeln durch
Museen, folgen den Spuren klassischer Musiker und Dichter.
*»Diesen jungen Menschen ist der Vorzug von College-Bildung, Reisen
in Europa, volkswirtschaftlichen Studien zuteil geworden; aber sie müssen den Druck eines tatenlosen Lebens aushalten«,* schreibt Jane. [49]

Nach ihrer Rückkehr verbringt sie einige Monate bei ihrer
Familie und kommt zu der Feststellung, daß ihre »nervöse
Niedergeschlagenheit«, ihre »krankhaft gesteigerte Empfindung
für die Ungerechtigkeit des Lebens« ihren Höhepunkt in Europa
erreicht zu haben scheinen. Und dennoch weiß sie immer noch
nicht, wie sie diesen Zustand ändern soll. Nicht nur im realen
Leben, sondern vor allem in sich selbst…

1887 entscheidet sie sich für eine erneute Reise. Diesmal heißt
das Ziel Rom, wo sie sich den langgehegten Wunsch erfüllen
möchte, die Katakomben zu studieren. Trotzdem quälen sie
Gewissensbisse, da sie immer noch »untätig« auf der Seite der
Privilegierten steht. Ihre Studien finden allerdings ein abruptes
Ende, als sie schwer an Hüftrheumatismus erkrankt und wochen-
lang, gepflegt von einer Krankenschwester, in Rom bleiben muß.
Wieder liegt sie, zur Untätigkeit verdammt, im Bett.

Nach ihrer Genesung fährt sie im April 1888 nach Madrid und sieht dort einen Stierkampf. *»Es wurde mir plötzlich klar, daß ich mein Gewissen recht nach Träumerart beruhigt hatte, und daß ich etwas, das vorläufig nur in meinem Kopf und auf dem Papier stand, zum Vorwand meiner fortgesetzten Untätigkeit machte, und daß man sich mit einem immer wieder aufgeschobenen Plan tröstet, mit einem Versprechen, das die Zukunft erfüllen soll, und ich war der niedrigsten Art der Selbsttäuschung verfallen, indem ich mir vorzumachen suchte, ich täte dies alles nur zur Vorbereitung auf künftige große Leistungen. Nichts Geringeres als die moralische Reaktion nach dem Anblick eines Stiergefechtes hatte vermocht, mich zu der Erkenntnis zu bringen, daß ich weit entfernt davon, der Spur des feurigen Wagens der Nächstenliebe zu folgen, vielmehr festgebunden hinter dem Eselskarren der Selbstsucht herging.«*[50] Aus dieser Erkenntnis heraus wächst ein Entschluß: Sie will ein Haus in einer Stadtgegend mieten, in der wirkliche Not herrscht. Daß sie dieses Haus in erster Linie für sich selbst benötigt, um zumindest nach außen hin eine sichtbare Basis für ein noch vages Tun und ein wenig Trost in ihrer Einsamkeit zu finden, gesteht sie niemals ein. Diese ganz persönliche Wahrheit der Jane Addams steht nur zwischen den Zeilen in ihren späteren Schriften, in denen sie eindrücklich auf die Wichtigkeit einer lebendigen Gemeinschaft hinweist.

Grenzenlose Armut

Drei Meter glänzende, rosa Seide sind es, die von der Chef-verkäuferin achtlos eingewickelt und beiseite gelegt werden. Marcella weiß genau, wie sich dieses edle Material anfühlt und welche Kleiderwünsche man sich damit erfüllen kann. Als Ver-käuferin hat sie tagein, tagaus mit Stoffen zu tun. Für sie selbst wird der Kauf solcher Stoffe immer ein Traum bleiben, denn ihr bescheidener Lohn reicht kaum aus, um die verwitwete Mutter und die zahlreichen jüngeren Geschwister zu unterstützen. Nachts liegt sie wach und weint, träumt von einem schönen Kleid und weiß doch, daß die Arztrechnung für das Scharlachfieber der kleinen Geschwister noch nicht bezahlt ist. Auf den Ball, zu dem sie ein junger Mann eingeladen hat, wird die Sechzehnjährige in einem alten, abgetragenen Kleid gehen müssen. Als sie am nächsten Tag beobachtet, wie das beiseite gelegte Paket mit der herrlichen Seide herunterfällt, kann sie nicht widerstehen und steckt es heimlich ein. Marcella wird erwischt und vor Gericht gestellt.

Ähnliches passiert dem Polenjungen, der zwar seinem Vater seinen ganzen Verdienst abliefern muß, aber barsch abgewiesen wird, wenn er um ein kleines Taschengeld bittet. Die Weihnachtswünsche seiner kleinen Geschwister kann er nur erfüllen, indem er die Sachen stiehlt: ein Nagelpflegeset für die eine Schwester, eine Glasperlenkette für die andere.

Täglich stehen zu Beginn des 20. Jahrhunderts in Chicago Kinder und Jugendliche vor Gericht. Immer wieder werden sie festgenommen, weil sie etwas zum Essen oder zum Feuermachen stehlen. Die Kohlen auf den Wagen oder das Gemüse vor dem Krämerladen wirken auf sie wie eine Einladung, damit auch sie mit ihren bescheidenen Fähigkeiten die Situation zu Hause etwas erträglicher machen können. Die Kleinsten, vier, fünf Jahre alt, schicken die Richter mit einer Verwarnung nach Hause, die Älteren werden den Beamten des Vereins für Jugendvorsorge übergeben.

Die Armut ist unvorstellbar und grenzenlos. Die zunehmende Industrialisierung schafft zwar viele Arbeitsplätze, und aus der ganzen Welt strömen Einwanderer in der Hoffnung auf eine bessere Zukunft in das gelobte Land, doch die Lebensbedingungen, besonders der einfachen Arbeiter, sind katastrophal. Typhus und Tuberkulose wüten in den spartanischen Wohnungen, in denen sanitäre Anlagen fehlen. Frauen arbeiten rund um die Uhr für einen Hungerlohn, der gerade fürs Überleben reicht. Wenn sie beispielsweise als Näherinnen den ganzen Tag durcharbeiten, bringen sie es auf fünf bis neun Cent für ein Dutzend Paar Hosen. Um sich um die Familie oder um die Erziehung der Kinder zu kümmern, bleibt ihnen keine Zeit, viele putzen nachts zusätzlich in Bürogebäuden oder arbeiten als Wasserträgerinnen, um den kärglichen Lohn aufzubessern. So leben die Kinder auf der Straße und sind weitgehend sich selbst überlassen, bis sie alt genug sind, um als Zeitungsträger, als Hilfskraft in Fabriken oder Nähstuben zum Lebensunterhalt beizutragen. Und alt genug dafür ist man bereits mit fünf, sechs Jahren.

Die Kinder trifft die Härte des Erwerbslebens besonders unerbittlich. Kein Arbeitsschutzgesetz behütet sie vor überlangen Arbeitstagen, Versicherungen existieren nicht. Verletzt sich ein Junge mangels Schutzvorrichtungen an einer Maschine, schicken ihn die Fabrikbesitzer, oft fürs Leben verstümmelt, einfach nach Hause. In ihrer Not unterschreiben die Eltern sogar Verzichtserklärungen auf Schadenersatz für den Fall, daß sich ihre Kinder verletzen.

Zusammen mit Ellen Starr, mit der sie vier Jahre am Rockfor College verbracht hat, eröffnet Jane Addams das Hull House in den Slums von Chicago und versucht, die menschenverachtenden Lebensumstände zu verbessern. In Ellen findet Jane den Menschen, der sie bei der Realisierung ihrer Pläne tatkräftig unterstützt und begleitet. Die resolute Ellen ist es auch, die Jane darin bestärkt, nach London zu reisen, um sich dort so viele Anregungen wie möglich zu holen. Dort hat die Zeitung »Pall Mall« mit ihren Enthüllungen *Notschrei der Ausgestoßenen Londons* auf die unerträglichen Zustände im Osten der Stadt aufmerksam gemacht hat. Vor allem junge Studenten wollen diese Zustände nicht länger ertragen und machen sich auf, die Vorläufer der staatlichen Wohlfahrt zu werden. Toynbee Hall lautet darum Janes nächstes Ziel, die erste Wohlfahrtseinrichtung Englands, die sich aktiv für soziale Belange einsetzt. Sie begibt sich nach London in der festen Überzeugung, daß *»wie groß auch die Schwierigkeiten und die Entmutigung sein mochten, die im Leben un-*

ter den Armen meiner harrten, ich als erste Abhilfe versuchen müßte, selbst Hand anzulegen, und daß ich in täglicher nützlicher Arbeit einen Trost finden würde… Mochte das neue Leben auch bittere Erfahrungen bringen, ich war zufrieden, daß die Zeit rein passiven Aufnehmens ihr Ende erreicht hatte, und daß endlich die ›bloße Vorbereitung aufs Leben‹ aufgehört hatte, so schlecht vorbereitet ich auch sein mochte.«[51] Die Neunundzwanzigjährige macht sich daran, ihr Ideal von Gerechtigkeit in die Tat umzusetzen: »Wer da glaubt, daß Gerechtigkeit nur als Ideal in den Menschen lebt, wer ihre Erfüllung erst von einem tausendjährigen Reich des Friedens erhofft oder darauf wartet, daß eines Helden starker Arm ihr Geltung verschaffe, der hat kein Verständnis für die strenge Wahrheit, die allem Leben zugrunde liegt. Wahre Gerechtigkeit muß aus geschulter Einsicht hervorgehen, aus vertieftem Mitgefühl mit dem Leiden der einzelnen Menschen, die uns auf unserem Lebensweg begegnen; gleichmäßiger Fortschritt allein kann zu jener Größe der Auffassung führen, die der Welt hilft.«[52]

Die große Predigt der Tat

In Toynbee Hall sieht Jane, daß es möglich ist, den enormen gesellschaftlichen Abstand zwischen den Klassen zu überbrücken. Das neue Konzept lautet, nicht nur milde Gaben zu verteilen, sondern durch Leben und Arbeiten mit den Mittellosen das Problem an der Basis zu bekämpfen und somit die Lebensbedingungen langfristig zu verbessern.

Im 19. Bezirk von Chicago finden Jane und Ellen eine Gegend vor, die hauptsächlich von Einwanderern aus Italien, Deutschland, Griechenland, Polen und Rußland bevölkert ist. Die Straßen sind unbeschreiblich schmutzig, die Zahl der Schulen unzureichend, die Straßenbeleuchtung mangelhaft oder gar nicht vorhanden. Hunderte von Häusern sind nicht an die Kanalisation angeschlossen. Jede Familie, die es sich finanziell leisten kann, versucht, diese Gegend zu verlassen.

Die meisten Menschen verdienen ihren Lebensunterhalt mit Heimarbeit. Gewissenlose Unternehmer, die so kostengünstig wie möglich produzieren wollen, finden denn auch keinen Keller zu dunkel, keine Hofwohnung zu ungenügend. Häuser, die ursprünglich für eine Familie berechnet waren, werden von mehreren bewohnt. Viele Gebäude verfügen über keine andere Wasserversorgung als den Hahn im Hinterhof; Müll und Asche werden in Holzkästen geschüttet, die auf der Straße aufgestellt sind. In dieser Umgebung stellt das Hull House eine Art Insel dar, die vielen Einwanderern Gelegenheit zum Aufatmen bietet: Sie können in ihrer eigenen Sprache miteinander sprechen, ihre Musik und Kultur pflegen und sich mit Hilfe der Gründerinnen besser an die Forderungen der Neuen Welt gewöhnen.

Ihre Philosophie erläutert Jane in einem Vortrag: *»Das Settlement stellt einen Versuch dar, zur Lösung der sozialen und industriellen Probleme beizutragen, die durch die Lebensbedingungen einer modernen Großstadt geschaffen werden. Es geht dabei von dem Grundsatz aus, daß nicht nur einseitig die eine Hälfte der Bevölkerung darunter zu leiden hat, sondern will versuchen, zwischen dem Zuviel auf der einen Seite und dem Zuwenig auf der anderen einen Ausgleich herbeizuführen, geleitet von der Annahme, daß geselliger Verkehr und Erziehung die Gebiete sind, wo Übervölkerung und Mangel sich am verhängnisvollsten bemerkbar machen. Seiner ganzen Natur nach kann es weder mit sozialer noch politischer Propaganda etwas zu tun haben. In gewissem Sinn muß es wie ein Gasthaus jeder Art von Propaganda zur Verfügung stehen, könnte doch ein Engel darunter sein. Das eine, worauf es für ein Settlement vor allem ankommt, ist seine Anpassungsfähigkeit und seine Bereitschaft, die Arbeitsweise je nach den Bedürfnissen seiner Umgebung zu ändern.«*[53]

Jane und Ellen richten einen Kindergarten ein, bieten Leseabende und verschiedene Vereinsaktivitäten an. In Handarbeitsklassen lernen Mädchen nähen, die Jungen können sich in der Werkstatt mit Holz- und Metallarbeiten vertraut machen. Unterstützung finden Jane und Ellen in den wohlhabenden

Kreisen, aus denen sie stammen. Sie machen die an ihrem Projekt interessierten gehobenen Kreise mit ihrer Überzeugung bekannt, daß die Abhängigkeit der Klassen voneinander eine gegenseitige ist. Auch kirchliche Gruppen sowie Mitarbeiter wohltätiger Vereinigungen stellen sich hinter Hull House.

Im Laufe der Jahre kommen Kurse über gesunde Ernährung, eine Volksküche, ein Theater, eine Kunstgalerie und eine eigene Schule hinzu. Finanziellen Sorgen begegnen die Gründerinnen, indem sie ihr gesamtes, nicht unerhebliches Privatvermögen investieren. Zudem kochen und putzen sie selbst, um dadurch Geld zu sparen. Zwar sorgen sie sich angesichts der vielen Rechnungen, aber: »*Trotz unserer Geldknappheit habe ich immer vertraut, die nötigen Mittel würden sich finden, wenn nur erst der Settlement-Gedanke den Forderungen der Wirklichkeit völlig angepaßt sei.*«[54]

Jane und Ellen sind beseelt von dem Gedanken, daß »*wie es nur natürlich ist, Hungrige zu speisen und Kranke zu pflegen, so ist es erst recht natürlich, den Jungen Freude und den Alten Trost zu bringen, und das tiefverwurzelte Verlangen nach Geselligkeit zu befriedigen, das in allen Menschen steckt.*«[55] Jane fühlt sich wohl, ist endlich am richtigen Platz, ein hilfreiches und nützliches Mitglied dieser Gemeinschaft, die sie selbst gegründet hat. Sie lebt das, was sie an ihrem großen Vorbild Tolstoj so sehr bewundert: ein Leben mitten unter den Armen. In ihren Augen besitzt der große Russe, den sie mehrmals besucht, die Fähigkeit, »*sein Leben so einzurichten, wie sein Gewissen es von ihm verlangte, und seine Lehre in die Tat umzusetzen*«. Es ist »die große Predigt der Tat«, die Jane zu Tolstoj hinzieht. Sie hat alle seine Werke gelesen, sich von seinen Ideen inspirieren lassen. Tolstojs klares Urteil über das, »was wir tun sollten«, betrachtet sie als »*um so wertvoller für alle gewissenhaften Menschen, die es nicht allein schwer finden, den Pfad der Gerechtigkeit zu wandeln, sondern den Pfad nur zu finden*«.

Ihre Überzeugung, daß alles, was die Menschen verbindet, wertvoller ist als das, was sie trennt, und daß, wenn man deren grundsätzliche Gleichheit akzeptiert, die Unterschiede von

Abstammung, Sprache, Glaube und Überlieferung leicht überwinden kann, setzen Jane und Ellen Tag für Tag um. Jane formuliert es später in ihrer Stiftungsurkunde so: »*Erzieherische und philanthropische Einrichtungen zu schaffen und zu fördern, und die Lebensbedingungen der arbeitenden Bevölkerung von Chicago zu untersuchen und zu verbessern.*« Und sie erfährt durch die wachsende Zahl von freiwilligen Mitarbeitern das beglückende Gefühl der Zusammengehörigkeit von Menschen, »*die durch das festeste aller menschlichen Bande, durch Arbeit für ein gemeinsames Ziel, verbunden waren.*« Hull House wird zu einem Mittelpunkt für kommunales und soziales Leben und ist aus Chicago nicht mehr wegzudenken. Einige besonders engagierte junge Männer und Frauen fühlen sich von diesem Konzept angezogen und wachsen zur ersten Generation von Sozialwissenschaftlern und Sozialarbeitern heran. Aus ihren gewissenhaften Studien und Untersuchungen resultieren wegweisende gesetzliche Änderungen zur Kontrolle von Fabriken, die Kinderarbeitsschutzgesetze, die Schulpflicht und die Beschränkung der Arbeitszeit von Frauen. Die Reformen, die in Chicago durchgeführt werden – wie die Begründung des ersten Jugendgerichts –, verbreiten sich immer mehr und finden in die nationale Gesetzgebung Eingang. Im multikulturellen Mikrokosmos Chicagos entwickeln sich Janes Ideale von sozialer Gerechtigkeit allmählich zu einer Philosophie des Weltfriedens.

Die Kriegsnachrichten aus dem fernen Europa treffen Jane so tief, daß sie in eine Depression fällt. Sollte ihre Theorie über das friedliche Zusammenleben der Menschen nur auf Sand gebaut sein? Ihre positive Erfahrung, daß Menschen, für die es genügend Anlässe zu Konflikten und Gewalttätigkeit gäbe, zusammenleben können, scheint für die Welt außerhalb Hull House nicht zu gelten.

Mit der Thematik der Gewalt hat sich Jane ausführlich befaßt, als der Spanisch-amerikanische Krieg von 1898 die Gemüter erhitzte. Die amerikanische Annexion der Philippinen verurteilt sie scharf, als Reaktion darauf tritt sie der Chicagoer Organisation der Anti-Imperialistischen Liga bei. Von Theodore Roosevelt, den sie 1912 in seiner Kampagne zur Wiedererlangung der Präsidentschaft unterstützt hat, wendet sie sich ab. Seine Ansichten über Außenpolitik, seine unmißverständliche Befürwortung von Krieg und Eroberungen kann die überzeugte Pazifistin nicht teilen. In zahlreichen Schriften und Vorträgen setzt sie sich intensiv mit den Ursachen von bewaffneten Konflikten auseinander. Ihre Schlußfolgerung: Es müsse ein moralischer Ersatz für den Krieg geschaffen werden, der dieselben energischen Anstrengungen, denselben Mut und dieselbe Todesverachtung bewirke, ohne den Begleitumstand der Tötung unserer Mitmenschen zu verlangen. Und nun das: Kriegshetze von allen Seiten. Selbst im eigenen Land, so weit weg vom Gemetzel in Europa, werden Rufe nach »Rache« und »Tod den Feinden« laut.

Jane ist von den Politikern und der Welt enttäuscht, sie trauert um den Frieden. Doch sie mobilisiert ihre Kräfte – ihre einzige Chance, wenn sie nicht aufgeben will.

Allein gelassen von der Welt

»Vielleicht war es gut, daß das Leben mich schon früh auf eines seiner schwersten und dunkelsten Rätsel hinwies. Die Erkenntnis der Lebensregel, die jener unerklärlichen Ungerechtigkeit zugrunde liegt, an der wir alle zu tragen haben und mit der ich nur zu vertraut bin, ist mir bitter nötig gewesen.«[56] Wie sehr sich ihre Worte bewahrheiten sollen, kann Jane Addams nicht wissen, als sie sich im Januar 1915 mit europäischen Pazifistinnen, der führenden Frauenstimmrechtlerin Cary Chapman Cap und Delegierten aus Frauenorganisationen in Washington trifft. Nach diesem Treffen hat sie einen schweren Stand in ihrem Land: Sie wird verfolgt, gehaßt und isoliert. Aber aus diesem Treffen geht auch die *Women's Peace Party* (WPT)

76

hervor, die die Beendigung des Krieges und die Beteiligung der Frauen an wichtigen Entscheidungen verlangt. (Erst 1919 erhalten die Frauen in den USA das Wahlrecht.) Eine zusätzliche Forderung ist die Einrichtung ständiger internationaler Friedensbüros nach dem Krieg. Auf einem internationalen Kongreß in Den Haag soll die Entwicklung eines Friedensprogramms vordringlich vorangetrieben werden.

Auf dem niederländischen Schiff »Noordam« segelt Jane Addams zusammen mit rund weiteren vierzig Amerikanerinnen nach Holland zum *International Congress of Women*. Der Friedensnobelpreisträger von 1906, Theodore Roosevelt, bezeichnet die Aktion als »töricht und unüberlegt«, die britische Regierung stoppt das Schiff und erteilt erst in letzter Minute die Erlaubnis zur Weiterreise. Buchstäblich Sekunden vor Kongreßbeginn erreicht Jane Den Haag.

Dort verabschieden rund tausend Delegierte aus zwölf Nationen ein Grundsatzpapier, das die kriegführenden Staaten dazu bewegen soll, einer Konferenz der neutralen Länder über die Beendigung des Krieges zuzustimmen. In zwei Gruppen wollen Vertreterinnen des Kongresses die Regierenden im Anschluß besuchen und dafür werben. Sie reisen in vierzehn Hauptstädte, treffen einundzwanzig Minister, zwei Präsidenten, einen König und den amtierenden Papst Benedict XV. Jane geht nach London, Berlin, Wien, Rom und Paris. Nach ihrer Rückkehr in die USA versucht sie Präsident Woodrow Wilson dafür zu gewinnen, eine solche Konferenz zu leiten. Doch vergeblich: Wilson lehnt ab.

Vor allem Addams' drastische Berichte über die Not und das Elend in Europa, Folgen eines sinnlosen Krieges, sind Ursache für den Gesinnungswandel gegen den »Gnadenengel«. Mit ihrer Behauptung, »*daß Soldaten nicht willentlich in den Nahkampf zögen, sondern man die Männer unter Drogen setzen müsse, damit sie mit den Bajonetten aufeinander losstürmen würden*«,[57] löst Jane bei ihren kriegsbegeisterten Landsleuten helle Empörung aus.

Ihre Worte von Frieden haben keine Chance gegen die Faszination, die der Krieg ausübt. Tugenden wie Mut, Heldentum und Selbstaufopferung haben Konjunktur – wer anderer Meinung ist, ist ein Verräter. Ihre Landsleute reagieren auf ihre Friedensappelle mit Schmähungen, in Artikeln wird sie als Verräterin gebrandmarkt. Freunde und Gönner des Hull House wenden sich von ihr ab, distanzieren sich zum Teil sogar in der Öffentlichkeit von ihr. Trotzdem läßt sie in ihren Anstrengungen nicht nach: Sie unterstützt Henry Fords Idee eines Friedensschiffes, das im Herbst 1915 unter dem Slogan »Holt die Jungs bis Weihnachten aus den Schützengräben« die Segel setzt; sie appelliert persönlich an Wilson, die USA nicht in den Krieg zu führen – wiederum vergeblich.

Nach Kriegseintritt der USA im April 1917 ist Jane Addams vollends isoliert. Sie, von der Emily Greene Balch einmal erzählte, daß sie es liebe, ständig Menschen um sich herum zu haben, und sogar das Schreibmaschinengeklapper in den Räumen schätze, in denen sie sich aufhalte, ist allein. Sie, die als erste Frau 1910 die Ehrendoktorwürde der Yale Universität erhielt – eine *persona non grata*. Presse wie Behörden bezeichnen sie als »unpatriotische Subversive, mit der Absicht, die Söhne der Nation zu entmännlichen«, das Justizministerium läßt sie während des ganzen Krieges überwachen. Selbst die Freundinnen von der *Women's Peace Party* wenden sich von ihr ab, da sie die Chance sehen, das Stimmrecht zu erlangen, wenn sie die Kriegstreiber unterstützen. Selbstzweifel wechseln mit intensiven Ausbrüchen von Selbstmitleid, manchmal denkt sie sogar daran, an der »Verrücktheit der gesamten Menschheit teilzunehmen«.

»Was war mit Euch, daß Ihr Euch still verhieltet...«

Erst nach Kriegsende, nachdem der Hurrapatriotismus der Ernüchterung gewichen ist, erscheint Jane Addams wieder in

78

der Öffentlichkeit. 1919 wird sie Präsidentin der neu gegründeten *Women's International League for Peace and Freedom* (WILPF), die bis heute ihre Büros in Genf engagiert betreibt. In diese Organisation steckt sie ihre ganze Energie, denn hier kann sie ihre Ideen von einem dauerhaften Frieden am besten verwirklichen.

Millionen von Amerikaner unterstützen eine von ihr lancierte Petition für eine allgemeine und totale Abrüstung der Völker. Die Unterschriften sammelt sie auf einer Autoreise quer durch die Vereinigten Staaten und übergibt sie Ende November 1931 Präsident Herbert Hoover.

Sie reist für WILPF rund um die Welt, besucht unter anderem Mexiko, Hawaii und verschiedene Länder in Asien. Überall kennen die Menschen sie und ihr Lebenswerk Hull House. In der ganzen Welt wird sie herzlich empfangen und bewundert. Zehn Jahre steht sie als Präsidentin der WILPF zur Verfügung und bleibt bis zu ihrem Tod deren Ehrenpräsidentin. Sie leitet einige der internationalen Kongresse: 1921 Wien, 1922 Den Haag, 1924 Washington, 1926 Dublin und 1929 Prag. Wann immer es ihre Gesundheit erlaubt, nimmt sie an Treffen teil, sammelt Spenden und schickt selbst jeden Monat fünfhundert Dollar an die amerikanische Sektion.

Doch nach wie vor können ihr gewisse Kreise ihr Engagement für den Frieden nicht verzeihen, schmähen sie als »gefährliche Radikale« wegen ihrer Proteste gegen die Bürgerrechtsverletzungen, als Amerika in den zwanziger Jahren eine Hetzkampagne gegen wahre und vermeintliche Kommunisten startet. Ihr Name erscheint zuoberst auf einer vielfach publizierten Liste, bekannt geworden als die »Spinnennetzliste«. Verfaßt vom Kriegsministerium und unterzeichnet von Brigadier General Amos A. Fries, wirft man den darauf aufgeführten Personen eine kommunistische Unterwanderung der Staaten vor.

Jane Addams erhält 1931 den Friedensnobelpreis, zusammen mit Nicholas Murray Butler (1862–1947, Philosoph und Pädagoge, Präsident des Columbia College New York), der für seine Verdienste als Vorsitzender und Präsident friedensfördernder Gesellschaften und Kongresse ausgezeichnet wird. Daß sie den Preis ausgerechnet mit Butler, der während des Krieges die Pazifisten hart attackiert hatte, teilen muß, kommentiert sie allerdings nie. Sie ist äußerst glücklich über die Verleihung, hat im Vorfeld die aufwendigen Nominationskampagnen ihrer Bewunderer ausdrücklich genehmigt. Mit diesem Preis, so ihre persönliche Überzeugung, könne sie ihren Kritikern beweisen, daß ihre Friedensarbeit tatsächlich wertvoll sei und besonders außerhalb der Vereinigten Staaten respektiert würde. Ihren Anteil am Preisgeld, rund sechzehntausend Dollar, überläßt sie der WILPF.

Nach Oslo kann sie nicht mehr reisen. Sie ist zu krank, der Darmkrebs hat sein zerstörerisches Werk schon zu weit vorangetrieben. Dennoch engagiert sie sich im Rahmen ihrer Möglichkeiten unermüdlich für die Sache des Friedens. Auf Bitte Albert Einsteins unterstützt sie im Jahre 1935 die Nomination von Carl von Ossietzky für den Friedensnobelpreis. *»Niemand weiß, wer für den Krieg verantwortlich zu machen ist, alle kriegführenden Nationen sind verantwortlich und klagen einander an. Aber zuletzt muß die Menschlichkeit doch wieder zur Geltung kommen. Die alten Elemente menschlichen Verstehens und menschlicher Güte müssen wieder in den Vordergrund treten, und dann könnte es wohl sein, daß man den Neutralen Vorwürfe macht und sagt: ›Was war mit Euch, daß Ihr Euch still verhieltet, während diese entsetzlichen Dinge geschahen, und unsere Leute für einen Augenblick die Besinnung verloren hatten in diesem Fanatismus nationalen Empfindens?‹«*[58]

Die Schrecken des Zweiten Weltkriegs bleiben ihr erspart: Jane Addams stirbt am 21. Mai 1935.

Hull House heute

Heute widmet sich die *Hull House Association,* die siebenhundert Mitarbeiterinnen und Mitarbeiter in Chicago beschäftigt, immer noch der Unterstützung und Betreuung von benachteiligten Menschen:

- Kinder: Kindertagesstätte, Hausaufgabenbetreuung
- Jugendliche: Programme für allein lebende Jugendliche, Anti-Drogen-Programme, Sozialarbeits-Kurse, Jugendentwicklungs- und Sportprogramme, Computerkurse
- Familien: Familienberatung, Elternkurse, Kurse für Analphabeten, Kurse zur Bekämpfung der Familiengewalt, Kurse zur mentalen Gesundheit
- Erwachsene: Fortbildungsprogramme, Berufsberatungskurse, Beratung zur wirtschaftlichen Entwicklung, Theateraufführungen und Kunstausstellungen
- Senioren: Essen auf Rädern, Rehabilitationshilfen, Gesellschafter, häusliche Pflege, Frühpensionsprogramme, Integrationsprogramme

Hull House unterstützt jährlich rund zweihunderttausend Personen in ihren sechs Basiszentren und fünfunddreißig Zweigstellen in Chicago. Die finanziellen Mittel stellen vorwiegend private Spender. Die Geschichte von Hull House wäre nicht vollständig, würde man nicht einige der Einrichtungen erwähnen, die die Gründergeneration als erste ihrer Art einführten, so das erste öffentliche Bad, der erste öffentliche Spielplatz, das erste öffentliche Gymnasium, die erste Volksküche, die erste Berufsschule, die erste organisierte Nachbarschaftshilfe. Zudem führten sie erstmals umfassende Untersuchungen durch, u.a. zu den Themen Gesundheitspflege, Geburtshilfe, Kindersterblichkeit und Ursachen von Tuberkulose und Typhus. Auch die Gründungen einiger Gewerkschaften fanden in Hull House statt, darunter die der *Women Shirt Makers, Women Cloak Makers, Dorcars Federal Labor Union* und die *Women's Trade Union.*

Nobelpreisrede von Jane Addams

Jane Addams konnte wegen ihrer schweren Erkrankung nicht nach Oslo reisen und hat keine Friedensnobelpreisrede verfaßt.

Die geistige Struktur des Friedens

Emily Greene Balch
Friedensnobelpreis 1946

»Liebe Menschen in China! Dies ist ein Brief der Liebe, den ich Euch sende... Ich bin Amerikanerin, und das, was Ihr vielleicht einen Kapitalisten nennt. Muß das eine Barriere für Liebe sein? Meine hält es nicht zurück. Natürlich gibt es viele Unterschiede zwischen uns. Die Traditionen unserer Länder sind unterschiedlich. Es gibt sogar Unterschiede in unseren Charakteren und in unseren Sprachen und Religionen. Doch um wieviel mehr sind wir gleich! Gleich sind wir geboren zu leiden. Wir lachen und weinen, wie es nur Menschen können.

Sollen Nachbarn durch Ideologien getrennt werden? Nein. Nein. Das soll nicht sein. Natürlich beinhaltet ›Koexistenz‹ große Schwierigkeiten. Sogar Menschen, die dasselbe Land besitzen, die dieselbe Sprache sprechen, eine gemeinsame Religion ausüben, selbst solche erlauben gegenseitiges Verstehen, gegenseitiges Vertrauen nicht sehr einfach. Doch die großen Barrieren sind nicht unüberwindlich. Laßt uns lernen, zusammen zu leben...«[59]

Emily Greene Balch

Merkwürdige Wege geht dieser Brief, der im Herbst 1955 in der Zeitschrift »Christian Science Monitor« veröffentlicht wird. Die Schriftstellerin Pearl S. Buck fordert hundert Kopien an, um sie in China und der ganzen Welt zu verteilen. Die *Women's International League for Peace and Freedom* verschickt Kopien an alle Mitglieder. Und schließlich erscheint eine Übersetzung dieses Briefes in der Tageszeitung »Ta Kung Pao«, die in China eine überregionale Verbreitung hat.

Die Verfasserin ist bereits achtundachtzig Jahre alt, als sie ihn schreibt. Sie will den Graben, der zwischen den USA und der kommunistischen Republik China besteht, überbrücken und einmal mehr den von ihr propagierten »guten Willen« demonstrieren, den sie als Basis für jeglichen Umgang miteinander – auf menschlicher wie politischer Ebene – betrachtet. Die Einladung der damaligen chinesischen Gesundheitsministerin Li Teh-Chuan, in das von der westlichen Welt nahezu vollständig isolierte China zu kommen, lehnt Emily Greene Balch ab. Nicht, weil sie sich zu alt fühlt, aber weil »ich zu alt bin, um noch nützlich zu sein«. Dennoch lernen sich die beiden Frauen kennen, als die Chinesin 1956 zum 13. Internationalen Frauenkongreß der WILPF nach Birmingham kommt, dem Emily Greene Balch als Ehrenpräsidentin beiwohnt. »Der Brief von Miss Balch hat in unserem Land einen tiefen Eindruck hinterlassen«, sagt Li Teh-Chuan.

Sich als nützliches Mitglied der Gemeinschaft zu fühlen ist das Ziel der hageren, fragilen Frau aus Jamaica Plains. Mit Zielstrebigkeit, Beharrlichkeit, ja, Zähigkeit findet sie den Weg bis in die höchsten Gremien. Allerdings immer still und leise, aus dem Hintergrund heraus handelnd. Das Rampenlicht überläßt sie lieber anderen. Auf die Behauptung ihrer Freundin und Weggefährtin Jane Addams, die sie auf einer Versammlung dem gespannten Publikum mit den Worten vorstellt, sie sei »nie mehr einer Person begegnet, die so gut sei«, antwortet Emily Greene Balch: »*Als ich jung war, wollte ich schön sein. Doch bald erkannte ich, daß Gott nicht vorgesehen hatte, daß ich schön sei. Dann wollte ich intellektuell brillant sein. Doch bald fand ich heraus, daß Gott nicht beabsichtigt hatte, daß ich brillant sei. Also beschloß ich, gut zu werden.«* [60]

Wie Jane Addams gehört Emily Greene Balch zu jener ersten Generation Frauen, die sich aktiv in die bis dahin von Männern bestimmte internationale Politik einmischt. Zunächst konzentriert sie sich auf soziale Fragen, doch rasch erkennt sie, daß ihre Berufung in Forschung und Lehre liegt. Mitwirken will sie, um wirtschaftliche und soziale Strukturen zu schaffen, die Frieden ermöglichen. »Nicht nur in den üblichen Dimensionen zu leben, sondern in der Dimension, die wir Gott nennen«, lautet ihr persönliches Credo.

Bis ins hohe Alter von vierundneunzig Jahren bleibt Emily Greene Balch aktiv und verliert nie den trockenen Humor, den ihre zahlreichen Freunde aus aller Welt so sehr an ihr lieben. Die Verleihung des Friedensnobelpreises 1946, den sie zusammen mit ihrem Landsmann John Raleigh Mott (1865–1955, CJVM-Sekretär, für seine unermüdlichen Anstrengungen, die Gräben zwischen den Völkern zu überwinden) erhält, und die zahlreichen Gratulationen aus der ganzen Welt kommentiert sie denn auch mit: »*Es ist, als ob man zu seiner eigenen Beerdigung gehen könnte, ohne vorher sterben zu müssen.*« Unter den vielen Gratulanten ist auch Harry S. Truman, von 1945–1953 Präsident der Vereinigten Staaten. Er ist nur einer von vielen Präsidenten, deren Amtszeit Emily Greene Balch im Laufe ihres langen Lebens kritisch und aufmerksam beobachtet hat. Und auch nur einer von vielen, die von der zierlichen Lehrerin ausführliche Briefe erhalten.

Die kritische Kraft der Intelligenz

Die Menschen jubeln und schwenken begeistert ihre Fähnchen mit dem Sternenbanner. Den leichten Frühlingsregen scheinen sie kaum wahrzunehmen, zu sehr sind sie von der gerade erfolgten Ankündigung in den Bann geschlagen: Es herrscht Krieg. Und auch sie werden – hoffentlich – bald dabeisein.

»Meine heutige Botschaft ist eine Todesbotschaft für unsere jungen Männer. Wie eigenartig es da erscheint, dies mit Applaus zu begrüßen.« Tränen laufen Präsident Woodrow Wilson über die Wangen, während er diese Worte an seinen Sekretär richtet. An diesem 2. April 1917 hat er vor der Vollversammlung des Repräsentantenhauses und des Senats um eine Kriegserklärung nachgesucht.

Es ist eine Frau, das erste weibliche Kongreßmitglied, die als einzige vier Tage später, am Karfreitag 1917, gegen den Kriegseintritt Amerikas stimmt. »Ich liebe mein Land, aber ich kann nicht für den Krieg stimmen«, sagt Jeanette Rankin. Beobachtet wird sie dabei von Emily Greene Balch, die die Abstimmung auf der Tribüne verfolgt. Die angesehene Professorin des Wellesley College ist zu diesem Zeitpunkt auf akademischem Urlaub, den sie vorwiegend für ihre Friedensarbeit nutzt. Mit dem Abstimmungsresultat des Kongresses zerschlagen sich ihre letzten Hoffnungen. Noch nach Abbruch der diplomatischen Beziehungen zwischen den USA und Deutschland im Februar hat sie die Überzeugung vertreten, daß alles unternommen werden müsse, um Amerika aus dem Krieg herauszuhalten. Bis zuletzt hat sie versucht, die öffentliche Meinung durch Presseartikel, Vorlesungen und Demonstrationen zu mobilisieren. Sie hat Tag und Nacht gearbeitet, all ihre Möglichkeiten ausgeschöpft. Die Frau, die das Schaffen von neuen Strukturen zu ihrem Lebensinhalt gemacht hat und die dafür viel später den Friedensnobelpreis erhalten wird, ist am Ende. Es ist zu spät. Nach der deutschen Erklärung des uneingeschränkten Unterseebootkrieges gehören am 6. April 1917 auch die Vereinigten Staaten zum Kreis der kriegführenden Nationen.

»Problemlösungen müssen auf absichtslosem Wohlwollen basieren, auf einer ›universellen Liebe‹, die wie die Liebe des Heiligen Franz von

Assisi alle Geschöpfe einbezieht. Diese unterliegende Liebe, dieser Respekt für andere, diese umfassende Liebe ist ein gutes Fundament für alle politischen Aktivitäten«, schreibt Emily Greene Balch.[61] In ihren Augen ist die »kritische Kraft der Intelligenz« notwendig, um einander zu verstehen und Lösungen zu erarbeiten, die für alle Beteiligten akzeptabel sind. Vor allem aber muß ein Wandel durch guten Willen motiviert sein. Überhaupt ist die Wortschöpfung »guter Wille« etwas, das Emily unablässig einsetzt. Nicht zuletzt aus ihrer familiären Verpflichtung heraus. Als Jane Addams ihr schreibt *»Glaubst Du nicht, daß es eine klare Verpflichtung seitens der Frauen gibt, die die Vorteile von Bildung und Erziehung besitzen, diese Chance zu ergreifen, um aus diesen Umständen herauszuhelfen?«*, zögert sie keinen Moment. Die engagierte Sozialistin Emily Greene Balch bewundert die Vorreiterin der amerikanischen Settlement-Bewegung und ist stolz darauf, zum engeren Kreis der Frau zu gehören, die mehrmals zu »Amerikas beliebtester Frau« gewählt worden ist. Umgehend tritt sie der Amerikanischen Frauendelegation bei, die im Januar 1915 zur ersten Internationalen Frauenkonferenz nach Den Haag reist. Zu erschreckend sind »diese Umstände«, mit denen der Krieg in Europa gemeint ist, der auch in Amerika die Gemüter immer mehr erhitzt.

Emily Greene Balch ist die zweitälteste Tochter von insgesamt sechs Kindern eines angesehenen Anwalts und einer engagierten Lehrerin. Die selbstlose Haltung und der Altruismus ihres Vaters bestimmen ihre Entwicklung maßgeblich. Emily wächst in einer geistig liberalen Umgebung auf, die gerade den Bürgerkrieg hinter sich gelassen hat. Ihre Eltern gehören den Unitariern an, eine Religionsgemeinschaft, die an die Einheit Gottes glaubt und die Dreifaltigkeit ablehnt. Sie sind überzeugte Anhänger der Sklavenbefreiung und freuen sich über den Sieg der Unionstruppen über die Konföderierten. Francis und Ellen Maria Balch erziehen ihre Kinder in einer Atmosphäre der »Vernunft der geistigen Kraft«, der »Selbstdisziplin«, der »hohen moralischen Ansprüche« und »der Hingabe an alle guten Angelegenheiten«, die den Unitarismus jener Zeit charakterisieren.

Als ihre geliebte Mutter stirbt, ist Emily erst siebzehn Jahre alt. In der vom Vater so intensiv vorgelebten Selbstlosigkeit findet sie ein auch für sie passendes Lebensmodell. Die familiäre Bindung ihres Elternhauses, in dem alle – Eltern, Kinder, Großeltern und unverheiratete Tanten – eng zusammenleben, bietet ihr eine sichere Basis. Dennoch vertritt sie später die Ansicht, daß sie als unverheiratete, berufstätige Frau persönliche Risiken für das Gemeinwohl leichter übernehmen könne, als wenn sie für eine Familie zu sorgen hätte.

Ihre Jugend verläuft äußerst glücklich, ist geprägt von einer schwärmerischen Liebe zur Natur und einem Drang zu schreiben. Bereits in ihren frühesten Tagebucheintragungen hält sie alle ihre Begegnungen fest. Und auch vor ihren Schwächen, dem unausgesprochenen Wunsch, »jemand zu sein«, und dem »Monster ›Egoismus‹, das in mir wütet«, verschließt sie die Augen nicht. Sie kompensiert diese Empfindungen mit extremer Zurückhaltung und dem ihr eigenen, trockenen Humor. Ihre Mitschülerinnen halten sie für scheu und bescheiden. Die Dozenten des Bryn Mawr College, die ihr als erster Studentin ein einjähriges Europastipendium verleihen, bezeichnen sie als *»eine Frau von ungewöhnlicher Klugheit, herausragender moralischer Integrität, äußerst selbstlos und in jeder Weise bereit, als würdige Repräsentantin des College ihre Studien in Europa fortzusetzen«*[62]. Zunächst will sie auf das Stipendium zu Gunsten einer Mitstudentin verzichten, doch die Fakultätsmitglieder bestehen auf ihr.

Nach einer einjährigen Vorbereitung in Amerika belegt Emily 1890/91 an der Sorbonne Vorlesungen in Volkswirtschaft – dem Fachgebiet, dem künftig ihre gesamte Aufmerksamkeit gehören soll. Wie viele der ersten Generation der College-Absolventinnen hat sie sich zunächst auf Literatur, Geschichte und moderne

Sprachen konzentriert. Doch wie Jane Addams hofft auch sie, durch ihre Studien die Basis für eine sinnvolle Lebensaufgabe zu finden. Sie will ein nützliches Mitglied der menschlichen Gemeinschaft werden, so selbstlos, wie es ihr Vater ist.

Mit den Volkswirtschaftsvorlesungen beginnt ihre Entwicklung zu einer geachteten Vordenkerin für die geistigen Strukturen des Friedens. Endlich hat sie das Gebiet gefunden, das für sie eine direkte Verbindung zu allen sozialen Fragen besitzt. Schon in ihren Arbeiten als Studentin weist sie darauf hin, daß *»eine funktionierende Gesellschaft die Anpassung an soziale Regeln erfordere, daß aber in moralischen Belangen der einzelne nicht mit der Masse gehen, sondern, wenn es die Umstände erfordern, die Konventionen brechen müsse«.*[63]

Neue Denkweisen bahnen sich den Weg

Emily Greene Balch ist knapp zweiundzwanzig Jahre alt, als sie in Paris studiert und eine Studie erarbeitet, die unter dem Titel *Öffentliche Hilfe für die Armen in Frankreich* 1893 von der *American Economic Association* publiziert wird. Darin dokumentiert sie die Entwicklung von Fürsorgeprogrammen und wie diese von den staatlichen Stellen durchgeführt und organisiert werden. Ihre Zusammenfassung über die Formen der Unterstützungsangebote wie auch die Informationen über Kosten und demographische Zusammenhänge machen ihre Untersuchung zu einer der ersten soziologischen Studien über Fürsorge für die Armen und Behinderten. Besonders bemerkenswert ist, daß sie ihre Erkenntnisse auf statistische Daten stützt, was zu dieser Zeit noch kaum praktiziert wird. Ihre Kombination von Theorie und quantitativer Forschung gibt künftigen Forschungen im Bereich der Soziologie eine neue Richtung.

Das Stipendium eröffnet ihr viele interessante Einblicke, doch gleichzeitig ist sie unzufrieden mit dem rein akademischen

Charakter ihrer Untersuchungen. Es bedrückt sie, daß sie zwar über die Armen geschrieben hat, aber niemals wirklich mit ihnen und ihren Lebensumständen zusammengetroffen ist.

Nach ihrer Rückkehr aus Paris widmet sie sich zunächst praktischen sozialen Aufgaben und unterstützt Charles Birthwell beim Aufbau der *Boston Children's Aid Society*. Im Dezember 1892 gehört sie zu den Gründern von Denison House und übernimmt die Leitung dieses Settlements. Der Anstoß dazu kommt von Jane Addams, der sie in einem Sommercamp begegnet ist.

In Denison House trifft Emily täglich Prostituierte, Unterstützungsempfänger, vernachlässigte Kinder und Arbeiter, die für anständige Löhne kämpfen. Hier erfaßt sie den Zusammenhang von Ursachen und Wirkungen wirtschaftlicher Ungerechtigkeit, Verbrechen und Krieg. Zudem trägt sie zu jener Zeit Informationen über Gesetze und Amtsstellen zusammen, die sich mit jugendlichen Straftätern beschäftigen. Die Ergebnisse publiziert sie 1895 unter dem Titel *Manual for Use in Cases of Juvenile Offenders and Other Minors,* das sich zu einem Standardwerk in diesem Bereich entwickelt.

Gleichzeitig kristallisiert sich immer stärker der Wunsch heraus, ihr Wissen als Lehrerin weiterzugeben. Wissen und Kenntnisse zu vermitteln bleibt zeitlebens ihr wichtigstes Anliegen. Sie sieht sich als Pädagogin und definiert ihre Rolle später so: *»Es ist schwer genug, die kostbaren, alten Werte zu erhalten, die Reichtümer der Vergangenheit zu übergeben. Doch es ist schwerer, aber interessanter, einer Generation zu helfen, in die Zukunft einzutreten.«*[64] Emily glaubt, daß die Menschen einiges zu verlernen haben, bevor sie für neues Denken bereit sind: *»Die Menschen müssen dazu erzogen werden, alle anderen, wie auch die Schwachen, Stumpfsinnigen und die Behinderten, zu respektieren. Sie müssen lernen, den anderen die Freiheiten zuzugestehen, die sie für sich selbst in Anspruch nehmen.«*[65]

Um sich gewissenhaft auf eine Lehrtätigkeit vorzubereiten, studiert sie 1894 zunächst ein Semester in Harvard Annex (heute

Radcliffe College) und ein Viertelsemester an der Chicago University. 1895 akzeptiert sie das Angebot ihres Vaters, für ein Jahr in Berlin zu studieren. Dort lernt sie die Theorien des Sozialismus kennen und nimmt an Treffen der Sozialistischen Internationalen teil. Das sozialistische Gedankengut entspricht dem Denken einer Zeit, in der große Fortschritte im sozialen Bereich gemacht werden. Immer mehr Menschen bemühen sich, Mißstände zu erkennen und bereits an ihren Wurzeln zu beseitigen. Als Emily erfüllt von diesen aufregenden Ideen im Juli 1896 in die USA zurückkehrt, erhält sie noch auf dem Schiff ein Stellenangebot als Assistentin am Wellesley College, das sie akzeptiert. Zunächst korrigiert sie die Arbeiten der Studenten, ein Jahr später darf sie bereits selbst unterrichten. Für sie ist das die große Chance, die neuen Denkweisen zu verbreiten und mit ihren Studenten zu teilen.

Ihre akademische Laufbahn beginnt an der neuen Fakultät für Wirtschaft und Soziologie, deren Vorsitz sie 1913 im Alter von sechsundvierzig Jahren übernimmt. Sie führt Kurse über Sozialismus und Immigrationsgeschichte ein, die Studenten schickt sie zwecks praktischer Feldarbeit nach Denison House. Emily schreckt auch nicht vor Studien in Bordellen zurück, um die dort herrschenden Bedingungen zu untersuchen. Gleichzeitig setzt sie ihre Mitarbeit in staatlichen Kommissionen für Fabrikinspektionen, Mindestlöhne und Immigration fort. Zudem engagiert sie sich in der Frauenbewegung, setzt sich für die Kontrolle von Kinderarbeit und die generelle Verbesserung von Arbeitsbedingungen ein.

Immigration ist ein Anliegen, das sie besonders fesselt. Um sich in aller Ruhe mit diesem Thema zu beschäftigen, nimmt sie 1905 Urlaub vom College und bereist zwei Jahre lang auch verschiedene Städte in Europa, um bei ihren Forschungen die Herkunftsländer besonders der slawischen Einwanderer mitberücksichtigen zu können. Und sie ist erschüttert über die Armut, die sie überall auf ihren Reisen sieht. Wo immer sie hinkommt, ist Sozialismus ein heiß diskutiertes Thema. Gerade junge Menschen mit akademischer Bildung fühlen sich von den enormen Auswirkungen der Armut betroffen, und dafür verspricht dieser politische Ansatz eine gerechtere Alternative. Die Begeisterung für Zusammenarbeit und die Ablehnung von Eigeninteressen in der sozialistischen Bewegung stimmen mit Emilys eigenen Vorstellungen überein. Zudem ist sie eine Möglichkeit, die Schuldgefühle, die Emily aufgrund ihrer privilegierten Herkunft und Erziehung empfindet, endlich loszuwerden.

Als sie 1906 in Prag längere Zeit bei der Familie von Tomáš Masaryk lebt, dem späteren ersten Präsidenten der Tschechischen Republik (1918-1935), beobachtet sie eine kleine Szene, die sie dazu bringt, sich ganz entschlossen zum Sozialismus zu bekennen: *»Es war… an einem dieser unerträglich rauhen Wintermorgen, als ich einen Mann sah, der mit seinen bloßen Händen in einer Mülltonne nach etwas Eßbarem suchte. Der Himmel weiß, daß ich bereits genügend Elend kannte… aber die bloßen Finger in der eisigen Asche waren auf ihre Art der letzte Anstoß.«*[66] Wie die Universitätsleitung auf dieses Engagement reagieren würde, weiß sie noch nicht, doch in ihren Notizen findet man gewisse Befürchtungen: *»Im Verlaufe des letzten Jahres habe ich mich entschieden, Sozialistin zu sein und meine Vereinbarung mit dem Wellesley College nur fortzuführen, wenn der Präsident davon weiß.«*[67] Doch nicht wegen ihres sozialistischen, sondern wegen ihres pazifistischen Engagements entziehen ihr die Leiter der Universität zwölf Jahre später die Lehrerlaubnis. Vorläufig kann sie an das College zurückkehren und über ihre Erfahrungen in Europa berichten, die sie 1910 unter dem Titel *Our Slavic Fellow Citizens* publiziert – eine umfassende Arbeit mit zahlreichen Statistiken und Tabellen, das als vielbeachtetes Referenzwerk frühester soziologischer Studien gilt.

Die persönliche Verpflichtung für den Frieden

Vom Ausbruch des Ersten Weltkrieges sind die reformorientierten Sozialarbeiter besonders schockiert. Sie berufen umgehend Treffen ein und gründen Arbeitsgruppen, um einen raschen Frieden herbeizuführen. Emily beteiligt sich an der Gründung der *American Union Against Militarism* und startet damit als Friedensaktivistin eine dritte Karriere.

Pazifistisches Gedankengut kennt sie bereits seit frühester Kindheit. Als junges Mädchen lauscht sie mit gebannter Aufmerksamkeit in der *Jamaican Plain Unitarian Church* den Predigten von Charles Doyle, einem Geistlichen und aktiven Pazifisten zur Zeit des amerikanisch-spanischen Bürgerkrieges, und ist fasziniert von seinen Aufrufen, der Gesellschaft zu dienen und keiner damit verbundenen Anforderung auszuweichen, welche Schwierigkeiten auch immer daraus entstehen mögen. Sie schwört sich, diesem Anspruch ihr Leben lang treu zu bleiben, und geht sogar so weit, daß sie eine Zeitlang mit dem Gedanken spielt, ihre akademischen Pläne aufzugeben und eine eigene Kirche zu gründen. Eine Art weibliches Pendant zu Charles Doyle will sie werden, gibt diese Idee aber nach reiflicher Überlegung wieder auf, da sie befürchtet, nicht genügend Charisma zu besitzen.

Und nun dieser Krieg: »*Es war eine tragische Unterbrechung von dem, was für mich die wesentliche Bedeutung unserer Zeit ausmachte – die Realisierung einer mehr befriedigenden Ordnung*«, schildert Emily Greene Balch ihre Gefühle bei Kriegsausbruch. Und sie fährt fort: »*Nun, als sich die Welt im Krieg befand, konnte man kaum sagen, wofür. Keines der Kriegsziele schien in irgendeiner Hinsicht relevant für den menschlichen Fortschritt zu sein.*«[68]

Sie entscheidet sich, auf struktureller Ebene für den Frieden zu kämpfen. »*Die Anstrengungen, Kriege zu verhindern, sofern das überhaupt möglich ist, haben einen notfallmäßigen Anspruch erhalten. Wir leben in einer schrecklich explosiven Welt und niemand kann die Zukunft vorhersehen. Dennoch, wir alle bauen daran mit, zeitweise bewußt, zeitweise unbewußt.«*[69] Ihre Überzeugung lautet: *»Der Weg des Krieges ist nicht der Weg des Christentums und die Zuflucht zu Krieg kann und muß ein Ende nehmen. Krieg wirklich aus unserem System herauszuschneiden, bedeutet jedoch eine enorme Revolution. Krieg kann nicht umgestaltet, er kann nur abgeschafft und ersetzt werden, und zwar durch effiziente Methoden, mit denen wir unsere Sicherheit selbst gestalten.«*[70]

Ihre durch die Lehrtätigkeit geschulte Fähigkeit, zu abstrahieren und komplexe Zusammenhänge in verständliche Worte zu fassen, ist nun ganz im Sinne von Emilys »Nützlichkeitsanspruch« gefragt. Motiviert durch Jane Addams nimmt sie 1915 am Friedenskongreß der Frauen in Den Haag teil und ist maßgeblich für die dort erarbeiteten Formulierungen verantwortlich. Die nahezu tausend Delegierten aus zwölf Nationen erarbeiten einen Friedensplan, der den Krieg stoppen soll. Emily reist als Vermittlerin nach Skandinavien und Rußland, um die Ansichten und Vorschläge der Frauen den Regierenden vorzutragen. Obwohl diese Bemühungen am Ende zu keinen unmittelbaren Resultaten und auch nicht zu einem raschen Frieden führen, bleibt Emily optimistisch. Konsequent weist sie jegliche Formen von Gewalt, Macht und Zwang zurück und fordert statt dessen eine Zusammenarbeit der Nationen bei praktischen Problemen. In ihren Augen gibt es keinen natürlichen Konflikt zwischen den Ansprüchen einzelner, einer Gruppe oder gar der ganzen Menschheit. Demzufolge sieht sie auch keinen Widerspruch zwischen individueller Freiheit und sozialer Verantwortung: *»Soziale, politische und internationale Konflikte müssen sich durch geduldige, intelligente Anstrengungen auf dem Weg, der als Ganzes für alle der beste ist, auflösen.«*[71]

Nach ihrer Rückkehr von der Friedensmission spricht sie zusammen mit Jane Addams bei Präsident Woodrow Wilson vor. Emilys Kommentar dazu: *»Ich fühlte eine große Bewunderung für ihn persönlich, war aber zutiefst enttäuscht, daß er unsere Vorschläge mit einem Veto belegte.«*[72] Wilson hört den Frauen zwar aufmerksam zu, verschließt sich aber ihrem Anliegen, sich als Leiter einer Friedenskonferenz der neutralen Länder zur Verfügung zu stellen.

Statt dessen entwickelt er einen eigenen Plan. Die darin enthaltenen vierzehn Punkte (die in vielem mit den Vorschlägen der Frauen übereinstimmen) kann er jedoch bei den Alliierten nicht durchsetzen. Emily Greene Balch notiert später: *»Er glaubte zweifelsohne, daß er besser alleine handeln könne, wenn die Zeit käme, aber als sie kam, war er nicht mehr neutral, sondern komplett involviert in die Machtpolitik der Alliierten.«*[73]

Wie Addams erfährt Emily Greene Balch wegen ihrer pazifistischen Überzeugung in der Öffentlichkeit massivste Ablehnung. Sie ist die »zweitgefährlichste Frau der USA«, ihre Freundin Jane hält unangefochten den ersten Platz. Emily wirkt vorwiegend aus der zweiten Reihe heraus, zieht hinter den Linien die Fäden, ob bei WILPF, bei Regierungsstellen oder später bei der UNO. Sie ist eine Frau des Wortes – ununterbrochen denkt, strukturiert und schreibt sie –, und sie zögert nicht, ihre klaren Worte an die richtigen Adressaten zu senden: *»Einmal lancierten wir große Anti-Kriegs-Anzeigen in den New Yorker Zeitungen. Darin war ein Unterstützungsaufruf enthalten, damit wir weitere Anzeigen bezahlen konnten. Eines Morgens wurde unser Büro an der Fifth Avenue von einer langen Schlange den ganzen Korridor hinunter überflutet von Frauen, die ihre Dollars bringen wollten. Wir mußten uns sogar Papiertüten borgen, um die Dollars aufzunehmen, die per Post kamen«*, notiert sie über ihre Erfahrungen als Mitglied des *American Neutral Conference Committee.*[74]

Noch mitten im Krieg erarbeitet sie zwei Grundsatzpapiere, die sich mit der Situation danach und vor allem dem Thema der Kriegsentschädigungen auseinandersetzen: *»Die Forderung nach einer Kriegsentschädigung ist ein ernstzunehmendes Hindernis für den Frieden; kein Land wird bereit sein, eine Kriegsentschädigung zu bezahlen, bevor es nicht absolut geschlagen ist, und jedes Land, das vernichtend geschlagen ist, wird zu erschöpft sein, um ansehnliche Summen zu bezahlen.«*[75] Anstelle von Kriegsentschädigungen schlägt sie einen Rehabilitationsfond unter der Leitung der neutralen Staaten vor. In diesem Papier ahnt sie bereits 1916 das spätere Mandatssystem der Vereinten Nationen voraus.

1917 nimmt Emily Greene Balch nochmals Urlaub vom College, diesmal unbezahlten. Für die Leitung wird ihr Engagement als offen deklarierte Pazifistin und Teilnehmerin an Anti-Kriegs-Demonstrationen allmählich zuviel. 1919 beschließt sie, Emilys Anstellung nicht zu verlängern. Mit zweiundfünfzig Jahren steht die Professorin plötzlich ohne Altersversorgung auf der Straße. Obwohl dies in den Augen ihrer zahlreichen Freunde ein klassischer Verstoß gegen die Meinungsfreiheit ist, weigert sich Emily, großes Aufheben darum zu machen. Sie bringt der Entscheidung sogar Verständnis entgegen: »*Ich konnte Krieg nicht mit dem Glauben an Jesus' Lehren vereinbaren*«, heißt es unter anderem in ihrem Brief an die Präsidentin des College. [76]

Dankbar akzeptiert sie das Angebot, für das Magazin »Nation« zu schreiben, was ihren Lebensunterhalt zunächst sichert. Nach dem Internationalen Frauenkongreß in Zürich 1919 bietet sich ihr die Möglichkeit, als Generalsekretärin der neuformierten *Women's International League for Peace and Freedom* eine neue Aufgabe zu finden: Die Elimination jeglicher Form von Krieg wird der neue Lebensinhalt von Emily Greene Balch für die nächsten vierzig Jahre. Für den internationalen Frieden zu arbeiten, Pazifistin von Beruf und aus Berufung zu sein – damit hat sie den integrierenden Rahmen für ihre Ideale gefunden.

In Genf richtet sie ein ständiges Büro der WILPF ein und entwickelt die Basis der Arbeitsrichtlinien: »*Wir ließen uns in Genf nieder, kurze Zeit bevor auch die League of Nations dort ihre Büros eröffnete. Ich hatte die große Chance, die Entwicklung dieser Organisation in ihrer frühesten und idealistischsten Phase zu beobachten, bevor die Machtpolitik deren Wichtigkeit erkannte und danach strebte, sie für ihre eigenen Interessen zu benutzen.*« [77]

Die *League of Nations,* der Völkerbund, und später die Vereinten Nationen werden zur Anlaufstelle für Emilys Anliegen.

Manche Zeitgenossen behaupten sogar, die zierliche Professorin aus Jamaica Plains ziehe auch dort viele Fäden. Emily korrespondiert mit den Offiziellen dieser Organisationen, sie unterstützt die Aufnahme neuer Mitgliedstaaten und setzt sich für die Rechte und den Schutz von Minderheiten ein. Als Autorin und Organisatorin zeigt sie ein besonderes Talent, die verschiedensten Gruppierungen mit den unterschiedlichsten Ansichten zur Zusammenarbeit zu motivieren. 1921 organisiert sie den 3. Kongreß der WILPF in Wien und ermutigt Frauen aus Europa und vor allem aus den Balkanländern, daran teilzunehmen. Im Laufe der Zeit hilft sie, in fünfzig Ländern Niederlassungen der WILPF zu gründen, und trägt dazu bei, daß die WILPF 1948 den Status einer *Non-Governmental Organisation* (NGO) bei den Vereinten Nationen erhält. Ständig arbeitet sie daran, die diversen Strömungen innerhalb der zahlreichen Gruppierungen der WILPF – die von Revolutionären bis zu bedingungslosen Pazifisten reichen – im Sinne der Friedensarbeit zusammenzuhalten. Ihre Stärke liegt in der Erarbeitung von Kompromissen, die für alle Beteiligten akzeptabel sind.

Die geistige Heimat der Emily Greene Balch

»Wo immer ich mich auf Erden befinde, fühle ich mich zu Hause, fähig, davon zu leben, was Bücher, die Natur und die Religion mir zu bieten haben.«[78] Geistigen Rückhalt findet Emily Greene Balch in ihrer religiösen Verankerung. Die Haltung der Gemeinschaft der Quäker, denen sie 1921 in London beitritt, entspricht Emilys Philosophie, in allen wesentlichen Dingen Einigkeit, in unwesentlichen Dingen Freiheit und über allem aber die helfende Liebe gelten zu lassen.

Die *Religious Society of Friends,* die »religiöse Gemeinschaft der Freunde«, wurde im 17. Jahrhundert in England von George Fox gegründet. Zu Beginn des 20. Jahrhunderts gehörten die Quäker zu einer der vielen religiösen Gruppierungen, die gegenüber den Grundsätzen der anglikanischen oder presbyterianischen Kirche eine abweichende Haltung einnahmen. Von Anfang an waren Frauen gleichberechtigt und nahmen Funktionen als Priester und als Missionare war. Dem Glauben der »Freunde«, daß das Reich Gottes ausschließlich dadurch zu uns kommt, daß sich ein Kern von Menschen bildet, die in dieser so außerordentlich schwierigen Welt ihren Glauben durch die Tat verwirklichen, schließt sich Emily an. *»Es war nicht allein ihr Zeugnis gegen den Krieg, ihr Glaubensbekenntnis, noch ihre Offenheit gegenüber weitreichenden sozialen Reformen, die mich anzogen, sondern die dynamische Kraft ihrer aktiven Liebe, durch die sich ihre Religion in vielfältigster Weise äußerte, vor und nach dem Krieg«,* begründet sie ihren Beitritt.[79] Wie die Quäker sieht Emily in jedem Menschen das »innere Licht«, den Widerschein Gottes – der Kern des Quäkerglaubens –, auf dem für sie die Gleichheit aller Menschen beruht. Die Treffen der Quäker, die keinen kirchlich-strukturierten Charakter besitzen, sondern vielmehr der gemeinsamen schweigenden Andacht dienen, lassen Emily eine Form tiefer Hingabe erleben, die für sie »eine wunderbare Kommunikation zwischen Menschen erlaubt« und eine nährende Quelle für ihre Arbeitskraft bedeutet. Die Fähigkeit, miteinander zu reden, aber noch viel mehr die ausgeprägte Vorliebe der Quäker, bei Schwierigkeiten zu vermitteln, leisten Emily bei ihrer weiteren Arbeit große Dienste.

Die Hoffnung auf die »Internationale Freiheit«

Die Arbeit für den Frieden nimmt Emily immer stärker in Anspruch. Aus gesundheitlichen Gründen gibt sie ihre Arbeit als bezahlte Generalsekretärin von WILPF auf und dient der Organisation fortan auf freiwilliger Basis in unzähligen Kommissionen. Sie bereitet einige internationale Kongresse vor und hilft mit,

Konferenzen zu Themen wie »Drogenkontrolle«, »Internationalisierung der Luftfahrt« und vor allem »Abrüstung« zu organisieren. Persönlich unternimmt sie rund zehn Friedensmissionen, um internationale Konflikte vor Ort zu untersuchen und Lösungsvorschläge zu erarbeiten. Den größten Erfolg verbucht sie 1927 mit ihrer ausführlichen Studie über das seit 1915 von den Amerikanern besetzte Haiti, wohin sie 1926 auf Anfrage der haitianischen Niederlassung von WILPF reist. Ihre Empfehlungen für die Beendigung der amerikanischen Okkupation finden offene Ohren und veranlassen den US-Präsidenten Herbert Hoover 1930, eine offizielle Kommission mit der Lösung dieses Problems zu beauftragen. Deren Ergebnisse, die in vielen Punkten mit Emilys Empfehlungen übereinstimmen, führen 1934 zum Abzug der Amerikaner.

Sie setzt sich aber auch für ein Verbot von Waffenlieferungen an Japan sowie für Sanktionen gegen die Japaner ein, als diese 1932 die Mandschurei besetzen. Viel Zeit widmet sie der Ausarbeitung und Publikation von Artikeln und Büchern. Als der Zweite Weltkrieg ausbricht, appelliert sie mit einem aufrüttelnden Statement unter dem Titel *Refugees as Asset* an die Vereinigten Staaten, die Flüchtlinge aus Nazideutschland sowohl aus wirtschaftlichen und kulturellen wie auch aus humanitären Gründen willkommen zu heißen.

Dieser Krieg stürzt sie allerdings in einen tiefen Gewissenskonflikt. Erstmals gerät ihre strikte pazifistische Haltung ins Wanken, denn zu schrecklich sind die Meldungen über die Verletzungen elementarster Menschenrechte durch die Faschisten. Hin und her gerissen schreibt Emily an eine Freundin: »*Es ist nicht genug, vor der eigenen Türe zu kehren, den eigenen Garten zu kultivieren oder das Feuer zu löschen, wenn das eigene Haus brennt, und sich davon abzuwenden, wie die Diplomaten sagen, wenn der Türrahmen des Nachbarhauses in Flammen steht und die Kinder aus den Fenstern um Hilfe rufen.*«[80] Und obwohl sie bis dahin jegliche Form von Gewaltanwendung konsequent abgelehnt hat, unterstützt sie – vor allem nach dem japanischen Angriff auf Pearl Harbor am 7. Dezember 1941 – den Kriegseintritt der USA. Im Gegensatz zu ihrer Regierung fordert sie aber, nicht an einer bedingungslosen Kapitulation festzuhalten, da diese den Krieg nur unnötig verlängern würde. Und bereits 1944 unterbreitet sie Präsident Franklin D. Roosevelt ihre wie immer äußerst fundierten Vorstellungen einer für alle akzeptablen Nachkriegslösung.

Emily bleibt bis in hohe Alter aktiv. Am Ende des Zweiten Weltkrieges ist sie achtundsiebzig Jahre alt. Aufmerksam beobachtet sie die Gründung der Vereinten Nationen. Am 26. Juni 1945 wird bei der Gründungssitzung in San Francisco Realität, was am 1. Januar 1942 in Washington die Vertreter von sechsundzwanzig Staaten in einer Erklärung als »Pakt der vereinten Nationen« unterzeichnet hatten. »*Die Zukunft dieser neuen Organisation wird nicht davon abhängen, was in den Richtlinien festgelegt wird, sondern davon, was die Mitgliedstaaten daraus machen. Erfahrungen in der praktischen Zusammenarbeit werden den Charakter der Vereinten Nationen prägen. Internationale Einheit ist für sich nicht schon eine selbst tragende Lösung. Bevor diese internationale Einheit keine moralischen Qualitäten besitzt, bevor sie nicht die Disziplin moralischer Standards akzeptiert und bevor sie nicht die Qualität der Menschenliebe besitzt, ist es nicht die Einheit, an der wir interessiert sind*«, kommentiert Emily das Ereignis.[81] Dennoch: »*Daß diese neue Weltorganisation unter diesen Umständen überhaupt zustande kam und funktioniert, ist bereits ein Wunder.*«[82]

Ohne Unterlaß macht sie von nun an ihren Einfluß bei den verschiedenen UN-Kommissionen geltend, nach wie vor gilt ihr Hauptinteresse der Konfliktlösung. In die Vereinten Nationen setzt sie ihre Hoffnungen in bezug auf die Industrialisierung rückständiger Regionen, auf eine friedvolle Nutzung der Kernenergie sowie eine internationale Verwaltung der Meeres-, Luft- und Wasserwege.

Zwei Jahre vor ihrem Tod erlebt Emily, wie einer ihrer zahlreichen Vorschläge endlich verwirklicht wird. Am 1. Dezember

1959 unterzeichnen zwölf Staaten in Washington ein Abkommen zum Schutz der Antarktis. Zum ersten Mal in der Geschichte der Menschheit wird eine Region durch ein internationales Abkommen vor militärischen Aktionen, einschließlich des Testens von Waffen, geschützt. Das, was sie unter dem Titel *Die Polarregionen als gutgelegenes Experiment für Internationalität* bereits 1944 vorgeschlagen hatte, erlebt seine praktische Umsetzung.

Regierungen, speziell der Idee einer Weltregierung, mißtraut sie aber: *»Der Weg zum Frieden liegt nicht in einer Weltregierung. Regierungen stellen den letzten Stand eines ›offenen Zwangs‹ dar. Wir brauchen mehr Zusammenarbeit und nicht noch mehr Zwang. Ein Nebeneinander, reine Koexistenz ist nicht genug. Wir brauchen eine aktive Zusammenarbeit mit gemeinsam definierten, konstruktiven Zielen, die alle Nationen und Menschen betreffen.«*[83] Ein Bekenntnis, das vor allem zu Beginn des Kalten Krieges auf eine harte Probe gestellt wird. Die Weltmächte belauern sich mißtrauisch, die Zeit des atomaren Wettrüstens beginnt. 1949 gelingt den Russen der erste erfolgreiche Atomwaffenversuch, 1952 produzieren die USA bereits wöchentlich ein bis zwei Atombomben auf Vorrat. Das »Time Magazine« stellt fest, daß »dem erschreckendsten Krieg der erschreckendste Friede« gefolgt sei.

Fast ein Jahrhundert leben für die Ideale

»Die härteste Arbeit liegt noch vor uns. Nicht die Überwindung von Zeit und Raum, sondern von uns selbst: Von unserer Dummheit und Trägheit, von unserer Furcht und unserem intoleranten Dogmatismus«, sagt Emily Greene Balch in einer Rede, deren Inhalt sich mit der Entstehung des kalten Krieges und der spürbar zunehmenden Spannung zwischen den beiden mächtigsten Staaten, Amerika und Rußland, auseinandersetzt.[84] *»Wünschen wir Frieden und wieviel?«* fragt Emily folgerichtig in einem undatierten Manuskript.[85] *»Was wir wirklich wollen, ist eine Welt von freundlichen, zu-*

sammenarbeitenden Menschen, in der guter Wille ungehindert operieren kann und in der die Wissenschaft keine häßlichen Geheimnisse verstecken muß. Ist dies ein unrealistischer Traum…? Auf alle Fälle ist es ein Ziel, das der am meisten verantwortliche Mann auf der Weltbühne, Präsident Dwight David Eisenhower [1953-1961] verfolgt. Wie können wir einzelne Menschen, ohne Macht und ohne Expertenwissen, dabei helfen? Vielleicht zuerst dadurch, daß wir realisieren, was das bedeutet. Wir sind so sehr an den Krieg gewöhnt. Er ist in unsere Geschichte verwoben und in unser Ideal von menschlichem Heroismus… Es besteht eine große Gefahr, einerseits in der faulen Unwilligkeit, sich mit unangenehmen Fakten auseinanderzusetzen, und andererseits in der dummen Unfähigkeit, sich vorstellen zu können, daß ein so großer Wandel wie der von der Beendigung von Kriegen möglich ist – in einer Welt, die sich vor unseren Augen wandelt.« [86]

Mit der Vergabe des Friedensnobelpreises 1946 an Emily Greene Balch richtet das Komitee einmal mehr die Aufmerksamkeit auf die Beiträge, die einzelne Menschen – ohne offizielle Missionen und Titel – für den internationalen Frieden leisten können. Mit ihrer unermüdlichen Arbeit hat Emily Greene Balch wesentlich dazu beigetragen, den Boden für staatliche Aktionen vorzubereiten. *»Niemand verlangt von uns, daß wir uns einer Utopie hingeben oder an eine perfekte Welt an der nächsten Straßenecke glauben. Statt dessen sind wir aufgefordert, Geduld aufzubringen für die notwendigerweise langsamen und tastenden Fortschritte auf dem Weg nach vorn und bereit zu sein, für den Schritt, der möglich ist. Wir sind aufgefordert, uns mit Mut, Hoffnung und der Bereitschaft zu harter Arbeit auszurüsten und an den großen und edlen Ideale festzuhalten«,* sagt die alte Dame in ihrer Dankesrede in Oslo. [87]

Das Wirken von sechzehn amerikanischen Präsidenten konnte sie im Laufe ihres Lebens beobachten, kommentieren und zu beeinflussen versuchen. *»Ich bin keine Prinzessin, sondern von allen alten Jungfern und ehemaligen Lehrerinnen Neuenglands die unauffälligste, aber für eine kurze Zeit in meinem Leben hat es sich ergeben,* *daß ich mit Männern zusammenarbeitete, die an der Macht waren«,* kommentiert sie diese erstaunliche Tatsache.[88]

Als sie die Nachricht von der Vergabe des Friedensnobelpreises erreicht, liegt sie von Altersbeschwerden und Asthma geplagt im Krankenhaus. Gunnar Jahn, der Vorsitzende des Nobelkomitees, erklärt in seiner Begründung: *»Ich möchte ganz einfach sagen, daß es klug und weise gewesen wäre, den Frauen zuzuhören. Aber es gab nur wenige, die ihnen Aufmerksamkeit schenkten. Das ist allerdings kaum überraschend, wenn man sich die generelle Geisteshaltung jener Zeit in Erinnerung ruft. Auf alle Fälle: Die Vorschläge wurden von Frauen erarbeitet. In unserer männlichen Gesellschaft werden Vorschläge von Frauen selten ernst genommen. Von Zeit zu Zeit wäre es besser, die Männer würden nicht nur mit einem zynischen Lächeln antworten.«*[89] Emily Greene Balch kann erst im April 1948 nach Oslo reisen und hält eine der bisher längsten Dankesreden.

Präsident John F. Kennedy (1961–1963) erhält keine Post mehr von Emily Greene Balch. Sie stirbt am 9. Januar 1961, einen Tag nach ihrem 94. Geburtstag und elf Tage bevor der charismatische Hoffnungsträger einer neuen Generation das Oval Office in Washington bezieht.

Nobelpreisrede von Emily Greene Balch
7. April 1948

»Es ist nur natürlich, daß man versucht, seine eigene Zeit zu verstehen und die Einflüsse zu analysieren, die sie bewegen. Die Zukunft wird zum Teil durch Ereignisse bestimmt, die nicht vorhersehbar sind, zum Teil aber auch durch Tendenzen, die sich schon jetzt abzeichnen. Wir spekulieren über das, was uns bevorsteht. Doch wir sind Ereignissen nicht nur ausgesetzt, wir verursachen sie auch oder beeinflussen ihren Gang... Das gilt vor allem im Hinblick auf den Frieden in der Zukunft.

Merkmale der Gegenwart
Wir können unserer Zeit zumindest gewisse sichere Merkmale zuschreiben. Ohne den Anspruch auf Vollständigkeit zu erheben, möchte ich die folgenden aufzählen:

A. Dies ist eine Zeit des Umbruchs... Dieser Umbruch beruht auf mehreren Ursachen. Eine der wichtigsten und augenscheinlichsten ist die technologische Entwicklung, die auf Erfindungen und Entdeckungen beruht und die Grundzüge der Produktion und somit die sozialen Beziehungen verändert hat... Der Übergang von der Landwirtschaft und dem Handwerk zum Einsatz von Maschinen ist ein großer Fortschritt in der Geschichte der Menschen.

Eine zweite... Ursache für den Umbruch ist das... Bevölkerungswachstum, das in engem Zusammenhang steht mit wissenschaftlichen und medizinischen Fortschritten...

Eine dritte... Ursache für den Umbruch sind die Folgen der schrecklichen Kriege, die die Menschheit in jüngster Zeit heimgesucht haben... Diese Kriege haben offensichtlich auch dem Kolonialismus und dem Imperialismus den Todesstoß versetzt, unter dem schwächere Völker als Besitztümer behandelt und wirtschaftlich ausgebeutet wurden. Zumindest hoffen wir, daß ein derartiger Kolonialismus ausgerottet ist...

Während Europa schwer getroffen darniederliegt, zeichnet sich am Horizont das Versprechen auf eine langersehnte Vereinigung ab, die, sofern sie gelingt, eine neue europäische Epoche bedeutet. Europa kommt dann nicht länger auch die Rolle einer ›Mutter der Kriege‹ zu, sondern nur noch die Rolle einer ›Mutter der Kultur‹...

B. Ein zweites Merkmal unserer Zeit ist das Vorherrschen des Nationalismus. Er breitet sich immer noch weiter aus, ergreift immer neue Gemeinschaften, immer weiter entfernte Regionen und sogenannte unterentwickelte Völker. Wie alle großen Bewegungen hat er seine guten und seine schlechten Seiten...

Trennende Tendenzen

Betrachtet man das, was die Einheit der Menschen fördert, stößt man auf Phänomene wie Freiheit, Demokratie, Humanität, Ablehnung von Gewalt und Nötigung, geistige Universalität, gemeinsame Kulturgüter, gemeinsame Umwelt und Sitten, technische Kontrolle über Zeit und Raum und den gegenseitigen Austausch von Errungenschaften und Ideen.

Bei der Betrachtung dessen, was der Vereinigung der Menschheit dient, darf man auch das nicht übersehen, was Menschen voneinander trennt, sie voneinander fernhält und sie bewußt und leidenschaftlich gegeneinander aufbringt.

Unser Zeitalter prägen nicht nur Demokratie und Menschlichkeit, sondern auch Gier, Gewalt, die Selbstsucht nationaler und rassistischer Gruppierungen, der Fanatismus politischer Kulte wie Faschismus oder Nationalsozialismus, die Verherrlichung von Kraft und Macht um ihrer selbst willen, das blinde Vertrauen in Gewalt... Wir kennen alle diese Phänomene nur allzugut.

Wir haben die Zeiten des Faschismus und des Nationalsozialismus durchlebt, die... der Menschheit unbeschreibliches Leid und große Verluste bescherten. Diese Ideen sind noch nicht so tot, wie sie uns erscheinen, das wissen wir.

Eine andere Kraft, die zunehmend an Einfluß zu gewinnen scheint, ist der Totalitarismus. Zum Teil mögen die Ursachen hierfür der Drang nach effektiven und schnellen politischen Methoden und das ungeduldige Ringen um Demokratie mit ihren oftmals provozierend langsamen und behäbigen Prozessen sein. Ein weiterer Grund ist möglicherweise auch eine Art Zynismus gegenüber Liberalismus und Individualismus im ökonomischen Prozeß. Es scheint jedoch der entschieden falsche Weg.

Ein besonders gefährlicher Aspekt des Totalitarismus liegt in dem Ausdruck »der eiserne Vorhang«, in den Bemühungen also, Ideen zu unterbinden, die im Moment den Rest der Welt durchdringen. Es ist schwer vorstellbar, daß die natürliche Verbreitung von Ideen und Erfahrungen völlig oder für eine lange Zeit verhindert werden kann. Erforderlich sind sowohl einigende als auch trennende Kräfte zwischen den Völkern, aber keinesfalls Krieg...

Das Bemühen, Krieg zu beenden, ist eine besondere und dringende Aufgabe, die wir lösen müssen, und zwar bald. Dafür müssen die Kräfte gestärkt werden, die die Menschen näher zusammenbringen, um sich gegen diejenigen behaupten zu können, die die Menschen in feindliche Lager spalten.

Die Vorstellungen und die Bedürfnisse, die den Menschen gemeinsam sind, benötigen ein entsprechendes Sprachrohr... Die Nation hat den Nationalstaat geschaffen. Die Weltengemeinschaft muß sich selbst einen politischen Ausdruck verschaffen...

Die Friedensbewegung

Die Friedensbewegung oder die Bewegung zur Beendigung von Kriegen wurde durch viele Quellen gespeist, und sie hat viele verschiedene Formen angenommen. Sie wurde hauptsächlich durch private, nicht offizielle lokale, nationale und internationale Organisationen getragen.

Ich würde sagen, daß sich Friedensanhänger oder Pazifisten im wesentlichen mit zwei Kategorien von Friedensarbeit beschäftigt haben, einer moralischen oder individuellen und einer politischen oder institutionalisierten. Der ersten Kategorie gehören Menschen an, die heute allgemein als Pazifisten bezeichnet werden. Aus religiösen oder ethischen Gründen lehnen sie Gewalt ab und streben statt dessen nach freundschaftlichem und konstruktivem Handeln. Tausende junger Männer haben trotz großer persönlicher Nachteile den Wehrdienst aus Gewissensgründen verweigert... Ich finde es erstaunlich, daß die Kriegsgegner-

schaft nie so weit gegangen ist, daß Menschen etwa das Zahlen von Steuern für militärische Zwecke verweigert hätten. Diese Möglichkeit der Verweigerung hätte nicht nur junge Männer betroffen, sondern (und hauptsächlich) ältere Männer und Frauen, die Besitz haben. Friedensarbeit dieser ersten Kategorie ist vor allem eine Sache der Erziehung. Die Arbeit, die geleistet worden ist und wird, um die Menschen zum Frieden und gegen den Krieg zu erziehen, ist gewaltig und kann hier nur angedeutet werden.

Vielleicht sollte ich an dieser Stelle die Nobelstiftung und die Arbeit von Bertha von Suttner erwähnen, denen nicht nur ihre direkten Nutznießer, sondern die ganze Welt Dank schuldet.

Die andere Kategorie der ›Friedens‹-Aktivität ist politisch und hauptsächlich darauf gerichtet, die entsprechenden Aktionen der Regierungen oder anderer Institutionen in konkreter Weise zu beeinflussen...

Die Internationale Frauenliga für Frieden und Freiheit, mit der ich seit langem verbunden bin, arbeitet seit 1915 auf internationaler Ebene... unter anderem auch im politischen Bereich und untersucht, welche Auswirkungen die Politik auf den Frieden hat... Die Form der Friedensarbeit, die ganz offensichtlich Geschichte gemacht hat, ist das andauernde Bemühen, irgendeine Form der Weltorganisation zu schaffen, die sowohl Kriege verhindern als auch internationale Zusammenarbeit fördern soll...

Die neue Institution, die Vereinten Nationen, weist einige deutliche Vorteile gegenüber ihren Vorgängern auf. Ihre Grundzüge waren nicht die Arbeit einer kleinen Gruppe von Staatsmännern, denen es vor allem darum ging, die Verträge von Versailles o.ä. auszuarbeiten, sondern sie wurden in sorgfältiger vorhergehender Diskussion festgelegt... Die Vereinten Nationen verfügen über die Erfahrung des Völkerbundes und haben die nützlichen Warnungen des Zweiten Weltkrieges vor Augen. Anders als der Völkerbund in seinen ersten Anfängen ist die Arbeit der Vereinten Nationen nicht so sehr von überschwenglichem Idealismus, Hoffnung und Zuversicht geprägt, sie ist realistischer...

In der bedeutenden Frage nationaler Abrüstung und der Organisation einer gemeinsamen Sicherheitsgruppe, die entweder aus dem

Militär oder der Polizei gespeist wird, haben die Vereinten Nationen noch keine großen Fortschritte errungen. In bezug auf das drängende Problem einer wirksamen Kontrolle der Atomenergienutzung behindern sie anscheinend banale Meinungsverschiedenheiten bezüglich ihrer Vorgehensweise. Die noch schrecklichere Bedrohung durch biologische Waffen und der sonstige Mißbrauch wissenschaftlicher Erkenntnisse werden, soweit ich weiß, noch nicht einmal diskutiert.

Dieses Unvermögen, energisch und machtvoll zu agieren, hat zu einer weitverbreiteten Ungeduld geführt, und eine der auffälligsten jüngsten Entwicklungen im Bemühen um dauerhaften Frieden ist die Forderung nach einer tatsächlichen Weltregierung. Man sollte sich dieser wachsenden Bewegung gegenüber aufgeschlossen zeigen, denn sie leistet wichtige Dienste, indem sie Menschen von der Notwendigkeit begrenzter nationaler Hoheit überzeugt und sie lehrt, nationalen Eigenwillen und nationale Selbstbestimmung soweit wie möglich zugunsten der Bedürfnisse der gesamten Menschheit zurückzustellen…

Manchmal ist mit ›Weltregierung‹ ein Grundmodell gemeint, das dem Vorbild der Schweiz oder der Vereinigten Staaten nachempfunden ist, mit eigener Exekutive, eigener Legislative und eigenem Gerichtssystem. Manchmal sind die Vorschläge auch sehr viel bescheidener. Sie beschränken sich auf die Delegierung strikt begrenzter Machtbefugnisse an eine zentrale Autorität, wobei die Kontrolle möglicher Aggressionen und die Kriegsverhütung das Hauptanliegen sind. Es besteht die meiner Meinung nach etwas naive Hoffnung, daß man die gefährliche Pflicht, eine Nation zu maßregeln, die sich weigert, internationale Rechtsgebung zu beachten, umgehen kann, indem man direkte Zwangsmaßnahmen statt gegen die Regierungen gegen einzelne Personen richtet. Wen hätte man 1939 maßregeln müssen, wenn nicht Hitler? Und hätte der Versuch, Hitler zu disziplinieren, nicht den bewaffneten Kampf gegen ein großes Volk bedeutet?

Ich stimme der Dringlichkeit zu, eine gemeinsame Sicherheitsmacht gegen Gewalt und Aggression zu schaffen, und eine wichtige Funktion der Vereinten Nationen… besteht sicher darin, Situationen zu verhindern, aus denen sich Kriege entwickeln können, und… die Aggression von übelgesinnten und fehlgeleiteten Menschen unter Kontrolle zu halten. Bis heute wurde keine angemessene Lösung gefunden. Denkbar und zugleich angemessen und effektiv wären etwa nicht-militärische Kontrollen, moralischer Druck, kollektiver politischer Druck, kollektiver ökonomischer Druck durch sogenannte ökonomische Sanktionen verschiedener Art und schließlich organisierte und nicht-militärische Polizeitruppen. Doch derartige Methoden scheinen noch wenig untersucht zu sein.

Eine Abrüstung, so wichtig sie für eine friedliche Welt auch sei, scheint nicht nahe gerückt, noch nicht einmal näher gerückt zu sein als früher...

Auch der verwaltungstechnische Aspekt der Vereinten Nationen scheint viele Entwicklungsmöglichkeiten zu bieten, und internationale Verwaltung ist eine Form der Kooperation...

Eine Weltorganisation funktionaler Art... entwickelt sich auch auf kultureller Ebene. Wenn die UNESCO sich noch nicht ganz gefunden hat, liegt das daran, daß die Möglichkeiten, die sich ihr auf dem Gebiet der Wissenschaft, der Musik, der Kunst, der Religion und der Erziehung bieten, noch zu unüberschaubar und so undefiniert sind...

Ich habe mich gegen Angst als Basis für Frieden ausgesprochen. Was wir, insbesondere wir Amerikaner, fürchten sollten, ist nicht, daß jemand Atombomben auf uns werfen könnte, sondern, daß wir zulassen könnten, daß weltweit eine Situation entsteht, in der ansonsten vernünftige und humane Menschen, die als unsere Repräsentanten fungieren, solche Waffen in unserem Namen benutzen. Wir sollten grundsätzlich entschlossen sein, daß keine Provokation, keine Versuchung uns dazu treiben kann, zu der letzten schrecklichen Möglichkeit eines Krieges zu greifen.

Ich hoffe, daß kein junger Mann je wieder vor die Wahl gestellt sein wird, entweder gegen sein Gewissen zu handeln und sich an einer Massenschlacht zu beteiligen, oder sich gegen die zu stellen, die sich um Freiheit, Demokratie und Humanität bemühen und keinen besseren Weg dazu finden, als junge Männer zum Töten zu verpflichten.

Indem sich die Weltgemeinschaft in Frieden entwickelt, wird sie große ungenutzte Reservoirs der menschlichen Natur eröffnen. Die Reaktion der Generation junger Männer und Frauen, die in einer Atmosphäre von Freundschaft und Sicherheit aufwachsen, in einer Welt, die ihnen Kameradschaft bietet und die allen abenteuerlustigen und vorwärtsstrebenden Naturen offensteht, wäre wie eine Quelle, die sich plötzlich auftut.

Niemand verlangt von uns, daß wir uns einer Utopie hingeben oder an eine perfekte Welt an der nächsten Straßenecke glauben. Statt dessen sind wir aufgefordert, Geduld aufzubringen für die notwendigerweise langsamen und tastenden Fortschritte auf dem Weg nach vorn und bereit zu sein für den Schritt, der möglich ist. Wir sind aufgefordert, uns mit Mut, Hoffnung und der Bereitschaft zu harter Arbeit auszurüsten und an den großen und großzügigen Idealen festzuhalten.«

Mütter handeln für den Frieden

Betty Williams und Mairead Corrigan
Friedensnobelpreis 1977

»Lieber Luke,

wisse, daß die größte Gabe, die Du Deinen Weggefährten auf dem steinigen Lebensweg mitgeben kannst, die LIEBE ist... Du wirst Deinen ganzen Mut zusammennehmen müssen, um einen Weg ohne Waffen zu verfolgen, weder bereit zu hassen, noch zu töten; in einer Welt, die Dich lehrt, daß Du Feinde haben mußt, die Du bereit bist zu töten, bevor sie es tun.

Sei groß und stark, bewaffnet nur mit Liebe, mein lieber Luke. Weigere Dich zu hassen, Feinde zu haben; lasse Dein Leben nicht von der Angst bestimmen. Die Liebe allein bringt die Mauern des Hasses und der Feindseligkeit zwischen Menschen und Nationen zum Einsturz.

Laß Dich von niemandem zu falschem Patriotismus verleiten – eine Saat, aus der der Nationalismus sprießt; ein Wildwuchs, der alles Leben um sich herum zertrampelt und tötet. Denk immer daran, Luke, Menschen sind wichtiger als Nationen. Mami«[90]

Mairead Corrigan Maguire

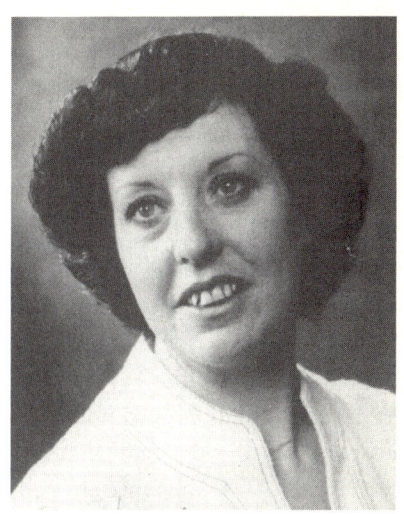

Betty Williams

Maired Corrigan Maguire

31. August 1994 – das Fernsehen unterbricht sein Programm. Ein historischer Augenblick: Das Ende der langen Nacht sei gekommen, es herrsche nun Frieden in Irland. Nach mehr als fünfundzwanzig Jahren Bürgerkrieg mit unzähligen Toten und achtzehn Jahre nachdem zwei unauffällige Frauen aus Belfast mit dem Friedensnobelpreis ausgezeichnet wurden. Noch ist es ein fragiles Gebäude, dieser Frieden. Korrekterweise wird er denn auch als Waffenstillstand bezeichnet. Aber nach wie vor erwarten die Menschen die längst zum Alltag gehörenden Meldungen über blutige Anschläge der IRA, der illegalen Irisch Republikanischen Armee, die zum Synonym für Autobomben und Heckenschützen geworden ist. Werden sich auch ihre selbsternannten Freiheitskämpfer an die »No-more-war-in-Ireland«-Parole von Gerry Adams, dem Vorsitzenden der Sinn Fein, dem legalen politischen Ableger der radikalen IRA halten?

Im Herbst 1994 konzentriert sich die Aufmerksamkeit der Welt auf die schwer bewaffneten Kämpfer und deren Anführer, die ihre Bereitschaft manifestiert haben, die Waffen schweigen zu lassen. Von den beiden irischen Nobelpreisträgerinnen Mairead Corrigan und Betty Williams spricht niemand. In den öffentlichen Stellungnahmen sowie in den Kommentaren und Meldungen der internationalen Presse werden ihre Namen und die Bewegung der Peace People, die sie 1976 gegründet haben, nicht einmal erwähnt. Obwohl sie es durchaus verdient hätten, denn diese beiden mutigen Frauen initiierten Mitte der siebziger Jahre die sogenannten rallies – die Friedensmärsche durch die Straßen von Belfast, denen Tausende von Menschen folgten. Katholiken und Protestanten, Seite an Seite. Betty Williams und Mairead Corrigan waren davon überzeugt, daß allein ihre Bewegung den Frieden in Nordirland nicht herbeiführen könne, daß sie aber ein Klima verbreite, in dem Frieden überhaupt erst eine Chance haben könne.

Die sieben Punkte umfassende Declaration of Peace ihrer Bewegung, die Betty Williams am Schluß der Dankesrede anläßlich der Verleihung des Friedensnobelpreises in Oslo in Erinnerung ruft, ist ein persönlicher Appell der beiden Frauen und ihres Mitstreiters Ciaran McKeown: »*Wir haben eine einfache Botschaft an die Welt: Wir wollen leben und lieben und eine gerechte und fried-volle Gesellschaft aufbauen. Wir wollen für unsere Kinder, wie auch für uns selbst, für unser Leben zu Hause, bei der Arbeit und beim Spiel, daß es ein Leben voll Freude und Frieden ist. Wir sind uns bewußt, daß es von uns allen Hingabe, harte Arbeit und Mut verlangt, ein solches Leben aufzubauen. Wir sind uns bewußt, daß viele Probleme in unserer Gesellschaft bestehen, die den Ursprung von Konflikten und Gewalt darstellen. Wir sind uns bewußt, daß jede abgefeuerte Kugel und jede explodierende Bombe diese Arbeit schwieriger macht. Wir lehnen jeglichen Einsatz einer Bombe, einer Kugel und aller Gewalt-mittel ab. Wir widmen uns selbst der Arbeit mit unseren Nachbarn, von nah und fern, tagein und tagaus, um eine friedvolle Gesellschaft aufzubauen, in der die Tragödien, die wir jetzt erleben, eine schlechte Erinnerung und eine kontinuierliche Warnung sind.*«[91]

Mairead Corrigan und Betty Williams gelingt es nicht, ihr ge-meinsam begonnenes, emotionales Engagement über lange Jahre weiterzuführen. Die Geschichten von Mairead Corrigan und Betty Williams, die die Medien in den siebziger Jahren gerne als »Mütter Courage von Belfast«, »Die Mütter, die den Krieg beenden wollen – mit Liebe« oder gar als »Rattenfänger für den Frieden« bezeichnen, zeigen, wie Menschen aus persönlicher Betroffenheit über sich selbst hinauswachsen können. Jede von ihnen geht aber mit der harschen Kritik an ihrem Tun auf sehr persönliche Weise um: Betty Williams sagt sich von den ehe-maligen Mitstreitern los, zieht sich völlig von den *Peace People* zurück und emigriert in die USA. In einem ihrer letzten Inter-views bekennt sie: »*Ich bin nicht von Ulster weggezogen, ich habe es fluchtartig verlassen. Ich hatte keine Kraft mehr zu geben.*«[92]
Mairead Corrigan beginnt noch einmal ganz von vorne, auf der Basis der auf ungefähr dreißig bis vierzig aktive Personen

zusammengeschrumpften Bewegung der Peace People, die von den einst rund hunderttausend Mitgliedern mit nahezu hundertsechzig über ganz Irland verstreuten Untergruppen übriggeblieben sind. Immer noch versucht sie, Politiker aus den verfeindeten Lagern an einen Tisch zu bringen, hält Reden und Vorträge im In- und Ausland, organisiert Jugendbegegnungscamps, engagiert sich beim Aufbau humanitär gesinnter Initiativen und agiert von einem kleinen Büro einer Stadtsektion der *Peace People* in Belfast aus.

Ein trauriger Dienstag

Belfast ist eine geteilte Stadt. Und es ist eine arme Stadt. Von Freiheit und Abenteuer ist in dieser rußgeschwärzten, vorwiegend mit kleinen Arbeiterhäuschen bebauten rund zweihundertsiebzigtausend Einwohnern starken Hauptstadt Nordirlands nichts zu bemerken. Mit einer Arbeitslosenquote von etwa dreißig Prozent bei den Erwachsenen und sogar mehr als fünfzig Prozent bei den Jugendlichen rangiert Irland unter den Top Ten der westeuropäischen Staaten. Alkoholismus und Jugendarbeitslosigkeit treiben der IRA und der *Sinn Fein* massenhaft Freiwillige in die Arme, die bereit sind, ihr Leben aufs Spiel zu setzen. Oft bieten die paramilitärischen Organisationen den Jugendlichen den einzigen Halt. Allerdings einen Halt, der von der Sprache der Gewalt beherrscht wird.

Es ist ein Kämpfer der IRA, der am 10. August 1976 Mairead Corrigan und Betty Williams dazu veranlaßt, endlich etwas gegen das alltägliche Morden zu unternehmen.

Danny Lennon ist neunzehn Jahre alt, als er in Begleitung von John Chillingworth an jenem Tag nach einem mißglückten Attentat vor einer Militärstreife flieht. In der nördlichen Finaghy Road verliert er die Kontrolle über sein Fahrzeug und reißt drei unbeteiligte Passanten mit in den Tod. Der ehemalige Internierungshäftling Danny stirbt unter den Kugeln der britischen Soldaten, John wird schwer verletzt und verliert einen Lungenflügel. Joanne, achteinhalb Jahre, war mit dem Fahrrad und ihren Geschwistern Mark, sieben Jahre, John, zweieinhalb Jahre, und dem Baby Andrew, das von der Mutter im Kinderwagen gefahren wurde, in der belebten Einkaufsstraße unterwegs. Nur Mark Maguire bleibt unverletzt. Die Mutter, Anne, überlebt schwerverletzt, doch obwohl sie mit ihrem Ehemann und ihrem Sohn nach Neuseeland auswandert und dort noch zwei weitere Kinder zur Welt bringt, kann sie die Tragödie nicht verarbeiten und begeht am 21. Januar 1980 Suizid.

Auch wenn der gewaltsame Tod in Belfast seit 1969, dem Beginn des blutigen Bürgerkrieges, zum irischen Alltag zu gehören scheint, bringt der Tod der drei Maguire-Kinder das Faß zum Überlaufen – zumindest bei Betty Williams, die nach eigenen Angaben Zeugin des Geschehens war. Dies bestreitet die IRA aus Propagandagründen später und behauptet, Betty Williams habe in einem anderen Stadtteil eingekauft. Unter dem Schock des Erlebten mobilisiert die energische Mutter von zwei Kindern zunächst ihre Nachbarn in der Katholikenhochburg Andersonstown, indem sie persönlich von Tür zu Tür geht und Unterschriften sammelt unter einen Aufruf zu einem friedlichen Protestmarsch gegen Terror und Gewalt. Doch nicht nur Leute aus dem eigenen Lager, Katholiken, will Betty Williams für den gewaltlosen Widerstand gewinnen.

Wieviel Mut ihr nächster Schritt verlangt, kann wohl nur ermessen, wer sich in das Klima der Gewalt und des Mißtrauens versetzen kann, das in jenen Tagen in Belfast herrscht, einer Stadt, in der jeder jeden argwöhnisch beobachtet, in der schon die Wohnadresse als Grund für aggressive Übergriffe ausreicht. Schon einmal, 1973, wollte Betty Williams einem sterbenden britischen Soldaten beistehen, den Schüsse aus dem Hinterhalt niedergestreckt hatten. Die haßerfüllten Beschimpfungen der herumstehenden und gaffenden katholischen Frauen klangen ihr noch lange in den Ohren. Diese Erfahrung, sagt sie später, habe ihr gezeigt, »daß Menschen offensichtlich ihren Sinn für den Wert eines Menschenlebens verloren hatten«. Trotzdem greift sie zum Telephon, ruft die Redaktion der »Irish News« an und bittet darum, den Aufruf zu publizieren. Sie gibt ihren Namen und ihre Telephonnummer öffentlich bekannt. Scheinbar eine Kleinigkeit, etwas Selbstverständliches – in Belfast allerdings eine Tat, die enorme Courage verlangt.

Betty Williams, die aus einem mittelständischen liberalen Elternhaus stammt, nahm nie große Notiz von den Konfessionskonflikten in ihrer Heimat. Als Katholikin hatte sie einen Protestanten geheiratet, doch da sie mit ihrem Mann, Ralph, Schiffsingenieur von Beruf, im Ausland lebte, waren die Meldungen über Attentate in Nordirland nichts weiter als traurige Nachrichten aus der Ferne. Zurück in ihrem eigenen Land, zeigt sie anfänglich Sympathien für eine gewaltsame Lösung des Nordirlandproblems, gewährt Mitgliedern der republikanischen Bewegung Unterschlupf und schmuggelt sie über die Grenze. Die zunehmende Gewaltbereitschaft der IRA läßt sie jedoch mehr und mehr an deren Methoden zweifeln, vor allem, nachdem zwei ihrer Vetter Opfer von Gewaltakten der IRA werden. Aber erst als sie Anne Maguire und ihre Kinder, die sie persönlich kennt, blutüberströmt daliegen sieht, begreift sie, was eigentlich vorgeht. Sie handelt. Das Telephon in Bettys kleinem Haus mit der hellblau gestrichenen Türe in der Straße mit dem blumigen Namen »Orchardville Gardens« steht von nun an nicht mehr still.

Belfast – Zentrum eines konfessionellen Hurrikans

In Belfast, heißt es, vergesse man, wer letzte Woche gestorben sei, denn es sind zu viele. Was wie Zynismus klingt, ist blutiger Alltag in der Provinz Ulster. Es ist zudem die Fortsetzung eines lange schwelenden Konflikts zwischen Protestanten und Katholiken, der Mitte der siebziger Jahre in einen offenen Bürgerkrieg umschlägt. Der Grund für die gewaltsamen Auseinandersetzungen ist jedoch nicht nur in religiösen Überzeugungen zu finden, sondern auch in der territorialen Aufteilung der Insel.

Irland wurde in einem Vertrag zwischen der britischen Regierung und der provisorischen Regierung in Dublin am 6. Dezember 1921 offiziell geteilt. Der überwiegend katholische südliche Teil, Eire, erhielt den Status eines Freistaates, Nordirland, zu zwei Dritteln protestantisch, blieb bei England. Die spätere Republik Irland im Süden hielt jedoch ihren Anspruch auf die ganze Insel in ihrer Verfassung formell aufrecht. Nordirland dagegen ließ sich mit dem Irlandgesetz von 1947 durch England bestätigen, daß es ohne Zustimmung des nordirischen Parlamentes nicht von Großbritannien getrennt werden dürfe.

Die tieferen Ursachen des Konflikts reichen noch weiter zurück, bis zum Jahr 1690, als König William III. den entscheidenden Sieg über König James II. und damit den Sieg des Protestantismus über den Katholizismus in Irland und England errang. Von da an liest sich die für Außenstehende nur schwer nachvollziehbare Geschichte Irlands wie ein fortlaufender Kriegsbericht. Zwar sollte gemäß nordirischer Verfassung die Religionszugehörigkeit für den einzelnen Bürger keine nachteiligen Folgen haben, aber Tatsache ist, daß die Katholiken immer wieder genügend Gründe hatten, sich als politisch, wirtschaftlich und sozial diskriminiert zu betrachten.

Im 20. Jahrhundert erreichen die Konflikte mit den blutigen Exzessen in Londonderry im April 1969 einen vorläufigen Höhepunkt. Dies führt im August zur Stationierung von britischen Truppen in Londonderry und Belfast. Mit einer Kombination von militärischer Präsenz und einer Politik entschiedener Reformen hofft man, die Lage zu entschärfen. Eine trügerische Hoffnung, denn nun beginnt die IRA ihre Guerillataktik. Ihre

Kämpfer locken britische Patrouillen in Hinterhalte, provozieren Schießereien und Hausdurchsuchungen und bringen damit die katholische Bevölkerung gegen die zunächst sehr willkommenen Soldaten auf. Die protestantische »Antwort« nennt sich *Ulster Volunteer Force* (UVF), eine unionistische Kampfeinheit, die den Terror der IRA mit gleicher Münze heimzahlt. Die Zahl der Todesopfer, meist Zivilisten, steigt drastisch: von zunächst acht im Jahre 1969 auf fünfundzwanzig im Jahre 1970 bis auf vierhundertsiebenundsechzig im Jahre 1972. Im gleichen Jahr erreicht die britische Besatzung mit einundzwanzigtausend Mann ihre höchste Truppenstärke. Dennoch können die Soldaten die Überfälle und Attentate nicht verhindern. Ohnmächtig müssen sie mit ansehen, wie sich die Gewalt immer mehr ausbreitet und der Graben zwischen Protestanten und Katholiken immer größer wird.

»Frieden ist nichts anderes als organisierte Liebe«

Noch am Abend des 10. August 1976 beginnt Betty Williams zu organisieren. Sie tut es mit solcher Energie und Hingabe, daß bereits vier Tage nach ihrem Aufruf Tausende von Menschen mit ihr auf die Straße gehen. Zunächst in die Finaghy Road, zum Trauermarsch im Gedenken an die drei Kinder. Nach und nach füllt sich der Platz vor der katholischen St.-Michael-Kirche mit Teilnehmern, die aus allen Teilen der Stadt herbeiströmen. Dutzende von Bussen mit Protestantinnen kommen in das Katholikenviertel. So etwas hatte es in Belfast seit Beginn des Blutvergießens im August 1969 noch nie gegeben. Es kommt zu bewegenden, nie für möglich gehaltenen Begegnungen zwischen Katholiken und Protestanten. Als IRA-Sympathisanten die Marschierenden angreifen und sechzehn Frauen verletzen, ist Betty Williams nicht zu entmutigen: *»Wir haben soeben einen Sieg errungen. Wir sind mitten hindurchmarschiert.«*[93]

MOTHERS OF ANDERSONSTOWN AND CATHOLIC MOTHERS FROM ALL AREAS OF BELFAST

Your are invited to come along and show your abhorrence for violence from whatever source (but especially those events of the last seven days, culminating in the tragic death of the three Maguire children) at

A PEACEFUL DEMONSTRATION

on

SATURDAY 14th AUGUST 1976 at 3 p.m.

at

THE SCHOOL OF ST. JOHN THE BAPTIST
(Finaghy Road North)

This is your chance to secure a better environment for your children and rid our community of murdering gangsters.

Mit dem ersten Marsch ist der Grundstein für viele weitere *rallies* gelegt, mit denen den militanten Demonstrationen eine positive, konstruktive Version gegenübergestellt werden soll. Die Marschierenden singen »*When Irish eyes are smiling*«, »*We shall overcome*« und »*He's got the whole world in his hand*«, sie beten und rezitieren immer wieder die *Declaration of Peace*. Ihr Kennzeichen sind Pfeifen – Trillerpfeifen für den Frieden –, Solidaritäts- und Warninstrument zugleich. Und so gellt und schrillt es in den Ohren: aus Tausenden von Trillerpfeifen. Sie kommen mit der Post aus der ganzen Welt: »*Jede nordirische Frau wird eine Trillerpfeife bekommen, jede Mutter wird damit in Zukunft auf den Terror aufmerksam machen, der seit sieben Jahren so viel Leid und Elend über dieses Land gebracht hat.*«[94] Den Höhepunkt der *rallies* bildet eine Großkundgebung auf dem Londoner Trafalgar Square im Oktober 1976, an dem auch die amerikanische Protestsängerin Joan Baez teilnimmt.

Die Stärke der neuen Bewegung liegt vor allem darin, daß sie Anhänger auf beiden Seiten hat, betroffene Menschen, die keiner politischen Parolen bedürfen, sich unabhängig von Parteien, Kirchen und Regierungen organisieren. Sie bilden eine neue Kraft, die selbst die verhärteten Fronten in Nordirland aufzuweichen vermag. Ihr Programm besticht durch seine Einfachheit: Ende des Blutvergießens und Rückzug der britischen Soldaten, damit Katholiken und Protestanten ihre Probleme selbst in die Hand nehmen und lösen können. Die Brutalität des siebenjährigen Bürgerkrieges hat allerdings Wunden hinterlassen, die nicht so schnell heilen, und auf beiden Seiten gibt es immer noch Familien, die bis zum bitteren Ende weiterkämpfen wollen. Inzwischen ist auch eine Generation von Kindern herangewachsen, die nur Gewalt kennt und die von Haß und Mißtrauen geprägt ist.

Weit über die Grenzen Irlands hinaus finden die beiden Friedensfrauen Unterstützung und Zustimmung. Aus aller Welt treffen Briefe und Telegramme ein, so beispielsweise von den Mitgliedern der Evangelischen Frauenhilfe aus Deutschland: »*Wo immer es möglich war, haben wir versucht, unsere Hilfe anzubieten. Dieses Angebot erneuern wir. Ihr Mut und Ihre tapfere Initiative, dem Blutvergießen Einhalt zu gebieten, erfüllt uns mit tiefer Bewunderung. Wir werden sie auch durch unser gemeinsames Gebet unterstützen.*«[95] Auch von Kindern kommen Briefe: »*Jede Nacht bete ich für Dich, Betty. Möge Gott Dich und die anderen irischen Frauen schützen und Euch helfen*«, schreibt ein elfjähriger Junge aus London.[96]

»*Wir brauchen auch jeden, der unsere Sache unterstützen kann und will. Es handelt sich bei unserer Aktion nicht um eine emotionelle, vorübergehende Sache. Es geht uns auch nicht mehr nur darum, Druck auf unsere Politiker auszuüben, damit sie wieder ins Gespräch kommen und gemeinsam nach einer Lösung für unser Problem suchen. Die Zustimmung, die unsere Demonstrationen bisher gefunden hat, ermutigt uns, weiterzumachen und auf keinen Fall aufzuhören*«, erklärt Betty Williams einem der vielen Journalisten, von denen sie tagein und tagaus bestürmt wird.[97]

Mut hat sie auch bitter nötig, gilt sie doch seit Beginn der Märsche als »Kollaborateurin der Briten«. Und mit Verrätern geht die IRA nicht gerade zimperlich um: Sie tötet sie. Ein Offizier der IRA nennt die Dinge ungeschminkt und öffentlich beim Namen: »*Der Krieg wird weitergehen. Wir werden uns doch nicht von der Hysterie einer ›Frieden-um-jeden-Preis-Bewegung‹ einschüchtern lassen.*«[98] Wie ernst es der IRA mit solchen Äußerungen ist, belegt die traurige Realität: Seit 1971 sind mehrere Friedensbemühungen gewaltsam unterdrückt worden. Auch Betty Williams und Mairead Corrigan erhalten Drohungen, doch sie lassen sich nicht einschüchtern.

»*Ich fürchte mich zu Tode*«, gibt Betty Williams unumwunden zu. »*Aber diese Morddrohungen gegen mich haben uns nur in unserer Entschlossenheit gestärkt, den eingeschlagenen Weg weiterzugehen. Wir werden uns von diesen Strolchen nicht einschüchtern lassen. Ich werde mich auch nicht noch einmal verstecken, obwohl ich Todesängste ausstehe. Man kann auch Angst haben, ohne ein Feigling zu sein, oder?*«[99]

Ihre Mitstreiterin Mairead Corrigan ergänzt: »*Ich glaube, daß neunundneunzig Prozent der Menschen hier ein Ende des Mordens wollen. Jahrelang haben wir uns aus Angst vor Repressalien gefürchtet, den Mund aufzumachen. Jetzt fürchte ich mich nicht mehr. Ich bin bereit zu sterben, wenn ich damit ein einziges Leben retten kann. Wir müssen sicherstellen, daß diese armen Kinder nicht umsonst gestorben sind.*«[100]

Doch bald stellt sich die Frage, wie es weitergehen soll. Die dreiunddreißigjährige Betty hat bis anhin als Empfangssekretärin in einem Privatunternehmen gearbeitet. Wie wird ihr Alltag aussehen, wenn die anfängliche Empörung, die so viele Menschen auf die Straße bringt, allmählich abebbt? Einfach in ihren Beruf zurückkehren kommt für sie nicht mehr in Frage.

Ihre Freundin Mairead Corrigan, Tante der getöteten Kinder, ist sich darüber im klaren, daß mit den Märschen erst der Anfang auf dem mühsamen Weg zu einem dauerhaften Frieden gemacht ist. Die einunddreißigjährige Sekretärin hat ihren Job bereits gekündigt, um sich in Zukunft nur noch um die Friedensarbeit zu kümmern.

Im Gegensatz zur eher als temperamentvoll und dominant beschriebenen Betty ist Mairead zurückhaltend. Als Tochter eines Fensterputzers erlebt sie die Auswirkungen der Armut am eigenen Leib. Gegen den Widerstand ihrer mittellosen Eltern arbeitet sie sich aus dem beklemmenden Milieu der Armut heraus, in der die katholische Minderheit im Westen Belfasts lebt. Als Babysitterin finanziert sie sich ihre Ausbildung und steigt von einer Stelle als Hilfsarbeiterin zur Chefsekretärin bei einer bekannten Brauerei auf. Ihr Engagement für den Frieden sieht sie als konsequente Weiterführung ihrer langjährigen Arbeit in katholischen Wohlfahrtsorganisationen. Schon als junge Frau hat sie sich als tiefgläubiges Mitglied der »Legion der Jungfrau Maria« um Probleme gesellschaftlicher Randgruppen, um Kinder aus zerrütteten Familien, um Alkoholiker und um Prostituierte gekümmert. Im Auftrag dieser Organisation reist sie 1972 zu einer Konferenz des Weltkirchenrates nach Thailand und ein

Jahr später in die Sowjetunion, wo sie an einem Film über das kirchliche Leben in der sozialistischen russischen Gesellschaft mitwirkt. Ihre vielen Besuche im berüchtigten Internierungsgefängnis Long Kesh bringen sie immer wieder mit Extremisten beider Seiten in Berührung – Begegnungen, die sie für die Konflikte in ihrem Land sensibilisieren und gleichzeitig ihre Ablehnung jeglicher Gewalt festigen.

Bereits wenige Stunden nach dem Unglück ruft sie in einer bewegenden Fernsehansprache zu einem Ende des Bürgerkrieges und zum friedlichen Protest auf. Sie appelliert an alle Eltern, ihre Kinder im Geist der Nächstenliebe zu erziehen, gleichgültig, ob als Katholik oder Protestant.

Nichts ist so stark wie eine Idee, deren Zeit gekommen ist

In Ciaran McKeown finden Betty Williams und Mairead Corrigan eine Persönlichkeit, die ideal zu ihnen paßt und sie ergänzt. Der junge katholische Pazifist und Journalist gibt ihnen den Anstoß, aus den spontanen Kundgebungen eine dauerhafte Friedensinitiative zu formen.

Um nicht in eine radikal-feministische Ecke gedrängt zu werden, nennen sie sich *Peace People,* denn Männer sollen sich ebenfalls dieser Bewegung anschließen können. Absolute Gewaltlosigkeit ist das oberste Prinzip: mit vierundzwanzig weiteren Friedensmärschen versuchen die drei, dieses auch im Bewußtsein der breiten Bevölkerung zu verankern. Ihr Ziel: Alle Armeen, die acht terroristischen wie die britische, sollen von den Straßen verschwinden.

Immer mehr Menschen schließen sich der Bewegung an, bald zählt sie rund hunderttausend Mitglieder – immerhin fast zehn Prozent der Provinzbewohner. Es ist höchste Zeit, den *Peace People* auch organisatorisch eine feste Anlaufstelle zu geben.

Sie finden ein Büro in der Lisburn Road 224 und nennen es »Fredheim«, nach dem norwegischen Begriff für »Friedenshaus«.

Die *Peace People* erkennen, daß zumindest ein Teil der Ursachen des Bürgerkrieges in den sozialen Mißständen Nordirlands liegt: in der hohen Arbeitslosigkeit unter den ärmeren Katholiken und in den ghettoähnlichen Wohnverhältnissen der Bezirke, die Betty die »Slums Europas« nennt. Und so wird aus dem vielbeachteten Aufstand gegen die Gewalt ein Aufstand gegen die Armut. *»Wir mußten die Bewegung von der Straße wegholen, um effektiv arbeiten zu können«*, sagt Betty Williams drei Jahre später.[101]

Auch außerhalb von Nordirland werden Betty Williams und Mairead Corrigan als Hoffnungsträgerinnen betrachtet. Sie erhalten unzählige Einladungen zu Vorträgen, um über ihre Situation, ihre Bewegung und deren Ziele zu erzählen. Mairead geben diese Reisen die Gelegenheit, ihre Appelle für Gewaltlosigkeit über Nordirland hinaus auszuweiten: *»Nach Argentinien zu gehen und mit Adolfo Perez Esquival* [Friedensnobelpreisträger von 1980] *zusammenzutreffen, war unser wichtiger Beitrag zur Verbreitung und Entwicklung einer gewaltfreien Bewegung in der heutigen Welt. Ähnlich betrachte ich auch unsere USA-Reisen als Gelegenheit, diejenigen zu bestärken, die sich für Gewaltlosigkeit einsetzen.«*[102] Sie sammeln Geld, das der Bewegung zugute kommt – vor allem Geld von amerikanischen Iren, das bis anhin meist einer der Terrororganisationen zugeflossen war. *»Es gibt in den USA einen Fonds für hungernde Iren – niemand hungert in Irland –, das Geld wird für Waffen und Munition ausgegeben. Das wollen wir stoppen. Dollars kommen von Iren, die seit drei Generationen in den USA leben und noch nie einen Fuß auf irische Erde gesetzt haben«*, begründet Betty Williams ihre Reisen nach Amerika. *»Wir müssen Geld aus dem Ausland bekommen. Hier in Irland gibt es nämlich kein Geld.«*[103] Die Summen, die den *Peace People* zur Verfügung gestellt werden, erreichen bei weitem nicht die Höhe, die öffentlich kolportiert wird. Nicht Millionen von Pfund – nur etwa sechshunderttausend fließen alles in allem in die Kassen der *Peace People*. Im eigenen Land will man die Notwendigkeit dieser Reisen nicht einsehen und wirft den beiden Frauen »Globetrotterei« vor.

Den absoluten Höhepunkt ihrer Popularität erreichen Mairead Corrigan und Betty Williams, als ihnen im Jahre 1977 der Friedensnobelpreis für das Jahr 1976 verliehen wird. 1976 hatte sich das Komitee unter den fünfzig Kandidaten, die in die engere Wahl gekommen waren, nicht entscheiden können und den Preis ein Jahr zurückgestellt.

Zu diesem Zeitpunkt hat die *Peace-People*-Bewegung ihren Zenit bereits überschritten. Später werden sogar Stimmen laut, die das Scheitern der Bewegung letztlich der Verleihung des Preises zuschreiben. Selbst Betty Williams äußert Zweifel bei der Frage, ob der Preis ihrem Lande etwas gebracht hat: *»Nein – noch nicht. Der Friedensnobelpreis wurde uns zu früh verliehen. Wir hatten ihn noch nicht verdient. Bitte stellen Sie mir diese Frage noch einmal in zwanzig Jahren.«*[104] Aber sie glaubt nicht, daß der Friedensnobelpreis unnütz sei: *»Es sieht nur so aus, als ob es hoffnungslos ist, gegen Gewalt zu kämpfen. Aber der Glaube an den Frieden ist wichtiger als alles andere. Vor drei Wochen gaben mir vier Jugendliche in Belfast ihre Waffen. Hundertvierzig Gewehre, Pistolen, Revolver. Ein Anfang.«*[105]

Rückblickend relativiert Mairead Corrigan die Bedeutung der *Peace People*, sie seien eher Impulsgeber gewesen: *»Wir können für uns in Anspruch nehmen, die Gedanken der Menschen von der Gewalt zum Frieden gelenkt zu haben. Die Gewalt nahm seit August 1976 ständig ab. Die Menschen faßten den Mut, gegen die Gewalt aufzustehen. Die einzigen, die die Gewalt stoppen können, sind die Menschen hier, indem sie für Gerechtigkeit und Menschenrechte für alle arbeiten.«*[106]

Der Preis verhilft der Bewegung noch einmal kurzfristig zu Aufmerksamkeit und Anerkennung. Von ihrem Büro aus steuern Williams und Corrigan ihre verschiedenen Projekte. Sie vergeben Kredite an Kleinbetriebe, die die Integration fördern. Sie bieten religiösen Fanatikern die Chance, sich von den paramilitärischen Organisationen abzusetzen und ein neues Leben zu beginnen. Sie senden protestantische und katholische Jugendliche in gemischte Lager nach Norwegen und zur Ausbildung in Jugendarbeit nach Deutschland. Und sie geben die Zeitschrift »Peace by Peace« heraus, in der ihre Vorgehensweise und ihre Absichten dargelegt werden.

Das Entscheidende ist,
Emotionen in Energien umzuwandeln

»Wir haben Emotionen geweckt und damit die Friedensbewegung ins Leben gerufen. Wir haben jedoch erkannt: Für den Frieden genügen Emotionen nicht. Es reicht nicht, 30000 Menschen zusammenzutrommeln, die Hände zum Himmel zu recken und zu glauben, der Friede komme herab. Das Entscheidende ist, Emotionen in Energien umzuwandeln. Dazu braucht man eine Organisation, und damit waren wir überfordert... Friedensnobelpreise sollten nicht mit Geldsummen begleitet sein. Es genügt eine schlichte Medaille.«[107] Resignation und ein Anflug von Bitterkeit klingen in diesen Worten Betty Williams' mit. Weil sie sich entschieden hat, ihren Anteil der Preissumme von 38000 Pfund für sich zu behalten? Oder stimmt vielmehr die Version, daß sie, nachdem sie von der Verleihung gehört hat, das Geld sofort der Bewegung übergeben wollte? Daß erst Ciaran McKeown sie dazu bewegt hat, das Geld zu akzeptieren, als er ihr sagte, der Vorstand der Peace People habe beschlossen, »dieses Geld nicht anzunehmen, es ist euer Lohn«? Zehn Jahre später meint sie zu dieser Entscheidung: »Ich war völlig abgebrannt. Absolut pleite. Meine Familie hatte Schwierigkeiten, meine Ehe war kaputt... Immer wieder sage ich, daß nie jemand Henry Kissinger fragte, was er mit dem Geld gemacht hat. Ich will mich nicht entschuldigen. Ich bin es leid, die Fragen nach dem Verbleib des Geldes zu beantworten. Ich hab's behalten. Ja, ich bin schuldig.«[108] Durch Bettys Entscheidung fühlte sich Mairead verpflichtet, ihren Anteil ebenfalls zu behalten: »*Das Schlimmste, was ich jemals getan habe*«, kommentiert sie später.[109]

Bettys Art, in der Öffentlichkeit aufzutreten, entspricht ganz offensichtlich nicht den Erwartungen, die man an eine Friedensnobelpreisträgerin stellt. Im Herbst 1978, als sie zum Friedhof geht, um Blumen auf das Grab der Maguire-Kinder zu legen, fährt ein Totengräber sie an: »Na, wann ist denn der nächste Pelzmantel fällig?« Dazu sagt sie: »*Mein Mann hat mir vor sechs Jahren einen Pelzmantel geschenkt. Ich wage es seit zwölf Monaten nicht mehr, ihn anzuziehen. Mein Mann ist ein Autonarr, er ist Schiffsingenieur und verdient gutes Geld. Wir haben uns in den letzten sechs Jahren vier Volvos gekauft. Alle achtzehn Monate einen neuen. Wir haben es bitter bereut, obwohl nicht ein Pfennig meines Geldes dafür gebraucht wurde.*«[110] Betty geht vor allem für die an der Basis arbeitenden Menschen zu sehr in ihrer Rolle als potentielle Märtyrerin auf. »*Jeden Tag bekomme ich einen Brief, der mit Blut unterschrieben ist*«, sagt sie in einem Interview mit dem »Observer«. Mairead versucht zwar, solche Äußerungen zu relativieren: »*Man nimmt solche Dinge nicht ernst. Wenn man will, ist das Leben eines jeden Menschen in Nordirland immer bedroht.*« Doch auch sie kann zu diesem Zeitpunkt die Versöhnung nicht herbeiführen: »*Als Betty, Ciaran und ich uns zusammenschlossen, hielt uns ein starkes Band zusammen, obwohl wir völlig unterschiedliche Charaktere waren. Dieses Band war das gegenseitige Vertrauen. Es gibt keinen Zweifel darüber, daß Menschen alles erreichen können, wenn sie einander vertrauen. Geht dieses Vertrauen jedoch verloren, wird alles unmöglich.*«[111]

Kritische Analysten schreiben den Niedergang der *Peace People* viel eher dem zu, daß sich die drei über konkrete Zukunftsaufgaben der Bewegung nicht einig wurden. Daran kann auch der Rückzug der beiden Frauen aus ihren Spitzenpositionen 1978 nichts mehr ändern. Selbst der Rückzug auf die Position einfacher Mitglieder löst Falschmeldungen aus: »*Sie sagten, wir hätten uns von der Friedensbewegung getrennt, um nur noch mit unserem Geld glücklich zu werden. Und sie sagten schließlich: Die*

Friedensbewegung ist tot. Wir haben es ja prophezeit«, erzählt Betty Williams einem Journalisten.[112]

Diskussionen über kontroverse Themen wie die Haltung der *Peace People* zur Lage der Gefangenen im Block H von Long Kesh – Terroristen, die um einen Sonderstatus als politische Häftlinge kämpfen – verschärfen die Spannungen. Betty Williams kann nicht mit dem Widerspruch leben, daß eine Friedensbewegung die Sache der Terroristen unterstützt. Sie tritt ganz aus der Bewegung aus. Als man sie, ein Jahr nach ihrem Austritt, zum Hungertod eines IRA-Mitglieds befragt, unterstreicht sie nochmals ihre konsequente Ablehnung von Gewalt: *»Hungerstreik bedeutet Gewalt gegen seinen eigenen Körper. Ich sympathisiere aufrichtig mit jemandem, der eine solche Aktion durchsteht. Aber sie führt zu nichts. Denn eine Gewalttat stoppt keine Gewalt. Ich weiß, daß das einzige Ergebnis einer solchen Hungeraktion zum Tode führt, und ich bekämpfe den Tod.«*[113]

Nach einer beklemmenden Nachtsitzung des Vorstandes am 7. Februar 1980 bricht die Gemeinschaft endgültig auseinander. Betty wandert in die USA aus. Anfragen bezüglich ihrer Zeit bei den *Peace People* beantwortet sie mit Schweigen. Auch Ciaran McKeown zieht sich zurück und arbeitet als Schriftsetzer, da er aufgrund seiner politischen Aktivitäten als Journalist keine Arbeit mehr findet.

Einzig Mairead Corrigan engagiert sich nach wie vor bei den *Peace People.* Sie heiratet den Ehemann ihrer verstorbenen Schwester, heißt jetzt Mairead Corrigan Maguire und hat fünf Kinder, davon zwei eigene. Ihr Glaube läßt sie unverdrossen an ihrer Forderung nach Gewaltverzicht festhalten. Dabei spart sie nicht mit Kritik an den institutionalisierten Kirchen. *»Die Kirchen sind hier so im Nationalismus verhaftet, die katholische im irischen – die protestantische im britischen. Und der Nationalismus ist es, der uns zerstört. Denn wir haben ihn vor Gott gestellt. Und so sind wir bereit, mit einer Flagge zu wedeln und uns eine Uniform anzuziehen und – Menschen zu töten… Die Frage heute lautet: Hat Jesus* *eine Ethik der Gewaltlosigkeit gelehrt – oder die des gerechten Krieges? Beides gleichzeitig kann man nicht glauben… Unsere einzige Möglichkeit, die Katastrophe zu verhindern und in Irland etwas zu bewirken, ist, die Menschen zusammenzubringen und die Mythen der Religionsgruppen übereinander abzubauen.«* [114] Als gesuchte Rednerin hält sie Vorträge und Gastvorlesungen in der ganzen Welt. Sie unternimmt Reisen in Krisengebiete, organisiert Hilfsaktionen und beteiligt sich am Aufbau humanitärer Initiativen wie *Hands Off Cain* zur Abschaffung der Todesstrafe und *Child Right Worldwide* zum Schutz mißhandelter Kinder. Ihre Priorität bleibt die Gewaltlosigkeit, da diese *»nicht nur für eine elitäre Minderheit bestimmt* [ist], *sondern für alle Menschen. Es ist eine Lebensform, die auf Respekt für jeden Menschen und die Umwelt basiert. Es ist ebenfalls eine Frage der Veränderungen im politischen und sozialen Bereich. Und des Widerstandes gegen das Böse, ohne sich des Bösen zu bedienen. Es ist eine völlig neue Art zu denken. Denken Sie daran: Ein Gewehr oder Nuklearwaffen sind sinnlos, wenn der Wille zum Töten nicht mehr in den Gedanken der Menschen existiert.«* [115] Oder wie Betty Williams es in ihrer Nobelpreisrede 1977 formuliert: *»Wir sind zutiefst und leidenschaftlich der Gewaltlosigkeit verpflichtet. Denen, die sagen, wir seien naive, utopische Idealisten, antworten wir, daß wir die einzigen Realisten sind. Und daß diejenigen, die in unserer Zeit weiterhin den Militarismus unterstützen, gleichzeitig den Schritt in Richtung totaler Selbstzerstörung der menschlichen Rasse unterstützen.«* [116] Achtzehn Jahre später: Als sich die Erzfeinde 1994 symbolisch die Hände schütteln, wagen die Menschen in Nordirland vorsichtig zu hoffen, daß Gewaltfreiheit mit gemeinsamen Anstrengungen zu einem dauerhaften Frieden führen könnte.

Zweiundzwanzig Jahre später

Wieder richtet sich die internationale Aufmerksamkeit nach Nordirland. Erneut erhalten zwei Nordiren den Friedensnobelpreis: 1998 werden John Hume (*1937), Katholik und Führer der *Northern Irelands Roman Catholic Social Democratic and Labour Party,* und David Timble (*1944), Protestant und Führer der *Ulster Unionist Party,* für ihre Bemühungen um eine friedliche Lösung des andauernden Konflikts in Nordirland mit diesem Preis ausgezeichnet.

In der Presseerklärung des Nobelkomitees heißt es: »*In den vergangenen dreißig Jahren kostete der nationale, religiöse und soziale Konflikt über 3500 Menschen das Leben... Das norwegische Nobelkomitee drückt mit dem Preis die Hoffnung aus, daß die nun getroffenen Vereinbarungen* [Belfaster Abkommen, Karfreitag 1998] *nicht nur zu einem dauerhaften Frieden in Nordirland führen, sondern auch friedliche Lösungen in anderen religiösen, ethnischen und nationalen Konflikten auf der ganzen Welt initiieren.*«[117]

Nobelpreisrede von Betty Williams
11. Dezember 1977

»Ich stehe hier mit dem Gefühl der Demut, dem Gefühl, einen historischen Augenblick zu erleben, und mit dem Gefühl der Ehre...

Es erfüllt mich mit Demut, den Friedensnobelpreis offiziell entgegenzunehmen, weil sich an der Bewegung, die wir angeführt haben
und die so viel Aufmerksamkeit auf sich gezogen hat, so viele
Menschen beteiligt haben, daß eine Auszeichnung wie diese durchaus
berechtigt sein könnte. Mairead Corrigan und ich werden vielleicht
unser Leben lang eine gewisse Befriedigung darüber empfinden, daß
wir jenen ersten Aufruf starteten, einen Aufruf, der ein massives
Bedürfnis nach Frieden freisetzte, nicht nur in den Herzen der
Menschen in Nordirland, und – wie wir bald herausgefunden haben
– in den Herzen der Menschen rund um die Welt...

Doch es hätte niemals ausgereicht, das Bedürfnis nach Frieden nur
freizusetzen. Alle Energie, alle Entschlossenheit für ein Ende des elenden
Kreislaufs sinnloser Gewalt... wenn wir uns nicht organisiert hätten,
um diese Energie und Entschlossenheit positiv zu nutzen, ein für alle-
mal. Also gründeten Mairead Corrigan, Ciaran McKeown und ich in
jener ersten Woche die Bewegung der Peace People, um diesem Bedürfnis
eine Orientierung und eine Richtung zu geben, denn wir wußten, daß
es tief in den Herzen der meisten Menschen existierte... sogar tief in
den Herzen derer, die sich damals und vielleicht auch heute noch verpflichtet fühlen, uns in der Öffentlichkeit entgegenzutreten...

Wir sind für das Leben und die Schöpfung, und wir sind gegen den
Krieg und die Zerstörung, und in unserer Wut schrien wir in jener
Woche laut heraus, daß die Gewalt ein Ende haben müsse. Doch wir
taten noch etwas anderes außer schreien. Ciaran McKeown schrieb
›Die Erklärung der Peace People‹, in der der Weg zu wahrem Frieden
in einfachen Worten aufgezeigt war. Mit der Veröffentlichung dieser
Erklärung gaben wir die Gründung der Bewegung der Peace People
bekannt. Wir planten eine Reihe von Kundgebungen, die sich über
vier Monate erstreckten und die Hunderttausende von Menschen

mobilisierte und auf den Weg führte, den unsere Erklärung ihnen wies. Die Worte sind einfach, doch der Weg ist nicht leicht, wie sicher alle wissen, die je mit dem historischen Friedensnobelpreis in Verbindung standen. Es ist ein Weg, bei dem wir nicht nur alle Formen der Gewalt ablehnen müssen, sondern zugleich nach Möglichkeiten suchen, wie Frieden funktionieren kann. Es ist ein Weg der Selbstaufgabe, des Mutes und harter Arbeit...

Ich empfinde auch ein gewisses historisches Bewußtsein. Ich bin mir aller Menschen bewußt, die vor mir hier gestanden und diese Auszeichnung entgegengenommen haben. Wir denken vielleicht jetzt besonders an Martin Luther King, dessen Andenken wir ehren und dessen Ideale und dessen Stimme uns immer noch inspirieren, ebenso wie sie die vielen Millionen von Menschen auf der ganzen Welt inspirieren, die sich aktiv für den gewaltlosen Kampf für Frieden und Gerechtigkeit einsetzen...

Traditionell waren Kriege immer Männersache, auch wenn wir wissen, daß Frauen oft die Ursache der Gewalt waren. Doch die Stimme der Frauen, die Stimme derer, die am stärksten daran beteiligt sind, neues Leben zu schaffen, wurde oft nicht erhört, wenn sie sich bittend und flehend gegen die Verschwendung von Menschenleben im und nach dem Krieg wandte. Im Kampf um eine friedliche Welt spielt die Stimme der Frauen eine besondere Rolle, und sie besitzt eine besondere Überzeugungskraft. Wir möchten religiösen Fanatismus oder ideologische Differenzen nicht mit Sexismus oder irgendeiner Form von militantem Feminismus ersetzen. Aber wir glauben mit Ciaran McKeown... fest daran, daß Frauen in diesem schwierigen Unternehmen eine führende Rolle spielen müssen.

Deshalb fühlen wir uns im Namen aller Frauen geehrt, daß Frauen vor allem dafür ausgezeichnet wurden, daß sie eine gewaltfreie Bewegung für eine gerechte und friedliche Gesellschaft anführen... Aber ich bin auch wütend... Ich bin wütend, die Bewegung der Peace People ist wütend darüber, daß sich der Krieg zu Hause weiter hinschleppt und daß wir auf der ganzen Welt dieselbe Dummheit beobachten, mit der wesentlich schlimmere Kriege verursacht werden als der kleine Krieg, den das kleine Land Nordirland erdulden muß. Wir sind wütend über die Verschwendung von Ressourcen, die jeden Tag für Kriegsmittel aufgewendet werden, während Menschen in Armut leben und sich manchmal sogar einen schnellen Tod wünschen, der sie aus ihrer Hoffnungslosigkeit erlöst. Wir empören uns über die fünfhunderttausend Dollar, die in jeder Minute jeden Tages für Kriege und Kriegsvorbereitungen ausgegeben werden, während in jeder dieser Minuten mehr als acht Menschen in Not sterben. Jeden Tag sterben zwölftausend Menschen an Verwahrlosung, Unterernährung und Armut, dennoch werden jeden Tag siebenhundertzwanzig Millionen Dollar für Rüstungsgüter ausgegeben. Bedenken Sie nur diese irrsinnigen Prioritäten! Schließlich haben wir Zeit zum Nachdenken, während andere sterben. Sehen Sie es einmal so: Wenn die Rüstungsausgaben von fünfhunderttausend Dollar pro Minute für eine einzige Minute gestoppt werden könnten und unter den Zwölftausend aufgeteilt würde, die an diesem Tag sterben: jeder dieser Todgeweihten erhielte mehr als vierzig Dollar, genug, um in Luxus zu leben, anstatt im Elend zu sterben. Wenn diese Ausgaben für Rüstung für einen ganzen Tag ausgesetzt werden könnten, dann könnten siebenhundertzwanzig Millionen Dollar unter Zwölftausend, die dem Untergang geweiht sind, verteilt werden: Mit anderen Worten, jeder dieser Menschen würde an diesem Tag sechzigtausend Dollar erhalten. Und was diesen Wahnsinn noch viel schlimmer macht, ist die Tatsache, daß diese obszöne Menge Geld im Namen der Freiheit oder des Sozialismus verschwendet wird… sicher sind die Toten und Sterbenden froh darüber, daß Freiheit und Sozialismus so erfolgreich verteidigt worden sind!!!

Wir wissen, daß dieses wahnsinnige und unmoralische Mißverhältnis nicht über Nacht geändert werden kann. Wir wissen auch, daß es nicht ohne größtes Bemühen geändert werden kann, dem unaufhörlichen Bemühen nämlich, die menschliche Rasse davon zu überzeugen, ihre Rohstoffe nicht länger für Waffen zu verschwenden, sondern statt dessen für die Menschen zu investieren, die auf unserem gemeinsamen Planeten überleben müssen, im Osten und Westen, im Norden und Süden. Und diese Bemühungen müssen um so größer sein, weil sie *unbewaffnet und gewaltlos sein müssen, und das erfordert mehr Mut und mehr Hartnäckigkeit als das Drücken eines Abzugs oder das Betätigen mörderischer Knöpfe. Die Menschen müssen nicht nur den Krieg beenden, sie müssen auch den Mut besitzen, den Krieg erst gar nicht vorzubereiten...*

Um diese Art von Mut zu erlangen, müssen die Menschen beginnen, die Schranken abzureißen, die sie voneinander trennen... physische, emotionale und ideologische Schranken sowie Vorurteile und Haß in jeder Form...

Die ganze Welt sah vor einigen Wochen zu, wie sich Präsident Sadat direkt nach Israel begab, um Frieden zu schließen. Seit Jahren waren die Supermächte... im Nahen Osten involviert. Und während wir zusahen, wie die Russen stolz ihre tödlichen Raketen präsentierten und die Amerikaner die Entwicklung der Neutronenbombe vorantrieben, begab sich das Oberhaupt einer der am Krieg beteiligten Nationen direkt auf eine Friedensmission und ignorierte die Supermächte. Das Schöne an Sadats Mission war nicht das Ergebnis seiner Aktion, sondern die Tatsache, daß Sadat erkannt hatte, daß das Problem zu siebzig Prozent, wie er selbst sagte, ›psychologisch‹ war. Das Problem eines Krieges ist überall hauptsächlich ein psychologisches: Es gründet auf Angst, Mißtrauen, Verdächtigungen, Verfolgungswahn. Und Präsident Sadat, der wegen der dreißig Prozent Unterschied zwischen ihm, den Israelis und den anderen Nahoststaaten möglicherweise weiter Krieg führen wird, war zumindest bereit, die so wichtige psychologische Barriere zu überwinden.

Wir als Peace People gehen noch viel weiter: Wir glauben an die Überwindung der Barrieren, aber wir glauben auch an eine erfolgreiche Versöhnung zwischen den Völkern, indem sie sich gegenseitig kennenlernen, die Sprache des anderen erlernen, seine Ängste und Hoffnungen verstehen, sich physisch, philosophisch und geistig näherkommen. Es ist sehr viel schwerer, den eigenen Nachbarn zu töten, als die Tausenden unbekannten und feindlichen Fremden am anderen Ende einer Nuklearrakete. Wir müssen eine Welt schaffen, in der es keine unbekannten, feindlichen Fremden mehr am anderen Ende irgendeiner Rakete gibt, und das wird eine Unmenge an harter Arbeit erfordern. Die einzige Macht, die diese Schranken überwinden kann, ist die Macht der Liebe, die Macht der Wahrheit und die Macht der Seele… Wir alle wissen, daß ein einfaches Händeschütteln, eine einfache Umarmung die Feindschaft zwischen zwei Menschen beenden kann. Würden sich diese Akte der Freundschaft auf der ganzen Welt verbreiten, wären die erschütternden Freundschaftsgesten in den Schützengräben des Ersten Weltkrieges nicht länger die Ausnahme, sondern die Regel in menschlichen Beziehungen. Wir sind der Gewaltlosigkeit tief und mit Leidenschaft verpflichtet, der Kraft der Wahrheit und der Liebe… Denen, die behaupten, wir seien naive Idealisten, antworten wir, daß wir nur Realisten sind und daß die, die sich heute noch immer für den Militarismus einsetzen, den Weg zur völligen Selbstzerstörung der Menschheit unterstützen, wo das einzige Rechts und Links Tod zur Rechten und zur Linken sein wird, und Tod und Vernichtung rechts, links und in der Mitte, im Osten und Westen, im Norden und Süden…

Wir auf jenem kleinen Fleck der Erde, der den Namen Nordirland trägt, wissen, wieviel wir noch zu tun haben, ja, daß wir unser ganzes Leben lang viel zu tun haben werden. Heute mögen wir zwar den Friedensnobelpreis entgegennehmen, der als ›die höchste Auszeichnung, die einem Menschen auf dieser Erde zuteil werden kann‹, gilt. Nun, das mag so sein, und wir zittern angesichts der schrecklichen Verantwortung, die uns diese Ehre auferlegt. Doch auch jetzt, wo wir den Preis erhalten, denken wir an das Blut, das vergossen wurde und auch künftig vergossen wird in diesem wunderschönen Land, von den majestätischen Mourne Mountains bis zu den Glens von Antrim, vom guten alten, gequälten Belfast bis zu den herrlichen Seen von County Fermanagh, vom lieblichen Derry an den Ufern des Foyle bis zu den Obstgärten von Armagh. Und wir wissen, daß es für uns noch eine Menge zu tun gibt, bis das Leben des nordirischen Volkes so schön ist, wie seine Landschaft grün ist.

Wir schulden es nicht nur Alfred Nobel und der Nobelstiftung, daß wir noch effektiver für die Erschaffung einer gewaltlosen Gesellschaft

arbeiten, sondern wir schulden es der ganzen Welt. Auf ganz besondere Weise schulden wir es dem norwegischen Volk, das uns in sein
Herz geschlossen hat und dessen finanzielle Hilfe allein es uns ermöglichte, neue Stützpunkte zu errichten und die verschiedensten Projekte
zu realisieren. Wir haben viel zu tun, und vieles davon müssen wir
selbst tun, sonst wäre es wertlos. Aber indem es uns half, uns langsam
von unseren Knien zu erheben, indem es uns praktische Hilfe anbot
und indem es uns – was in dieser oft so zynischen Welt besonders
wertvoll ist – seine Zuneigung und seine uneingeschränkte Loyalität
entgegenbrachte… hat das norwegische Volk einen echten Beitrag zum
Frieden in Nordirland geleistet, ebenso wie es einen wesentlichen Beitrag
für die notleidenden Menschen in Bangladesch und andere notleidende
Völker auf der ganzen Welt geleistet hat. Vielleicht sollte der Friedensnobelpreis eines Tages dem norwegischen Volk verliehen werden.

Und der ganzen Welt wiederholen wir die gleiche Botschaft, die wir
im August 1976 formuliert haben. Es ist die Erklärung der Peace
People: Wir, von dieser Friedensbewegung, haben eine einfache Botschaft
für die Welt: › Wir wollen leben und lieben und eine gerechte und friedvolle Gesellschaft aufbauen. Wir wollen für unsere Kinder, wie auch
für uns selbst, für unser Leben zu Hause, bei der Arbeit und beim
Spiel, daß es ein Leben voll Freude und Frieden ist. Wir sind uns
bewußt, daß es von uns allen Hingabe, harte Arbeit und Mut verlangt,
ein solches Leben aufzubauen. Wir sind uns bewußt, daß viele Probleme
in unserer Gesellschaft bestehen, die den Ursprung von Konflikten
und Gewalt darstellen. Wir sind uns bewußt, daß jede abgefeuerte Kugel
und jede explodierende Bombe diese Arbeit schwieriger macht. Wir
lehnen jeglichen Einsatz einer Bombe, einer Kugel und aller Gewaltmittel ab. Wir widmen uns selbst der Arbeit mit unseren Nachbarn,
von nah und fern, tagein und tagaus, um eine friedvolle Gesellschaft
aufzubauen, in der die Tragödien, die wir jetzt erleben, eine schlechte
Erinnerung und eine kontinuierliche Warnung sind. «

»God bless you«

Mutter Teresa
Friedensnobelpreis 1979

Dear Reader

This brings you my love and prayers.

Love begins at home, and if the family prays together it
will stay together and if you stay together you will
love one another as God loves you.
Let Jesus' love shine through you to your family through
your smile, your eyes, your words, your actions – your
care and concern for them.

Keep the joy of loving through sharing.

God bless you
lc Teresa me

Es ist noch dunkel, als die zierliche, unauffällige Frau auf die Straße tritt. Die großen Türen des Hauses mit den hohen Mauern, in dem sie bis dahin unbehelligt lebte, schließen sich mit einem lauten Krachen hinter ihr. In dieser Morgendämmerung betritt sie einen Weg, der sie auf eine lange Reise rund um die Welt führen wird.

An diesem Freitagmorgen beginnt die fast Vierzigjährige ein Lebenswerk, das ihren Namen in aller Welt bekannt machen wird. Sie hört den unbeschreiblichen Lärm und sieht den Dunst, der sich wie ein undurchsichtiger Schleier über die schmutzigen Straßen legt. Nachdem die kirchliche Obrigkeit ihr mehr als achtzehn Jahre alle Entscheidungen abgenommen hat, steht sie nun allein mit ihren wenigen Habseligkeiten. Später, viel später, als sie längst eine Berühmtheit ist, erinnert sie sich an diesen Tag und beschreibt ihn mit folgenden Worten: »*Als ich am 16. August 1948 die Türe hinter mir zuzog und allein auf der Straße stand, empfand ich ein starkes Gefühl der Verlorenheit, fast der Angst, und das war schwer zu überwinden.*«[118]

Doch sie ist stark, und sie baut auf den Schutz der katholischen Kirche. Ihre Aufgabe hat sie direkt von Gott erhalten, und sie wird sie erfüllen. Es sind die Straßen von Kalkutta, auf denen Schwester Agnes steht und die sie nicht mehr verlassen wird.

Ob arm oder aussätzig...

Ende des 20. Jahrhunderts ist sie eine der bekanntesten und erfolgreichsten Frauen. In rund vierzig Jahren hat sie ein internationales Imperium aufgebaut, ein gigantisches Netzwerk: 1996 gibt es bereits fünfhundertsiebzehn Niederlassungen in mehr als hundert Ländern. Der Orden »Die Missionarinnen der Nächstenliebe«, den sie gegründet hat, führt allein in Indien hundertneunzig Häuser; ihm gehören mittlerweile über viertausend Schwestern und Novizinnen und mehr als achthundert Brüder an. In einer Zeit, in der religiöse Gemeinschaften an Anziehungskraft verlieren und von Nachwuchssorgen geplagt werden, wollen immer mehr Menschen in diesem weltumspannenden »Konzern der tatkräftigen Nächstenliebe« mitwirken.

Viele schütteln ob des Erfolgs den Kopf, denn so etwas ist unglaublich: Dieses Imperium, das erst 1950 von Papst Pius XII. offiziell anerkannt worden ist, verfolgt keine wirtschaftlichen Ziele, gehorcht nicht den Gesetzen von Angebot und Nachfrage und verfügt über keine repräsentativen Büros. Noch Mitte der neunziger Jahre wird die ganze Verwaltungsarbeit von zwei Nonnen mittels einer klapprigen Schreibmaschine erledigt. Moderne Maschinen lehnt Mutter Teresa ab, denn der Orden, der keinerlei Einkünfte hat und nur von Spenden lebt, könne diese nicht bezahlen.

Überall, wohin sie auf ihren unzähligen Reisen kommt, ist sie »die Heilige zum Anfassen« – mit einem abgewetzten Reisebeutel, im Sari, einer Strickjacke und barfuß in ausgetretenen Sandalen. Ihr Ruf kennt keine Grenzen, Staatschefs und bedeutende Persönlichkeiten unterstützen ihr Werk und verneigen sich vor ihr. Unbekümmert kann sie sagen: »*Alle diese Staatschefs sind Kinder Gottes. Ob arm oder aussätzig oder Präsident, alle brauchen Liebe und Pflege.*«[119]

Diese Frau, die bis zu ihrem Tod alle Fäden ihres »Unternehmens« in Händen hält, dringt immer darauf, »*daß die Leute mit uns und für uns und für die Menschen arbeiten. Ich spreche mit ihnen nie von Geld oder bitte sie um etwas. Ich fordere sie nur einfach auf, zu kommen und die Menschen zu lieben, ihre Hände zu geben, um ihnen zu dienen, und ihre Herzen, um sie zu lieben.*«[120] Mutter Teresa gehorcht weder weltlichen noch wirtschaftlichen Gesetzen, richtet sich nicht nach politischen, sozialen oder gesellschaftlichen Ideologien, sie vertraut ausschließlich der göttlichen Ordnung: »*Die Frucht des Gebetes ist Glaube. Die Frucht des Glaubens ist Liebe. Die Frucht der Liebe ist Dienen. Die Menschen von*

heute hungern nach Liebe, die die einzige Antwort auf Einsamkeit
und bittere Armut ist.« [121]

Über zehntausend Menschen knien nieder und beten, mitten
in der Stadt Skopje, in Mazedonien. Eine achtzigjährige Frau
verbeugt sich mit ihnen vor Gott. »Die Heilige kehrt heim« –
so eine Zeitungsüberschrift im April 1991.

Mit den Händen, die unzählige arme, kranke, aussätzige,
sterbende Menschen gehalten haben, segnet sie an diesem für
sie so bedeutsamen Tag ihre Landsleute. Zweiundsechzig Jahre
nachdem sie als junge Frau Abschied genommen hatte, ist sie
dorthin zurückgekehrt, wo sie am 27. August 1910 geboren
wurde. Einen langen Weg hat sie hinter sich: von dem kleinen
Mädchen Gonxha, was »Blütenknospe« bedeutet, zur verehrten
Mutter Teresa und Friedensnobelpreisträgerin von 1979. Ob sie
wohl an ihre Mutter denkt, die fromme, tapfere Frau, die ihr
mit auf den Weg gab: »Laß niemanden zu dir kommen, der
dich nicht besser und glücklicher wieder verläßt«? Heute, im
Frühling 1991, reist sie weiter nach Albanien, dem Land ihrer
Vorfahren und eröffnet dort drei Ordenshäuser – vielleicht die
Erfüllung eines geheimen Versprechens, denn bis vor kurzem war
ihr die Einreise nach Tirana, wo ihre Mutter und Schwester bis
zu deren Tode lebten, verwehrt gewesen. Es sind zwei Häuser in
Tirana und eines in Shkoder. Die Schwestern, die darin arbeiten
sollen, hat sie gleich mitgebracht. Nach sechs Wochen Aufenthalt
kehrt sie nach Kalkutta, in ihre Wahlheimat Indien, zurück.

Eine göttliche Berufung

»Berufung ist Einladung, sich in Gott zu verlieben und diese Liebe
unter Beweis zu stellen. Habt den Mut, ja zu sagen, wenn Gott euch
ruft.« [122] Den Ruf Gottes fühlt bereits die kleine Agnes Bojaxhiu.
So oft wie möglich geht sie mit ihrer älteren Schwester Aga

und ihrem Bruder Lazar zur morgendlichen Messe. Kaum kann sie lesen, vertieft sie sich begeistert in christliche Zeitschriften. Kommen Missionare nach Skopje, ist sie stets zur Stelle. Einmal zeigt ein Jesuit in der Kirche eine große Landkarte, auf der Missionsstationen eingezeichnet waren. *»Schon damals wußte ich, daß ich zu den Armen berufen war«,* sagt Mutter Teresa ohne Zögern, wenn sie nach ihrer Kindheit befragt wird.[123]

Die Bojaxhius, fromme katholische Christen, bewahren sich ihre Sprache, ihre Traditionen und ihren Glauben als etwas besonders Kostbares. Etwas, das Halt und Sicherheit gibt.

Zu Agnes' Kinder- und Jugendzeit war Skopje eine kleine Stadt mit zwanzigtausend Einwohnern, die vornehmlich vom Handel und den Erzeugnissen der Landwirtschaft lebten. Illyrer, Griechen, Römer, Byzantiner, Slawen, Bulgaren und Serben herrschten in der Stadt, bevor sie 1392 von den Türken erobert wurde. Erst im November 1912 befreit sich Mazedonien vom türkischen Joch, wird aber von den Serben eingenommen. Agnes' Vater Kolë, ein angesehener Apotheker, später Mitinhaber eines Baugeschäfts, lebt sein Leben lang in Skopje, ist jedoch ein großer albanischer Patriot und unterstützt den Aufstand der Albaner gegen die Türken. Als Albanien 1912 unabhängig wird, geht für ihn ein großer Traum in Erfüllung. Er stirbt sechs Jahre später, als Agnes gerade acht Jahre alt ist. Von ihrem Vater lernt sie großzügige Barmherzigkeit anderen gegenüber und disziplinierte, harte Arbeit in der Schule. Das verlangt der Vater von allen seinen Kindern. Ganz besonders seine beiden Töchter sollen eine gute Ausbildung erhalten – zu dieser Zeit ein äußerst fortschrittlicher Gedanke.

Nach dem plötzlichen Tod ihres Mannes steht Drana Bojaxhiu mit ihren Kindern alleine da: Sie übernimmt die Verantwortung für ihre Familie. Zu Kolës Lebzeiten war die Familie wohlhabend, einige Zeit kann sie noch von den Geschäftseinnahmen leben, aber bald reicht es nicht mehr, und Drana muß arbeiten gehen. Aga, ihre Älteste, studiert später Volkswirtschaft, geht nach

Albanien und arbeitet als Journalistin und Sprecherin bei Radio Tirana. Lazar, der sie immer wieder an ihren Mann erinnert, will sich für das Land seiner Vorfahren einsetzen und besucht die Militärakademie. Drana und ihre Kinder sind zutiefst gläubig. Gemeinsame Gebete gehören zum Alltag der Familie, allen voran das von Franz von Assisi, das ihre Tochter – Mutter Teresa – viele Jahre später anläßlich der Verleihung des Friedensnobelpreises den verblüfften Ehrengästen in Oslo in die Hände drücken läßt:

> *Herr, mach aus mir ein Werkzeug deines Friedens.*
> *Wo Haß herrscht, laß mich Liebe bringen.*
> *Wo Beleidigung, die Vergebung,*
> *Wo Zwietracht, die Einheit,*
> *Wo Irrtum, die Wahrheit,*
> *Wo Zweifel, den Glauben,*
> *Wo Verzweiflung, die Hoffnung,*
> *Wo Finsternis, das Licht,*
> *Wo Traurigkeit, die Freude.*
> *Herr, laß mich weniger danach trachten,*
> *getröstet zu werden, als zu trösten,*
> *verstanden zu werden, als zu verstehen,*
> *geliebt zu werden, als zu lieben.*
> *Denn wer sich hingibt, der empfängt,*
> *Wer sich selber vergißt, der findet sich,*
> *Wer verzeiht, der erlangt Verzeihung,*
> *Und wer stirbt, der wird auferweckt zum ewigen Leben.*
> *Amen.*

Nach außen hin schweigen und im verborgenen handeln – das ist in Dranas Familie, die der katholischen Minderheit angehört, seit Generationen üblich. Häufig sagt Drana zu ihren Kindern: »*Wenn ihr Gutes tut, tut es unauffällig.*«[124]

Oft nimmt Drana ihre Kinder zu einer alten Alkoholikerin mit, die von ihrer Familie verlassen worden ist. Sie bringen ihr Essen und putzen das Haus. Das, was nötig ist, wird gemeinsam getan. Drana lehrt ihre Töchter das, was sie bereits von ihrer Mutter und die von ihrer Großmutter gelernt hat: »*Erwarte keinen Lohn und keine Anerkennung für deine Arbeit. Wäschst du einen Bettler und verbindest du seine Wunden, so dienst du Christus.*«[125]

Im Mai 1937 schreibt Agnes, beziehungsweise Teresa, die gerade ihr ewiges Gelübde abgelegt hat, an ihre Mutter: *»Es tut mir so leid, nicht bei Euch zu sein, aber sei glücklich, liebste Mutter, denn Deine Agnes ist glücklich… Es ist ein ganz neues Leben. Unser Zentrum hier ist sehr schön. Ich bin Lehrerin und ich liebe die Arbeit. Ich bin auch Direktorin der ganzen Schule, und jeder hier ist mir wohlgesonnen.«*[126] Obwohl sich Drana über den Brief freut, steht doch etwas darin, das sie nachdenklich stimmt, und sie antwortet: *»Mein liebes Kind, vergiß nicht, daß Du nach Indien gegangen bist um der Armen willen.«*[127]

Dranas größter Wunsch, ihre weltberühmte Tochter vor ihrem Tod noch einmal zu sehen, geht nicht in Erfüllung, denn diese erhält keine Einreisebewilligung nach Albanien, wohin Drana ihren anderen Kindern gefolgt ist. *»Sie wollten nicht einmal mit ihr sprechen. Als Mutter Teresa die Botschaft verließ, sah ich ihre Tränen. Sie blickte zum Himmel und sagte: ›O Gott, ich verstehe und akzeptiere mein Leiden. Aber es ist schwer, die Leiden meiner Mutter zu verstehen und anzunehmen, denn alles, was sie in ihrem Alter wünscht, ist, uns wiederzusehen‹«*, berichtet eine alte Freundin, die Mutter Teresa zur albanischen Botschaft in Rom begleitet hat.[128] Alles hat Mutter Teresa versucht, die Familie noch einmal zusammenzubringen – vergeblich. Statt dessen erhält sie kurz darauf ein Telegramm von ihrem Bruder: »Bete für Mutter, die am 12. Juli *[1972 im Alter von 83 Jahren]* gestorben ist.« Später sagt sie zu Lazar: *»Bis jetzt habe ich durch Liebe und Gebet fast alles erreichen können… aber es gibt Mauern und Hindernisse, die nicht einmal die Liebe überwinden kann.«*[129]

Am 25. September 1928 fährt Agnes mit ihrer Mutter und ihrer Schwester nach Zagreb, und dann alleine weiter nach Rathfarnharm, dem Kloster der Loreto-Schwestern in Dublin. Gonxha Agnes Bojaxhiu nimmt einen neuen Namen an und wird Schwester Maria Teresa vom Kinde Jesu: in Erinnerung und

Verehrung an die beiden Heiligen Teresa von Àvila und Thérèse von Lisieux. Die Atmosphäre im Loreto-Kloster ist geprägt von den berühmten »geistlichen Übungen«, die der heilige Ignatius von Loyola im 17. Jahrhundert zum Fundament der von ihm gegründeten Gesellschaft Jesu gemacht hat. In einem kleinen Buch von etwa hundert Seiten werden die Regeln über die Unterscheidung der Geister, über die Verteilung der Almosen und über die Zweifel dargelegt. Daß Ignatius von Loyola so sparsam mit Worten umgeht, wird der Tatsache zugeschrieben, daß er Soldat war. Entsprechend ist auch die ignatianische Spiritualität eine kämpferische und hat nur ein Ziel: die Ehre Gottes − *ad majorem Dei gloriam.* »Der Mensch ist geschaffen, um Gott zu loben, zu verehren, zu dienen und dadurch seine Seele zu retten.« Dieses Credo hat Maria Ward, die Gründerin der Loreto-Kongregation beeinflußt und mehr als vierhundert Jahre später auch Schwester Teresa. Maria Ward war eine unkonventionelle, temperamentvolle Frau mit radikalen Ansichten, bereit, dafür zu kämpfen. Sie erkannte die Bedeutung einer Mitarbeit der Frauen in der Kirche und sah deshalb ihre Aufgabe in der Mädchenerziehung. Maria Wards Leben dient Schwester Teresa als Beispiel, wie eine Ordensfrau unbeirrbar ihren Weg geht und trotz Hindernissen ihr Ziel nicht aus den Augen verliert.

Orte der Hoffnung

Von Irland führt Schwester Teresas Weg sie in eine ganz andere Landschaft, eine andere Kultur. Sie kommt nach Darjeeling, in die »Stadt des Blitzes« zu Füßen des Kanchenjunga, eines der Himalayariesen. Diese Landschaft weist eine gewisse Ähnlichkeit mit ihrer Heimat Skopje auf, und sie findet sich rasch zurecht. Darjeeling erstreckt sich zwischen 1797 bis 2365 Meter Höhe. In der Unterstadt befindet sich der multikulturelle Bazar. Zehn Kilometer entfernt liegt das Noviziat der Loreto-Schwestern, in das Schwester Teresa am 29. Mai 1929 eintritt. Nach zwei Jahren Noviziat legt sie am 24. Mai 1931 ihr erstes Gelübde ab. Ihr Schwesternname wird in einer liturgischen Feier bestätigt.

Einige Zeit später wird sie in das Kolleg junger Bengalenmädchen nach Entally bei Kalkutta versetzt. Agnes wollte immer Lehrerin werden, jetzt ist sie es. Zusätzlich unterrichtet sie an der St. Mary's School und in der St. Teresa School in Kalkutta Geschichte und Geographie, zwei Schulen, die außerhalb der geschützten Klostermauern liegen. Auf dem täglichen Fußweg dorthin entdeckt Schwester Teresa die Millionenstadt, in der sich Reichtum und Armut wie Fremde gegenüberstehen. Eine Metropole, in der mindestens eine Million Menschen nachts auf Gehsteigen, Parkstreifen, unter den Arkaden und Säulengängen schlafen. Tausende werden im Freien geboren, leben und sterben dort. Neugeborene werden auf Müllhaufen ausgesetzt, aussätzige Bettler ohne Hände, Füße oder Gesicht wimmern. Kinder betteln apathisch zwischen Autobussen, von Ochsen gezogenen Karren und Rikschas. Müll türmt sich überall, die Abwasserkanäle sind offen, sanitäre Anlagen fehlen. Ausländer und Einheimische versuchen, sich gegen das allgegenwärtige Elend mit Gleichgültigkeit zu schützen.

Keine Reform, keine Modernisierung hat bisher mit dem Bevölkerungszuwachs Schritt halten können. Die Stadt, die den Namen der indischen Göttin Kali trägt, gehört zu den dichtesten Ballungsgebieten der Erde. Und doch ist Kalkutta bis heute die kulturelle und intellektuelle Hauptstadt Indiens geblieben, mit den meisten Theatern, Zeitschriften und Verlagen und dem Sitz der Nationalbibliothek. Achtzig Prozent der Bevölkerung sind Hindus, zehn Prozent Muslime, drei Prozent Christen, zwei Prozent Sikhs und ein Prozent Buddhisten.

In diese Welt kommt Schwester Teresa, um als Missionarin das Evangelium zu verkünden.

Schwester Teresa krempelt die Ärmel hoch. Es ist ihr erster Morgen in der St. Teresa School. Sie räumt das Klassenzimmer auf, holt Wasser und beginnt, den Boden zu wischen. Man schreibt das Jahr 1935. Eine kleine Gruppe von Kindern verfolgt das Tun dieser seltsamen Lehrerin. Ist sie, die da unbeirrbar auf dem Boden herumrutscht und nur gelegentlich mit einem fröhlichen Augenzwinkern hochschaut, eine Göttin oder ein böser Geist? Etwas anderes kann sie nicht sein, denn Putzen ist eine Arbeit, die nur von der niedrigsten Kaste verrichtet wird. Ist sie eine Göttin, werden sie sie tief verehren. Ist sie ein Dämon, müssen sie sich fürchten und Abstand halten.

Langsam löst sich ein kleines Mädchen aus der Gruppe, geht zu dieser fremden Erwachsenen und sieht sie lange an. Dann kniet es nieder und nimmt einen Lappen. Daraufhin entschließt sich ein Junge, frisches Wasser zu holen. Nach zwei Stunden ist aus dem dreckigen Raum ein annähernd sauberes Klassenzimmer geworden. *»Seit diesem Tag nannten sie mich ›Ma‹, was Mutter bedeutet. Wie wenig braucht es, um kindliche Seelen glücklich zu machen. Die Mütter fingen an, ihre Kinder zu mir zu bringen, damit ich sie segne. Anfangs war ich erstaunt über diese Bitte, aber in den Missionen muß man auf alles gefaßt sein.«* [130]

In den zwanzig Jahren, in denen Mutter Teresa Kalkutta in alle Richtungen durchquert, kommt sie mit dem Elend der Stadt immer näher in Berührung. Während sie die reichen Schülerinnen von St. Mary unterrichtet, beschäftigen sich ihre Gedanken mehr und mehr mit den Armen und Aussätzigen, die vor den Klostermauern schlafen.

Dann wird Mutter Teresa die Verantwortung für die »Töchter der heiligen Anna«, eine diözesane Gemeinschaft indischer Schwestern, übertragen. Die Mädchen arbeiten im örtlichen Krankenhaus und besuchen regelmäßig die Armen in den Slums von Moti Jheel, einem Elendsviertel, das auch Mutter Teresa kennt. Warum tun andere genau die Arbeit, die sie selbst am liebsten tun würde? Wie kommt es, daß sie in den großartigen Gebäuden des Loreto-Klosters unterrichtet, von den Ärmsten der Armen durch peinlich gepflegte Rasenflächen getrennt? Während sie sich mit diesen Gedanken beschäftigt, beobachtet sie das Scheitern eines Experiments: Eine Oberin in Kalkutta hatte zwanzig Mädchen aus den Slums in ihr Kloster geholt, um sie zu erziehen. Doch das Leben in der Gemeinschaft ist zu verschieden von dem, was diese Mädchen kennen. Schon nach einem Jahr sind nur noch zwei da. Mutter Teresa zieht den Schluß, daß sie, um den Armen wirklich zu helfen, dorthin gehen muß, wo die Armen sind.

10. September 1946: Mutter Teresa ist auf dem Weg in die Berge, nach Darjeeling, zu Exerzitien – zu Tagen der inneren Einkehr – und um sich von einer vermuteten Tuberkulose zu erholen. Während der ratternden Eisenbahnfahrt spricht die Stimme Gottes zu ihr. *»Ich war sicher, daß es Gottes Stimme war, ich war sicher, daß er mich rief. Der Auftrag war ganz deutlich: Ich sollte das Kloster verlassen, um den Armen zu helfen, um bei ihnen zu leben und zu wohnen. Das war gleichsam ein Befehl, etwas Definitives. Ich wußte nun, wo ich hingehörte; bloß, wie ich dorthin kommen sollte, wußte ich nicht. – Es war etwas zwischen Gott und mir. Gott ruft jeden von uns anders. Es ist nicht unser Verdienst, daß er es tut. Es kommt aber darauf an, daß wir auf den Ruf antworten. In diesen dramatischen und schwierigen Tagen war ich sicher, daß Gott handelte und nicht ich. Und da es wirklich Gottes Werk war, wußte ich, daß die Welt davon profitieren würde.«*[131] Bis heute feiern die »Missionarinnen der Nächstenliebe« den 10. September, den Tag der göttlichen Berufung, als Gründungstag ihres Ordens.

Um der Welt etwas zu zeigen

Heute, am 10. Dezember 1979, geschieht im illustren Saal in Oslo etwas noch nie Dagewesenes: Eine Frau in Sari und Strickjacke, barfuß in ausgetretenen Sandalen, betritt den Raum, in dem es vor Spannung knistert. Nur für den Besuch bei König Olaf läßt sie sich dazu überreden, Socken anzuziehen. Am Ende ihrer Nobelpreisrede, die sie zwar aufgeschrieben und dennoch frei vorgetragen hat, löst sich die Spannung in der Aula der Universität von Oslo in einem herzlichen Applaus.

Und wieder beginnt ein Knistern, diesmal ganz real, in den Händen der Zuhörerinnen und Zuhörer. Vor der Feier sind ihnen kleine Zettel in die Hand gedrückt worden. Darauf steht das Gebet der Missionarinnen der Nächstenliebe, vertraute Worte, die die meisten aus ihrer Kindheit kennen: »Herr, mach aus mir ein Werkzeug Deines Friedens...« Die Einladung von Mutter Teresa, dieses Gebet gemeinsam zu sprechen, ist ungewöhnlich. Aber im Kontakt mit ihr wird das Ungewöhnliche selbstverständlich. Das gemeinsame Gebet vermittelt den Menschen in Oslo für einige Momente den ursprünglichen Sinn des Wortes *universitas:* Einheit. Von König Olaf beglückwünscht und von Prinzessin Sonja umarmt, sagt Mutter Teresa schlicht: *»Ich nehme den Preis an, im Namen der Armen, da ich glaube, daß das Komitee mit der Verleihung an mich nur die Existenz der Armen in der Welt anerkannt hat.«* [132]

Am darauffolgenden Tag, dem 11. Dezember, hält Mutter Teresa ihre Rede nochmals vor dem norwegischen Volk. Der Eintritt ist frei, der Saal zum Bersten voll. Nach einem Applaus, der den vom Vortag noch zu übertreffen scheint, stimmen einige Jugendliche das Halleluja an, das von allen aufgenommen wird.

Das Zögern des Komitees hielt bis zuletzt an, doch dann wagten die Mitglieder den Schritt. Sie bestätigten vor der Welt, daß »die Liebe die höchste aller Wahrheiten und daß der Dienst am Nächsten die größte aller Freuden ist«. Weltweit löst Mutter Teresas Auszeichnung, deren Erlös direkt in die Arbeit der Missionarinnen der Nächstenliebe fließt, Jubel aus. *»Vor fünfzig Jahren kam Mutter Teresa nach Indien... Viele große Menschen sind über unsere Erde gegangen. Aber wenige gute Menschen — und Sie —*

Mutter Teresa zählen zu den Guten«, würdigt sie der indische Außenminister Shyam Nandam Mishra.[133] Die »Washington Post« faßt die allgemeine Stimmung zusammen: *»Die Mehrzahl der Friedensnobelpreisträger waren im Laufe der Jahre Persönlichkeiten in der Politik und der internationalen Diplomatie. Allein Mutter Teresa, die einfache Schwester, hat in den letzten einunddreißig Jahren unter den Armen und Sterbenden von Kalkutta gearbeitet. Was bei dieser Wahl zählt, ist ihr Beispiel der persönlichen Hingabe an die Menschen. Dieser Preis ist unter anderem dazu geeignet, uns an eine Form des Elends zu erinnern, von der die meisten Europäer und Amerikaner vielleicht niemals erfahren. Von Zeit zu Zeit bedient sich das Nobelkomitee des Preises, um der Welt zu zeigen, daß es mehr als eine Art von Frieden gibt, und daß die Politik nicht das einzige Mittel ist, ihn zu erstreben.«*[134]

Mit dieser und vielen anderen Stellungnahmen erhalten Liebe und Mitgefühl erstmals politische Akzeptanz. *»Liebe lebt, wo Menschen sind. Warte nicht auf jemanden, der dir Anweisungen erteilen soll, oder auf einen Vorgesetzten. Tu das Gute allein, von Mensch zu Mensch.«*[135]

Ein weiter Weg

Den Ruf Gottes hat sie vernommen, doch der Weg, ihn in die Tat umzusetzen, ist voller Hindernisse. Die Disziplin im Loreto-Kloster in Dublin stärkt ihren Willen. Die zwanzigjährige Lehrtätigkeit läßt sie nicht nur Hindi lernen, sondern sie entwickelt Führungsqualitäten und lernt, sich durchzusetzen. Sie ist ohne Furcht, bereit, den Ruf anzunehmen und ihre Fähigkeiten, ihre absichtslose Liebe und Hingabe und ihre starke Willenskraft für die Ehre Gottes einzusetzen: *ad majorem Dei gloriam.*

Zurück im Kloster, »allein mit Gott«, denkt Mutter Teresa nach. Die neue Aufgabe wird sie alleine nicht meistern können, deshalb will sie eine neue religiöse Gemeinschaft gründen. Nach

Tagen der Stille und der Meditation vertraut sie sich einigen Mitschwestern an, die erstaunt und ablehnend reagieren.

Doch ihr innerer Ruf wird lauter, und Mutter Teresa geht zum katholischen Erzbischof von Kalkutta, Ferdinand Perier. Ihm erzählt sie, was ihr widerfahren ist, und daß sie eine neue Mission gründen will. Der höchste Repräsentant der katholischen Kirche vor Ort nimmt dies mit größter Zurückhaltung auf. Denn das, was Mutter Teresa vorhat, ist nicht nur eine Formalität: Die kirchlichen Bestimmungen sind äußerst streng, und es ist unüblich, einer Nonne zu gestatten, ihr Kloster zu verlassen. Auch ist Rom neuen Ordensgründungen gegenüber skeptisch, diese entziehen den schon bestehenden Gemeinschaften Nachwuchs und bringen zusätzlichen Aufwand an Organisation und Verwaltung mit sich. Zudem gibt es bereits zu viele Frauenorden, die nach einer kurzzeitigen Blüte aus Mangel an Schwestern schließen müssen. Ferdinand Perier fragt sich auch, ob Mutter Teresas körperliche und geistige Kräfte ausreichen, um eine solch große Aufgabe zu übernehmen. Außerdem: Wie würde wohl am Vorabend der Unabhängigkeit Indiens eine Europäerin aufgenommen werden, die in indischer Kleidung an der Spitze einer Gruppe bengalischer Mädchen in den Elendsvierteln arbeitet? Der Würdenträger lehnt Mutter Teresas Gesuch vorerst ab. Sie kommentiert die Haltung des Erzbischofs ganz realistisch: *»Er hätte nicht anders reagieren können. Ein Bischof kann nicht jeder beliebigen Nonne Glauben schenken, die sich mit einem eigenwilligen Projekt unter dem Vorwand präsentiert, es sei der Wille Gottes.«*[136] Aber entmutigen läßt sie sich keineswegs.

Kurz darauf wird Mutter Teresa nach Asansol, eine Stadt in einer Bergwerksregion zweihundert Kilometer nordwestlich von Kalkutta, versetzt. Es kommt zu heftigen Spannungen an ihrer bisherigen Schule und Mutter Teresa wird zurückberufen. Souverän nimmt sie die Angelegenheit in die Hand: Sie ordnet eine Versammlung an und fordert alle Beteiligten auf, die verschiedenen Standpunkte vorzutragen und sich gegenseitig anzuhören. Der Konflikt wird schnell gelöst. Mutter Teresas Auftreten, ihre Klarheit und ihr Organisationstalent beeindrucken die kirchlichen Gesandten.

Inzwischen schreibt man das Jahr 1947: Britisch-Indien wird unabhängig und aufgeteilt in das überwiegend hinduistische Indien und das moslemische Pakistan. Die religiösen Gruppen kämpfen fanatisch gegeneinander, was zu Tumulten mit Hunderttausenden von Toten führt. Millionen Moslems und Hindus, die sich plötzlich in feindlichen Gebieten befinden, flüchten. Der berühmte Hungerstreik Ghandis in Kalkutta stärkt wohl die moralische Kraft seines Volkes, reicht aber nicht aus, seine Landsleute zur Vernunft zu bringen. Über zehn Millionen Menschen werden obdach- und heimatlos und strömen nach Kalkutta, der Hauptstadt des neuen indischen Teilstaates Westbengalen. Die ohnehin schon katastrophale Lage in der überfüllten Riesenstadt wird unerträglich. Mutter Teresa erkennt, daß die Verwirklichung ihrer Berufung notwendiger ist denn je.

Sie arbeitet und wohnt nach wie vor in der Klosterschule, wiederholt jedoch unablässig ihre Bitte vor Erzbischof Perier. Der über Achtzigjährige zögert immer noch. Er spürt die Feindseligkeit der Hindus und der Moslems gegenüber der christlichen Mission. Würden sie eine weiße Christin akzeptieren, die, die Schranken von Herrschaft, Klasse und Rasse ignorierend, ihre Finger auf die bittersten Wunden des Elends legt? Der alte Mann bietet Mutter Teresa einen für ihn akzeptablen Weg an: Sie solle sich dem Orden »Töchter der heiligen Anna« anschließen, dem sie bereits einmal vorgestanden hatte. Schließlich täten die Schwestern seit Jahren, was ihr so am Herzen liege: Sie gingen tagtäglich in die schrecklichsten Elendsviertel. Aber die »Töchter der heiligen Anna« leben im Kloster von Entally und kehren jeden Abend in ihre freundliche Umgebung zurück. Das reicht Mutter Teresa nicht, sie will nicht nur dorthin gehen, wo die Armen sind, sie will auch ihr Leben mit ihnen teilen. Folglich lehnt sie das Angebot des Bischofs entschieden ab.

Schließlich geht der Erzbischof auf das Wagnis ein und gibt seine Zustimmung. Die nächste Hürde, die Erlaubnis des Generalsuperiors des Loreto-Ordens in Rathfarnham, nimmt Mutter Teresa leichter: *»Wenn es Gottes Wille ist, dann gebe ich Ihnen die Erlaubnis von ganzem Herzen. Sie können auf die Freundschaft und die Hochachtung von allen hier zählen. Und falls Sie aus irgendeinem Grund hierher zurückkehren wollen, werden wir Sie mit Freuden wieder als unsere Schwester aufnehmen.«* [137] Eine freundliche Antwort, allerdings verknüpft mit einer Bedingung: Mutter Teresa müsse noch Rom um Erlaubnis angehen.

Damit der Antrag für eine neue Ordensgründung in Betracht gezogen werden kann, muß Mutter Teresa mindestens zehn Schwestern vorweisen, die bereits in anderen Orden ihr Gelübde abgelegt haben und sich ihr anschließen wollen. Die Erlaubnis auf Exklaustrierung wird zwei Jahre nach ihrem inneren Ruf am 12. April 1948 von Papst Pius XII. erteilt. Sie gilt zunächst für ein Jahr, in dem Mutter Teresa an ihr Gelübde gebunden bleibt.

Am 16. August 1948 verläßt Mutter Teresa das Kloster in Entally. *»Loreto zu verlassen war für mich das größte Opfer, das Schwierigste, das ich je getan habe. Viel schwieriger, als meine Familie zu verlassen, um in den Orden einzutreten. Loreto bedeutete für mich alles.«* [138] Die Achtunddreißigjährige steht buchstäblich auf der Straße, allein mit Gott und sich selbst. Gehorsam und eiserne Disziplin hat sie gelernt. Beten, leben und dienen, das ist ihr Leben. Jetzt gilt es, die Spielregeln der Welt kennenzulernen und sich die Grundkenntnisse anzueignen, die sie für die Realisierung ihrer Aufgabe brauchen wird.

Im Krankenhaus der *Medical Mission Sisters,* die eine ambulante Krankenstation unterhalten, lernt sie aufmerksam als erstes Krankenpflege. Zurück in Kalkutta mietet Mutter Teresa eine kleine Hütte in Moti Jheel, dem Armenviertel, das sie fast zwanzig Jahre von ihrem Fenster aus gesehen hat. Sechs Rupien hat sie vom Erzbischof bekommen, vier davon einem Bettler geschenkt, mit dem Rest bezahlt sie die Miete. Und jetzt? Einfach anfangen mit dem, was sie am besten kann: unterrichten.

Auf dem Platz, ganz in der Nähe der Hütte drängelt sich neugierig eine Schar schmutziger Kinder zwischen drei und zwölf Jahren, barfuß und halb nackt. Die seltsame Europäerin zieht auf dem festgetretenen Boden Striche. Von da an kommen jeden Tag mehr Kinder, um bei Mutter Teresa das Alphabet und die Grundbegriffe der Hygiene zu lernen. Lesebücher, Hefte, Tische oder Stühle gibt es nicht. Gleichzeitig beginnt Mutter Teresa, sich um die kranken Menschen, um die Notleidenden und die Sterbenden zu kümmern.

Später sagt sie über diese Zeit, daß es Glück und Freude, aber auch Müdigkeit gegeben habe. Es ist eine Zeit des Reifens, ein Leben der Entsagung und harter Arbeit. Sie muß sich ganz auf Gott verlassen, denn eigentlich ist das, was sie tut, unmöglich. Doch ihre täglichen Erfahrungen geben ihr Gewißheit: Gott hilft und führt sie sicher.

Es gibt kein Ausruhen, keinen Unterschied zwischen Tag und Nacht. Mutter Teresa ist ständig im Einsatz. Im Mai 1949 schreibt Mutter Teresa an einen Freund in Europa: *»Es wird Dich freuen zu hören, daß ich jetzt drei Mitarbeiterinnen habe. Alle drei sind voller Eifer und leisten ein immenses Arbeitspensum. Wir arbeiten in fünf verschiedenen Slumvierteln. Welche Not und welche Sehnsucht nach Gott! Du solltest ihre erwartungsvollen Gesichter sehen, das Leuchten darin, wenn sie die Schwestern kommen sehen. Die Menschen sind zwar schmutzig, arm und nackt, aber ihre Herzen sind voller Sehnsucht... Bitte die Gottesmutter, daß sie uns noch mehr Schwestern schickt. Allein in Kalkutta hätten wir vollauf zu tun, selbst wenn wir zwanzig wären.«* [139]

Im Laufe der Zeit schließen sich ihr einige Mädchen an, die sie in Entally unterrichtet hat. Anfang 1950 sind es bereits sieben. Und es werden ständig mehr. Als deren Zahl immer größer wird, muß sie sich auf die Suche nach einer größeren Bleibe machen: »*Heute habe ich eine Lektion erhalten. Die Armut der Armen muß hart für sie sein. Auf der Suche nach einer Unterkunft lief und lief ich, bis mir alle Glieder weh taten. Ich dachte an die, deren Körper und Seele diese Schmerzen ständig ertragen müssen auf ihrer Suche nach einer Bleibe, nach Nahrung oder nach Heilung von ihren Gebrechen. Da präsentierte sich meinem Geist die Bequemlichkeit Loretos wie eine Versuchung, aber, Gott, aus freier Wahl und aus Liebe zu Dir will ich bleiben und tun, was Deinem Willen gefällt. Gib mir Mut, jetzt in diesem Augenblick.*«[140]*

Und Hilfe kommt: Michael Gomes hat durch seinen Freund Pater van Exem von Mutter Teresas Wirken gehört. Er lebt allein mit seiner achtjährigen Tochter in einem dreistöckigen Kolonialbau und will es Mutter Teresa überlassen. Mutter Teresa nimmt das Angebot dankbar an.

Am 7. Oktober 1950 verliest der vor Jahren so zögernde Erzbischof Perier während einer Messe die päpstliche Bulle von Papst Pius XII, mit der die Ordensgründung erlaubt wird.

Die ersten Sätze der Regel, der Konstitution der Gesellschaft der »Missionarinnen der Nächstenliebe« lauten: »*Es ist unser Ziel, dem unstillbaren Verlangen unseres Herrn Jesus Christus nach Liebe zu genügen durch getreue Befolgung der evangelischen Räte und durch freien und ungeteilten Dienst an den Ärmsten der Armen gemäß den Worten und dem Leben unseres Herrn, der einzigartigen Offenbarung des Reiches Gottes durch das Evangelium. Unsere besondere Mission besteht im Wirken für die Erlösung und Heilung der Ärmsten der Armen. Wie Jesus von seinem Vater gesandt wurde, so sendet er auch uns und erfüllt uns mit seinem Geist, damit wir seine gute Botschaft der Liebe und des Mitleidens unter den Allerärmsten auf der ganzen Welt verkünden. Unsere ganze Mühe soll darauf gerichtet sein, Menschen aus allen Völkern Kunde von Jesus Christus zu geben. Ganz besonders wollen wir ihn bei denen verkünden, die direkt unserer Sorge anvertraut sind. Wir heißen ›Missionarinnen der Nächstenliebe‹. Gott ist die Liebe, also muß eine Missionarin der Nächstenliebe Botin sein, ihr Herz muß erfüllt sein von der Nächstenliebe. Mit ihr, durch sie kann sie Seele und Herz der Mitmenschen erreichen, der Christen und Nichtchristen.«*[141]

In der Lower Circular Road in Kalkutta, im Hauptquartier der Kongregation der »Missionarinnen der Nächstenliebe«, drängen sich junge Mädchen, die aus aller Welt kommen, um in den Orden einzutreten. Manchmal leben sie zu dritt oder zu viert in engen Zimmern. Sie sind sogenannte *Come and Sees,* auf eigenen Wunsch gekommen und dürfen sechs Monate bleiben. Damit gelten schon gewisse Regeln für sie. Sie müssen sehen, ob diese Arbeit und dieses Leben das ist, was sie sich vorgestellt haben. Gleichzeitig müssen sie Englisch lernen. In diesem halben Jahr werden sie auch sehr diszipliniert in das geistige Leben der Gemeinschaft eingeführt. Entscheiden sich die Anwärterinnen, beim Orden zu bleiben, treten sie als Novizinnen in die Gemeinschaft ein.

Das Noviziat dauert zwei Jahre. Sie erhalten eine vertiefte geistliche Ausbildung in Theologie, Kirchengeschichte und der Heiligen Schrift. Vor allem aber in die Verfassung der Kongregation, denn sie müssen wissen, was das Gelübde konkret bedeutet: Ehelosigkeit, Armut, Gehorsam. Besonders das Gelübde der Armut ist in Mutter Teresas Orden sehr streng: *»Um die Armen zu lieben und die Armen zu kennen, müssen wir selbst arm sein. Dieses Gelübde bedeutet, daß wir nicht für die Reichen arbeiten dürfen. Unser Dienst muß frei sein – und für die Armen.«*[142] Das absolute Vertrauen in Gottes Fürsorge gibt dem Leben von Mutter Teresa eine grenzenlose Dynamik. Oft unberechenbar, ungeplant, chaotisch scheint sie ihre Projekte umzusetzen und behält ihre Form der Übersicht, die sich jeder Logik entzieht.

Stein für Stein ein Haus

Die Frau ist krank. Sie merkt nicht einmal mehr, daß die Ratten und Ameisen bereits begonnen haben, an ihren Füßen zu nagen.

Das Krankenhaus, vor dem sie sich niedergelegt hat, nimmt sie nicht auf, auch nicht, als Mutter Teresa das hilflose Bündel hineinträgt, sich für sie einsetzt und erklärt, sie verlasse das Krankenhaus nicht eher, als bis man sich dieser Frau erbarmt habe. Erst dann lenken die Verwalter ein, und die alte Frau erhält ein Bett.

Solche grauenhaften und schmerzlichen Erlebnisse häufen sich. Für Mutter Teresa der Anstoß, ein Haus einzurichten, in dem Menschen würdevoll sterben können. *Nirmal Hriday* (Reines Herz) öffnet am 15. August 1952, am indischen Unabhängigkeitstag, die Türen. Es ist das erste Sterbehaus der Welt und wird Mutter Teresas Namen international bekannt machen. *»Zunächst wurden wir überhaupt nicht akzeptiert. Wir hatten große Schwierigkeiten. Eine Zeitlang zogen junge Leute drohend und randalierend herum, und unsere Armen bekamen immer mehr Angst. Eines Tages dachte ich: ›Wenn ihr mich töten wollt, dann tut es, ich werde unmittelbar in den Himmel gehen. Aber mit diesem Unsinn müßt ihr aufhören.‹ Die direkten Drohungen ließen nach.«* [143]

Doch immer wieder beschweren sich Leute bei der Stadt. Zwar schützt der Polizeikommissar Mutter Teresas Werk, doch erst die folgende Begebenheit bringt die Wende: Nicht weit vom Sterbehaus schart sich eine gaffende Menge um einen etwa fünfundzwanzigjährigen Kali-Priester, der sich vor Schmerzen krümmt und schreit. Als Mutter Teresa dazukommt, erkennt sie, daß er Cholera hat. Die kleine Nonne trägt ihn vom Kali-Tempel nach Nirmal Hriday. Er ist wütend, verzweifelt, lästert Gott, bis er die liebevolle Berührung erfährt: *»Mein Leben lang habe ich dem Standbild der Göttin Kali gedient. Doch heute habe ich die lebendige Gottheit gesehen.«* [144] Nach diesem Vorfall hören die Proteste auf, Mutter Teresa gewinnt immer mehr Freunde und Gönner. Schließlich bewilligt die Stadtverwaltung *Nirmal Hriday* eine jährliche Zuwendung von hundertfünfzigtausend Rupien. Die Bevölkerungsexplosion in Indien führt zu unbeschreiblichem Hunger und Elend. Mutter Teresa sieht verlassene, verhungernde Kinder, völlig verwahrlost, die versuchen, im grausamen Hexenkessel der Stadt zu überleben. 1955 gründete sie *Nimala Shishu Bhavan*, das Kinderhaus. Es ist das erste von heute über hundert Kinderheimen, die von den Schwestern betreut werden.

Zu Beginn der siebziger Jahre beginnt sie, sich mit Aufklärungs- und Denkmodellen zu beschäftigen, die sie in die Elendsviertel hineinbringen will. Damit wagen sie und die anderen Nonnen sich auf das schwierige Terrain der Sexualität und Aufklärung vor, ein Bereich, der in der katholischen Vorstellung an den Begriff der Sünde gebunden ist. Doch Mutter Teresa ist entschlossen, moralische Wertungen in den Hintergrund zu stellen. Sie ist keine Theoretikerin, sondern eine weise Frau der Tat, die bedingungslos im Hier und Jetzt hilft. *»Es ist mir gleich, was die Leute über die Sterblichkeit sagen. Und wenn sie auch eine Stunde später sterben, sie sollen kommen, die Säuglinge dürfen nicht ohne Fürsorge und Liebe sterben... Es ist besser, sie sterben zu ihrer Zeit eines natürlichen Todes, als daß sie getötet werden.«*[145] — *»Es liegt nicht an uns zu entscheiden, ob es besser ist, ob jemand geboren wird oder nicht. Nur Gott kann über Leben und Tod entscheiden... man tötet nicht nur Leben, sondern stellt sein eigenes Ich über Gott, Menschen entscheiden, wer leben und wer sterben soll. Sie wollen die Macht Gottes in die eigenen Hände nehmen... Das ist das Teuflischste, was eine menschliche Hand tun kann. Darum zahlen wir mit den schrecklichen Dingen, die in der Welt geschehen. Es ist eine Strafe...«*[146] Mit dieser Haltung tritt Mutter Teresa für das Leben ein – ein Appell an unser Bewußtsein, die Existenz einer größeren göttlichen Ordnung anzuerkennen. Und die Aufforderung an jeden Menschen, seinem Gewissen gemäß zu handeln.

1963 kann Mutter Teresa weitere Pläne umsetzen und eine neue Kongregation, die »Missionsbrüder der Nächstenliebe«, gründen. Sie will nicht nur Männern auch die Möglichkeit bieten, die gleiche Berufung zu leben wie die Schwestern, sie handelt auch aus praktischen Überlegungen heraus, denn es gibt Arbeiten, die Männer besser tun können als Frauen. Heute arbeiten über achthundert Brüder wie die Schwestern, tragen einfache Kleidung, dienen den Armen und Kranken und leiten Häuser in verschiedenen Ländern.

Ein Imperium der Nächstenliebe

»In den zwanzig Jahren meiner Arbeit unter den Menschen ist es mir immer klarer geworden, daß die schwerste Krankheit, die ein menschliches Wesen überhaupt durchmachen kann, die ist, unerwünscht zu sein… Gegen alle möglichen Krankheiten gibt es Medikamente und Heilmittel. Aber gegen das Unerwünschtsein gibt es keines, außer willigen Händen, die dienen, und einem liebevollen Herzen, das liebt. Und ich glaube nicht, daß diese furchtbare Krankheit jemals geheilt werden kann.« [147] 1958 geht Mutter Teresa mit ihren Schwestern in die Gegenden, in die sich die Aussätzigen zurückgezogen haben, und eröffnet ambulante Stationen. Nicht ohne Schwierigkeiten von Seiten der Behörden, denn Leprakranke sind geächtet. Im Jahre 1958 gilt Lepra noch als unheilbar. Heute ist sie, rechtzeitig erkannt, leichter zu behandeln als Schnupfen. In Titagarh, einem Ort des Grauens dreihundert Kilometer nordwestlich von Kalkutta, entsteht die Stadt des Friedens: *Shanti Nagar*. *»Dies ist unbesiedeltes Land, das der Eisenbahn gehörte. Im Anfang haben wir es einfach besetzt und angefangen, uns der Bahnlinie entlang auszudehnen.«* [148] Schließlich stellt die Eisenbahn das Land auch offiziell zur Verfügung, und es können feste Häuser gebaut werden. *Shanti Nagar* zählt zu den Lieblingsprojekten von Mutter Teresa. Und die Stadt des Friedens wächst immer weiter: ein Ort der Hoffnung.

»Indien hat lange genug empfangen. Jetzt ist es an der Reihe, etwas zu geben.« [149] Damit beginnt Mutter Teresas Missionsweg in die reichen Länder. Dort herrscht eine andere Not, die Namen wie Aids, Alkohol und Drogen trägt. *»Deshalb können wir in Ländern wie England, Amerika und Australien gehen, wo es keinen Hunger*

nach Brot gibt. Aber dort leiden die Menschen unter schrecklicher Einsamkeit... fühlen sich unerwünscht, hilflos, hoffnungslos... Sie wissen nicht mehr, was menschliche Liebe ist. Sie brauchen jemanden, der sie versteht und achtet.«[150]

In Rom eröffnet Mutter Teresa ein Haus für Alkoholabhängige, alte und bedürftige Menschen und Obdachlose; 1969 in Boruke, Australien, ein Zentrum für Aborigines; 1970 in Melbourne ein Haus für Drogenabhängige und alte Menschen und wenig später eins in London.

1976, sechzehn Jahre nach ihrem ersten Aufenthalt in den USA, gibt sie dem amerikanischen Fernsehsender NBC ein Interview. Sie wird um ihren Eindruck über das amerikanische Volk gebeten: »Ich glaube, Sie sind ein sehr großes Volk, aber manchmal sind Sie ein irregeleitetes Volk. Und ich glaube, wenn Sie Ihre Liebe und Ihr gegenseitiges Verständnis vertiefen würden und wenn Sie offener für die Menschen draußen wären, mehr mit ihnen das teilten, was Sie erhalten haben, ich glaube, das würde Sie zu einem heiligen Volk machen. Denn Heiligkeit ist kein Luxus der wenigen, sie ist eine einfache Pflicht für jeden von uns.«[151]

Die lange Liste der Preise und Ehrungen, die Mutter Teresa erhält, beeindrucken sie wenig. Sei es der Papst-Johannes-XXIII-Friedenspreis (1971), der Internationale John-F.-Kennedy-Preis für den Fortschritt der Religionen (1973), der Internationale Albert-Schweitzer-Preis (1975) oder 1979 der Friedensnobelpreis – Mutter Teresa übergibt sie alle Gott.

Überall wo sie hinkommt, vor welchem Auditorium sie auch spricht, richtet sie die Aufmerksamkeit nicht nur auf Kalkutta und die anderen Länder, in denen ihre Missionare arbeiten, sondern auf ihre Zuhörer und deren eigenes Land. Sie spricht die Liebesbedürftigkeit des einzelnen und seine in und durch Gott grenzenlose Liebesfähigkeit an: »Lieben, bis es weh tut.« Mutter Teresa selbst geht diesen Weg, läßt sich auf keine Debatten ein, weder politische, noch soziale oder religiöse, tritt keine Beweise an, ob und wie ihre Methoden wirken und die

Armut in der Welt verringern. Sie setzt ihre Energie klug und verantwortungsvoll für den Aufbau ihrer Gemeinschaft und deren Schutz ein. Wichtig ist für sie, daß ihr Werk nicht ins Kreuzfeuer der großen, öffentlichen Konflikte gerät und von den Strategien der Großen dieser Welt erstickt wird. Kritik ihr gegenüber, besonders ihre unbeugsame Ablehnung der Abtreibung, begegnet sie stets mit dem Kommentar: »*Egal, was jemand sagt, man sollte es mit einem Lächeln akzeptieren und seine eigene Arbeit tun, seinen eigenen Weg gehen.*«[152]

Am 5. September 1989 erleidet die neunundsiebzigjährige Mutter Teresa in Kalkutta einen schweren Herzanfall und muß ins Krankenhaus gebracht werden. Ihr Zustand verschlechtert sich. In der Nacht zum 10. September wird ihr ein Herzschrittmacher eingesetzt. Millionen Menschen in Kalkutta und auf der ganzen Welt schicken Gebete in den Himmel: *God, save our Mother!* Die Gebete werden erhört: Nach sechs Wochen kann Mutter Teresa das Krankenhaus verlassen – noch immer ist ihr Platz bei den Ärmsten der Armen.

Am 13. März tritt Mutter Teresa als Leiterin ihres Ordens zurück. Sie stirbt am 5. September 1997 im Alter von siebenundachtzig Jahren und wird mit einem Staatsbegräbnis als *Saint of the Gutters* in Kalkutta beerdigt. Am 19. November 2003 spricht Papst Johannes Paul II. die Ordensfrau nur sechs Jahre nach ihrem Tod selig. Im Jahre 2003 umfaßt die Kongregation nach eigenen Angaben 710 Häuser in 133 Ländern, die von 4500 Schwestern und Hunderttausenden von Freiwilligen betrieben werden.

»*Fang einfach an. Fang zu Hause an, indem du deinem Mann oder deiner Frau etwas Gutes sagst. Fang an, indem du in deiner Gemeinde, an deinem Arbeitsplatz oder in der Schule jemandem hilfst, der in Not ist. Fang an, indem du aus allem, was du tust, etwas Schönes für Gott machst.*«[153]

Nobelpreisrede von Mutter Teresa
10. Dezember 1979

»Laßt uns alle zusammen Gott danken für diese wundervolle Gelegen-
heit, gemeinsam die Freude ausdrücken zu können, daß wir Frieden
verbreiten, die Freude, daß wir einander lieben, und daß wir IHN lieben,
daß die Ärmsten der Armen unsere Brüder und Schwestern sind.

Wir haben uns hier versammelt, um Gott für dieses Geschenk des
Friedens zu danken. Ich habe Ihnen allen das Friedensgebet gegeben,
das Franz von Assisi vor vielen Jahren betete, und ich überlege, ob er
nicht die gleiche Notwendigkeit, um den Frieden zu beten, fühlte, wie
wir sie jetzt empfinden.

Gott liebte die Welt so sehr, daß er seinen Sohn schenkte; er gab ihn
einer Jungfrau, der seligen Jungfrau Maria, und sie − in dem Augen-
blick, in dem er in ihr Leben kam − ging in Eile, um ihn anderen zu
bringen. Und was machte sie dort? Sie verrichtete die Arbeit der
Dienerin. Sie diente. Sie verbreitete die Freude, andere zu lieben. Und
Jesus Christus liebte dich und mich, er gab sein Leben für uns. Und
als ob das für ihn noch nicht genug war, sagte er immer wieder: ›Liebt,
wie ich euch geliebt habe, wie ich euch jetzt liebe.‹ Und wie müssen
wir lieben? Lieben, indem wir geben; denn Gott gab uns seinen Sohn.
Der gab sein Leben für uns, und er fährt fort zu geben; er gibt hier,
überall, in unserem eigenen Leben und im Leben anderer. Es war für
ihn nicht genug, für uns zu sterben, er wollte, daß wir einander lieben,
daß wir ihn im anderen sehen.

Und um sicher zu sein, daß wir verstehen, was wir brauchen, sagte er,
in der Stunde des Todes werden wir danach gerichtet werden, was wir
für die Armen, die Hungrigen, Nackten, Heimatlosen gewesen sind. Er
machte sich selbst zum Hungrigen, Nackten, Heimatlosen − hungrig
nicht nur nach Brot, sondern nach Liebe; nackt nicht nur ohne ein
Stück Stoff, sondern nackt ohne menschliche Würde; heimatlos nicht nur,
weil er kein Heim hat, sondern heimatlos, weil er vergessen ist; ungeliebt,
nicht umsorgt, für niemanden liebenswert. Und er sagte: ›Was ihr dem
Geringsten meiner Brüder getan habt, das habt ihr mir getan.‹

Heute, da ich diesen großen Preis erhalte – ich persönlich bin äußerst unwürdig –, bin ich glücklich wegen unserer Armen, glücklich, daß ich die Armen verstehen kann, genau gesagt die Armut unserer Leute. Ich bin dankbar und sehr glücklich, ihn im Namen der Hungrigen, der Nackten, der Heimatlosen, der Krüppel, der Blinden, der Leprakranken zu erhalten, im Namen all derer, die sich unerwünscht, ungeliebt, nicht umsorgt fühlen, die aus der Gesellschaft ausgestoßen sind, die eine Last sind für die Gesellschaft und von jedem ausgeschlossen sind. Ich nehme den Preis in ihrem Namen an und bin sicher, dieser Preis wird eine neue verstehende Liebe zwischen den Reichen und den Armen bringen. Hierauf bestand Jesus, darum kam er auf die Welt, diese frohe Botschaft den Armen zu bringen. Unsere Armen sind großartige Leute, sie sind liebenswerte Menschen. Sie brauchen nicht nur unser Mitleid und unsere Sympathie, sie brauchen unsere verstehende Liebe. Sie brauchen unseren Respekt, sie wollen, daß wir sie mit Liebe und Achtung behandeln. Und ich fühle, daß es die größte Armut ist, daß wir dies erfahren, daß wir es erst verstehen lernen müssen, wie der Tod unserer Leute ist.

Ich vergesse nie, wie ich einst einen Mann von der Straße auflas. Er war mit Maden bedeckt. Sein Gesicht war die einzige Stelle, die sauber war. Ich brachte den Mann ins Heim für Sterbende, und er sagte nur einen Satz: ›Ich habe wie ein Tier auf der Straße gelebt, aber nun werde ich wie ein Engel sterben, geliebt und umsorgt.‹ Und er starb wunderschön. Er ging heim zu Gott. Der Tod ist nichts anderes als ein Heimgang zu Gott. Ich spürte, er erfreute sich an dieser Liebe, daß er erwünscht war, geliebt, daß er für jemanden jemand war.

Ich habe eine Überzeugung, die ich Ihnen allen mitteilen möchte: Der größte Zerstörer des Friedens ist heute der Schrei des unschuldigen, ungeborenen Kindes. Wenn eine Mutter ihr eigenes Kind in ihrem eigenen Schoß ermorden kann, was für ein schlimmeres Vergehen gibt es dann noch, als wenn wir uns gegenseitig umbringen. Sogar in der Heiligen Schrift steht: ›Selbst wenn eine Mutter ihr Kind vergessen könnte, ich vergesse es nicht.‹ Selbst wenn die Mutter vergessen könnte… Aber heute werden Millionen ungeborener Kinder getötet –

und wir sagen nichts. In den Zeitungen lesen wir dieses und jenes, aber niemand spricht von den Millionen von Kleinen, die empfangen wurden mit der gleichen Liebe wie Sie und ich, mit dem Leben Gottes. Und wir sagen nichts, wir sind stumm.

Für mich sind die Nationen, die Abtreibungen legalisiert haben, die ärmsten Länder. Sie fürchten die Kleinen, sie fürchten das ungeborene Kind. Und das Kind muß sterben, weil sie dies eine Kind nicht haben wollen – nicht ein Kind mehr – und das Kind muß sterben. Ich bitte Sie hier im Namen der Kleinen: Rettet das ungeborene Kind, erkennt die Gegenwart Jesu in ihm!

Als Maria Elisabeth besuchte, strampelte das Kind vor Freude im Schoß der Mutter in dem Augenblick, als Maria ins Haus kam. Das Ungeborene brachte Freude. Daher versprechen wir hier, jedes ungeborene Kind zu retten. Gebt jedem Kind die Gelegenheit, zu lieben und geliebt zu werden. Wir bekämpfen Abtreibung mit Adoption. Mit Gottes Gnade werden wir es schaffen. Gott segnet unsere Arbeit. Wir haben Tausende von Kindern gerettet, sie haben ein Heim gefunden, in dem sie geliebt werden, wo sie erwünscht sind, wohin sie Freude gebracht haben.

Deshalb fordere ich Sie heute auf, Majestät, Exzellenzen, meine Damen und Herren, Sie alle, die aus vielen Ländern der Erde gekommen sind: Beten Sie, daß wir den Mut haben mögen, das ungeborene Leben zu schützen. Hier in Norwegen haben wir nun die Gelegenheit, dafür einzutreten. Gott segnete Sie mit Wohlstand, aber in vielen Familien hier haben wir vielleicht jemanden, der nicht hungrig ist nach einem Stück Brot, der sich jedoch vergessen und ungeliebt fühlt, der Liebe braucht. Liebe beginnt zu Hause, dort zuerst.

Ich vergesse nie ein kleines Kind, einen Hindujungen von vier Jahren. Er hatte irgendwie gehört: ›Mutter Teresa hat keinen Zucker für ihre Kinder.‹ Er ging nach Hause zu seinen Eltern und sagte: ›Ich will drei Tage lang keinen Zucker essen, ich schenke ihn Mutter Teresa!‹ Nach drei Tagen mußten ihn seine Eltern zu mir bringen, und er schenkte mir ein Gläschen Zucker. Wie sehr liebte das kleine Kind. Es liebte, bis es weh tat. – Und dies ist es, worum ich Sie bitte:

Liebet einander, bis es weh tut. Aber vergessen Sie nicht, daß es viele Kinder, viele Frauen, viele Männer auf dieser Welt gibt, die das nicht haben, was Sie haben, und denken Sie daran, daß Sie auch jene lieben, bis es weh tut.

Vor einiger Zeit las ich ein Kind von der Straße auf, in dessen Gesicht ich sehen konnte, daß es hungrig war. Ich weiß nicht, wie viele Tage es nicht zu essen hatte. Ich gab ihm ein Stück Brot, und das Kleine aß Krume nach Krume. Ich sagte dem Kind: ›Nun iß doch das Brot!‹ Da sah das Kind mich groß an und sagte: ›Ich habe Angst, das Brot zu essen; ich fürchte, wenn es zu Ende ist, werde ich wieder hungrig sein!‹

Die Größe der Armen ist eine Realität. Eines Tages kam ein Herr zu mir und sagte: ›Dort lebt eine Hindufamilie mit acht Kindern, die schon lange Zeit hungern.‹ Ich nahm Reis und brachte ihn dorthin. Ihre Augen glänzten vor Hunger. Während ich dort war, teilte die Mutter den Reis und ging mit einer Hälfte hinaus. Als sie zurückkam, fragte ich sie, was sie getan habe. Sie antwortete: ›Sie sind auch hungrig.‹ Sie wußte, daß ihre Nachbarn, eine Moslemfamilie, auch hungrig waren. Was mich am meisten erstaunte, war nicht, daß sie den Nachbarn etwas abgab, sondern daß sie in ihrem Leiden, in ihrem Hunger wußte, daß noch jemand hungrig war. Sie hatte den Mut zu teilen und die Liebe zu teilen.

Dies ist es, was ich von Ihnen wünsche: Lieben Sie die Armen, und wenden Sie ihnen nicht den Rücken zu. Denn wenn Sie den Armen den Rücken zuwenden, so wenden Sie ihn Christus zu. ER hat sich selbst zum Hungrigen gemacht, zum Nackten, zum Heimatlosen, so daß Sie und ich Gelegenheit haben, ihn zu lieben. Wo ist Gott? Wie können wir ihn lieben? Es genügt nicht zu sagen: ›Mein Gott, ich liebe dich!‹

Wir lieben Gott in dieser Welt, indem wir etwas aufgeben, etwas weggeben. Ich kann den Erwachsenen geben, ich kann den Kindern geben. Wenn wir den ganzen Tag gäben, das ganze Leben lang, so würden wir überrascht sein an jenem schönen Tage, an dem die Menschen teilen und sich darüber freuen. So bete ich für Sie, daß Sie das Gebet in Ihre

Familien bringen. Die Frucht des Gebetes wird sein, daß wir glauben, daß wir es für Christus tun. Wenn wir wirklich glauben, werden wir anfangen zu lieben, und wir werden dann natürlich einander lieben, zuerst in unserem eigenen Heim, dann unsere nächsten Nachbarn, dann die Menschen in dem Land, in dem wir leben. Lassen Sie uns alle in das Gebet einstimmen: ›Gott gibt uns den Mut, jedes ungeborene Kind zu schätzen.‹ Denn das Kind ist das größte Geschenk Gottes für die Familie, für ein Volk und die Welt. – Gott segne Sie.«

»Und Aufgeben ist des Menschen nicht würdig«

Alva Myrdal
Friedensnobelpreis 1982

Sprich, die du noch Lippen hast
Worte können Sonnen werden
Worte können Flüsse werden
Worte können Tore öffnen
Brücken bauen
Worte können Tyrannen stürzen
Wenn nur viele von uns − genug −
Sich mit Worten wappnen. [155]

Todesanzeige Alva Myrdals

Die Männer sind viel zu sehr mit ihren reformerischen Gedanken beschäftigt, um das zehnjährige Mädchen zu bemerken, das sich unter dem Tisch versteckt und gebannt ihren Worten lauscht. Kaum anzunehmen, daß es viel von den lebhaften Diskussionen über sozialdemokratische Grundwerte oder Wahlrecht versteht, während es unter dem Eßzimmertisch sitzt. Eines lernt es jedoch bereits zu diesem Zeitpunkt: Die Welt wird von Vätern geplant, nicht von Müttern. Und eine Welt, die nur von der Hälfte geplant und bestimmt wird, kann nicht der gesamten Menschheit zugute kommen. Noch wagt sie es nicht, in die Debatte einzugreifen. Doch bereits unter diesem Tisch reift ihr Entschluß, am Geschehen in der Welt aktiv mitzuwirken. Wo immer es sinnvoll und notwendig ist, wird sie die Stimme für ihre Überzeugung erheben, wird sie sich einmischen. Und sie wird nicht aufgeben.

Beinahe ein halbes Jahrhundert später sagt sie einmal in einer Rede auf einem Frauenkongreß: »*Ich weiß nur zwei Sachen ganz sicher: Das eine ist, wir gewinnen nichts, wenn wir die Schwierigkeiten nur umgehen und Wunschdenken üben. Das andere ist, es gibt immer etwas, was man selbst tun kann. In ganz anspruchsloser Form sogar dies: lernen, versuchen, mehr zu erfahren, verschiedene Vorschläge hören. Sonst bleibt ja nur das Aufgeben übrig. Und es ist des Menschen nicht würdig aufzugeben.*«[155]

Der technikbegeisterte Vater Albert Reimer gibt seiner 1902 im schwedischen Uppsala geborenen Tochter den Vornamen eines Mannes. Er nennt sie nach dem Mann, der 1876 ein Kohlemikrophon, 1877 den Phonographen und 1881 den ersten, von einer Dampfmaschine unmittelbar angetriebenen Generator zur Erzeugung elektrischen Stroms erfand. Der unermüdliche Tüftler und das kleine Mädchen gelangen beide zu internationaler Bekanntheit: Thomas Alva Edison als Erfinder von Fassungen für elektrische Glühbirnen, Alva Myrdal als erste Ministerin für Abrüstung der Welt, 1982 mit dem Friedensnobelpreis ausgezeichnet.

Sprich, die du noch Lippen hast

Viele verzweifelte Stunden benötigt die vierundachtzigjährige Alva Myrdal, um mit Hilfe ihrer Tochter Kaj und aus Zeitungen ausgeschnittenen Buchstaben elf Worte zu formulieren. Jetzt ist sie, der auf drei Kontinenten und oftmals als erster oder einzigen Frau in hohen politischen Funktionen die Worte so fließend, klar und unmißverständlich zur Verfügung standen, auf die Hilfe ihrer jüngsten Tochter angewiesen – ausgerechnet auf diejenige, die in der wortgewaltigen Familie bis zum Alter von vier Jahren nicht sprechen gelernt hat und die erst mit sechsundfünfzig Jahren darüber schreibt, was es für sie bedeutete, eine Myrdal zu sein.

Zu diesem Zeitpunkt dauert Alvas Kampf um Worte schon einige Monate. In ihrem letzten Interview, das sie, bereits von ihrer Krankheit gezeichnet, zur Eröffnung der Stockholmer Friedenskonferenz 1984 gab, behauptete sie noch: »*Ich kann noch formulieren und schreiben, es dauert jetzt nur viel länger.*«[156] Doch nun ist sie völlig verstummt. Mehrere Operationen haben das Wachstum des Hirntumors nicht stoppen können, unablässig tobt der Schmerz in ihrem Kopf. Der unaufhaltsame Verlust des Sprachvermögens und des Sprachverständnisses treffen sie an ihrer empfindlichsten Stelle: der Fähigkeit, sich zu für sie wichtigen Themen zu Wort zu melden.

»*Der 20. Januar 1984 war der Tag einer tiefen ewigen Vernichtung*«,[157] lauten die elf Worte, mit denen Alva Myrdal ihren behandelnden Ärzten klarzumachen versucht, wie sie die öffentliche Demontage durch ihren Sohn Jan empfindet. In einer Fernsehsendung war die Friedensarbeit, die ihr so sehr am Herzen lag, vernichtend kritisiert und von ihrem Sohn äußerst abfällig kommentiert worden. Danach schwand ihr Sprachvermögen endgültig. Jahrelang hat sie in zahllosen Briefen versucht, die Mauer des Schweigens, die ihr Sohn mehr als fünfzehn Jahre zuvor zwischen ihnen errichtet hatte, zu überwinden.

Jan, lange ersehnt und nach zwei Fehlgeburten 1927 zur Welt gekommen, straft seine Mutter mit Schweigen. Auf ihre Briefe antwortet er nicht, zu ihrer Beerdigung erscheint er nicht. Hingegen schreibt er zwei Tage danach in den schwedischen Zeitungen unter dem Titel *Warum ich nicht dabei war* einmal mehr einen seiner bissigen, von der Familie so gefürchteten Kommentare.

»*Obwohl es alles andere als ein voyeuristisches Skandalbuch ist, trifft es genau den wunden Punkt der Myrdal-Fama, indem es eines demaskiert: den Schein dieses so karrierebewußten Ehepaares, den man zeitlebens mit aller Kraft aufrechtzuerhalten bemüht war. Tut mir leid, sagte der mißratene Sohn, ihr wart nicht das, was ihr zu sein vorgabt*«, lautet 1982 ein Zeitungskommentar zu einer Dokumentation von Jan Myrdal mit dem Titel *Kindheit in Schweden,* die Alva zufällig im Radio hört und die sie völlig unvorbereitet trifft.[158] Die achtundzwanzig halbstündigen Sendungen, in denen ihre intimsten Erlebnisse geschildert werden und die später in einem gleichnamigen Buch detailliert nachzulesen sind, überschatten ein Ereignis, das im selben Jahr stattfindet und mit dem ihr die internationale Anerkennung für ihr Lebenswerk verliehen wird: die Vergabe des Friedensnobelpreises, den sie zusammen mit ihrem langjährigen Freund und Arbeitsgefährten, dem ehemaligen mexikanischen Außenminister Alfonso García Robles, erhält.

»*Sie hat nachhaltig dazu beigetragen, ein allgemeines Gefühl der Mitverantwortung für die Rüstungsproblematik zu wecken*«, heißt es in der Begründung. In diesem Sinne könne der Preis für 1982 als »*helfende Hand für die Abrüstungsbewegung interpretiert werden*«, fügt der Vorsitzende des Nobelkomitees an. Mit ihrem Mann Gunnar, der 1974 den Nobelpreis für Wirtschaftswissenschaften erhalten hat, bilden sie nun das vierte Ehepaar im Kreise der Nobelpreisträger, nach Pierre und Marie Curie, die 1903 (gemeinsam mit ihrem Landsmann Henri Becquerel) den Preis für Physik erhalten hatten, nach Irène und Frédéric Joliot-Curie

(Chemienobelpreis 1935) und nach Carl und Gerti Cori (Medizinnobelpreis 1947, zusammen mit dem Argentinier Bernardo Houssay).

Worte können Sonnen werden

Die Bedeutung von Worten, die Fähigkeit zu lernen, zu denken, zu sprechen, der unermüdliche Einsatz für die Freiheit ziehen sich wie ein roter Faden durch das Leben Alva Myrdals: in den unzähligen Briefen an diejenigen, die in ihrem Leben wichtig sind, in ihren aufrüttelnden Reden, in ihrer Arbeit bei der UNESCO, der UNO und als Abrüstungsministerin. Stets formuliert sie scharfsinnig Argumente, spart nicht mit Kritik und betätigt sich unermüdlich als wortgewandte Mahnerin, um ihre Ziele – vor allem die weltweite und vollständige Abrüstung der Atomwaffen – zu erreichen. Manchmal zeigen ihre Worte die gewünschte Wirkung, oft genug auch nicht.

Alva ist realistisch. »*Wir wollen wohl glauben, daß die Menschen in ihrem Innersten den Frieden auf Erden wünschen. Aber diese Wertung unterliegt so vielen Anfechtungen – z.B. Revanchegedanken – und so vielen Manipulationen – z.B. durch die Massenmedien –, daß sie bisher nicht ausgereicht hat, eine so starke moralische Kraft zu werden, die die gesamte internationale Politik verändern könnte. Deshalb glaube ich auch nicht, daß allgemeine Appelle vom Typ ›Wir fordern den Frieden!‹ bei den beschlußfassenden Instanzen, d.h. also bei den Nationen, eine Wirkung haben*«, sagt sie 1970 in der ihr so eigenen pragmatischen Wortwahl in ihrer Rede anläßlich der Verleihung des Friedenspreises des Deutschen Buchhandels, den sie zusammen mit Gunnar erhält. »*Wenn ich ehrlich sein soll – und mich etwas böse ausdrücken darf –, dient die Arbeit an solchen* non-armament measures *hauptsächlich als eine Art Beschäftigungstherapie für Abrüster.*«[159] Obwohl ihre vielen Vorschläge von den Großmächten verworfen oder ignoriert werden, gibt sie nicht auf.

Ob sie den Bericht von Olof Palme über sein Treffen mit Rajiv Gandhi, den er ihr nur wenige Stunden vor ihrem Tod gibt, noch versteht, ist nicht bekannt, aber die Begegnung ist von ihrer Tochter Kaj überliefert und zeigt, wie sehr Alva Myrdal weit über die Grenzen Schwedens hinaus für Verständigung sorgte.

»Zwei Stunden bevor Alva starb, sah ich aus dem Fenster Olof Palme aus seinem kleinen Renault springen. Er kam gerade aus Indien und hatte sich direkt vom Flughafen auf den Weg zum Pflegeheim gemacht. Er wollte Alva persönlich teilhaben lassen an der Freude, die er bei seiner Begegnung mit Rajiv Gandhi empfunden hatte. Er wußte, wie viel ihr Indien und Jawaharlal Nehru bedeutet hatten. Ein Photo von Nehru stand im Silberrahmen in ihrem Krankenzimmer. Palme setzte sich auf die Bettkante und begann zu sprechen – erst vorsichtig, aber dann mit einer Stimme, die immer voller und intensiver wurde. Er schilderte, wie er und Gandhi in Delhi gesessen und davon gesprochen hätten, daß Alva diejenige gewesen war, die die ›tiefe Freundschaft zwischen den beiden Ländern begründet hatte, die weit über das Offizielle hinausgeht‹. Rajiv Gandhi hatte erzählt, wie er als kleiner Junge von seinem Großvater [Nehru] viel über das kleine, friedliche Land Schweden erfahren hatte, ›das er durch dich, Alva, entdeckt hatte‹. Palme sprach weiter und erzählte von ihren Gesprächen über Friedenspolitik. Er verknüpfte die großen Visionen mit der Friedensarbeit der blockfreien Staaten, an der Alva und Nehru mitgewirkt hatten. Nach einer knappen Viertelstunde nahm Palme behutsam Alvas Hände zwischen seine und ging. Genau einen Monat später wurde Olof Palme erschossen.« [160]

»Merkwürdig, daß ich erst jetzt auf das zurückkomme, was während meiner Kindheit bedeutungsvoll für mich war, nämlich daß mir sehr wohl bewußt war, daß ich ein Mädchen war, ich aber doch wünschte, ein Junge zu sein. Um nicht mißverstanden zu werden: Ich habe nie einen maskulinen Stil gehabt... Aber ich muß schon sehr früh verstanden haben, daß es ein soziales Handicap ist, kein Junge zu sein...«, notiert die zweiundvierzigjährige Alva Myrdal zu Beginn einer nie fertiggestellten Biographie. [161] Damals war einem Mädchen

in Schweden der Schulbesuch nur bis zur siebten Klasse erlaubt. Nur Jungen durften zur weiteren Ausbildung aufs Gymnasium gehen. Alva bearbeitet jedoch ihren Vater Albert Reimer – Baumeister, sozialdemokratischer Reichstagsabgeordneter und ein begeisterter Anhänger von Jean-Jacques Rousseau – so lange, bis dieser bei der Schulbehörde durchsetzt, daß Gymnasialkurse auch für Mädchen eingerichtet werden.

Ihre Leidenschaft für das gedruckte Wort ist bereits in jungen Jahren vorhanden, kann aber nur schwer befriedigt werden, da in der Familie kein Geld für Bücher vorhanden ist. Bücher aus der Bibliothek mit nach Hause zu bringen kommt nicht in Frage: Lowa Reimer, die brillante, künstlerisch begabte, extravagante Mutter hat panische Angst vor Bakterien, die an diesen Büchern kleben. Einige Familienmitglieder sind an Tuberkulose gestorben, und sie fürchtet, die Krankheit könne auch bei ihr zu Hause wüten. So bleibt Alva nichts anderes übrig, als sich die Schriften von Emile Zola, Arthur Schopenhauer, Henrik Ibsen, Jack London, John Stuart Mill, August Strindberg und vielen anderen in einem Antiquariat zu besorgen. Unterstützung findet sie bei ihrer Schwester Rut, die die Alva übertragenen Arbeiten übernimmt, damit diese ungestört auf der Toilette im Hof lesen kann. Rut, die später einen Landwirt heiratet, bleibt zeitlebens die engste und beste Freundin ihrer berühmten Schwester.

Worte können Flüsse werden

Das schwedische Volksmärchen *Prinz Hut unter der Erde,* in dem ein König nach drei singenden Blättern für seine Tochter sucht, besitzt für Alva Myrdal eine besondere Symbolik. Das erste singende Blatt heißt für Alva »eine wundersame Zweisamkeit mit einem geliebten Mann aufbauen«. Blatt zwei bedeutet »Kinder und Familie um sich haben«. Das dritte ist »mit anderen zusammen etwas bewirken und verändern dürfen«.

In Gunnar Myrdal findet die siebzehnjährige Alva Reimer ihr erstes Blatt und den Menschen, mit dem sie ihre unbändige Debattierlust und den Glauben an den persönlichen Beitrag zur Gestaltung einer lebenswerten Welt teilen kann. Neunundsechzig Jahre dauert ihre Verbindung, obwohl sie zeitweise auf verschiedenen Kontinenten leben. Auch ist Gunnar ein bedeutender Teil des dritten Blattes, was durch zahlreiche gemeinsame Publikationen dokumentiert ist. Einer der vielen Höhepunkte ihrer Zusammenarbeit trägt den Titel *Krise in der Bevölkerungsfrage*. Mit diesem Buch etablieren sich beide als Begründer des schwedischen Wohlfahrtsstaates .

Es erscheint 1934 und sorgt in ganz Schweden für Aufsehen. Darin argumentieren sie, daß die schlechten Lebensbedingungen für Familien mit Kindern die Ursache für den drastischen Rückgang der Geburtenrate in Schweden und damit für die drohende Überalterung sind. Unverblümt fordern die Myrdals ein familienfreundliches Wohnprogramm, Kindergeld, Mietzuschüsse und kostenlose Ausbildung. Sie behandeln auch Tabus wie Sexualität, Empfängnisverhütung und die Möglichkeit zur straffreien Abtreibung. Da über allem jedoch ein klares Ja zur Familie steht, unterstützen selbst konservative Kreise ihre radikalen Forderungen. Im schwedischen Volksmund erhalten fortan alle Gegenstände, die sich auf das Kinderkriegen beziehen, das Attribut »Myrdal«, wodurch beispielsweise ein Umstandsmantel zum »Myrdal-Mantel« wird.

Für Alva zeigt sich bei der Umsetzung der gemeinsam formulierten Forderungen einmal mehr, wie sehr das Streben der Frauen nach Unabhängigkeit von der damals herrschenden traditionellen Rollenverteilung behindert wird. Obwohl beide als Autoren des Buches auftreten, wird nur Gunnar von der sozialdemokratischen Regierung als Mitglied in die Kommission berufen, die für die praktische Umsetzung der Reformvorschläge sorgen soll – Alva wird lediglich als Sachverständige hinzugezogen. Dies ist eine der vielen Kollisionen mit gesellschaftlichen

Grenzen gewesen, gegen die sie zeitlebens kämpft und die sie später wie folgt beschreibt: »*Eine Menge emotionaler Energie, die der Arbeit und dem reinen Leben zugute kommen könnte, wird dafür verschwendet, auf die künstlichen Schranken zu reagieren, die dem weiblichen Geschlecht gesetzt werden.*«[162]

Alva unterwirft sich zunächst den herrschenden Konventionen. Selbst als sie schon lange ihren eigenen Weg geht, als sie es wagt, ihre Fähigkeiten zu aktivem Handeln zu nutzen, quält sie sich mit nagenden Zweifeln, ob sie sich richtig entschieden hat. Die Frage, inwieweit eine Frau auf politische Probleme anders reagiere als ein Mann, beantwortet sie später so: »*Frauen sind in der Politik nicht so machtbewußt. Weil wir Frauen in der Geschichte niemals politische Macht hatten, streben wir auch nicht danach. Angesichts der in vielen Weltteilen herrschenden Tendenz zur Machtpolitik sollte gerade das ein Grund für Frauen sein, sich politisch stärker zu engagieren.*« Und fügt hinzu: »*Wir Frauen sind als Politikerinnen keineswegs idealistischer als die Männer, aber wir sind in der Regel ehrlicher.*«[163]

Wie der Prinz Hut im Märchen muß auch Alva Myrdal viele Schwierigkeiten überwinden, um ihre drei Blätter zu finden. Immer wieder stellt sie sich dabei die Fragen: »*Wie finde ich mich selbst?*« Und: »*Wie nahe kann man wirklich anderen Menschen sein und wie kann man gegenüber einem anderen Menschen eigenständig sein?*«[164] Besonders in bezug auf Gunnar, der ständig ihre Präsenz und Aufmerksamkeit verlangt und diese Forderung meist auch rigoros durchsetzt, sind diese Fragen, die sie nie wirklich laut zu stellen wagt, durchaus berechtigt. Zwar erhält sie von ihm jegliche intellektuelle Unterstützung, er ist ihr Freund und Förderer, über den sie schreibt: »*Aufwachen am Tag des jüngsten Gerichts – das könnte nur mit meinem inniglichsten Freund, dem einzigen, der die Ewigkeit aushält, sein, meinem unaufhörlich stimulierenden Weltverbesserungsbegleiter.*«[165] In der Planung und Organisation des Haushaltes sowie in der Kindererziehung übernimmt er jedoch keinerlei Verantwortung. Gunnar ist der Theoretiker und Alva die pragmatisch agierende Macherin, die nie müde wird, ihre Kinder aufzufordern, etwas zu lernen, das sie in ihrem Alltag sinnvoll gebrauchen können. Gunnar will Alva ständig um sich haben und »überlebt« – nach Aussagen der Tochter Sissela – nur aufgrund einer engen Symbiose mit Alva, die er seine »emotionale Apotheke« nennt. Sie geht zunächst völlig in der Rolle der bewundernden Ehefrau auf und startet erst mit siebenundvierzig Jahren ihre Karriere. Zuvor zieht sie jeweils ihn, den Mann und Weggefährten, und mit ihm die Familie allen verlockenden Angeboten aus der Welt der Politik vor. Ihrem strahlenden Helden, ihrem »Fürsten« folgt sie, als er 1941 in den USA seine Forschungsarbeiten fortsetzen will. Ohne sie würde er in Depression oder manische Arbeitsbesessenheit verfallen – käme sie nicht mit, würde er sich scheiden lassen. Sie geht – ohne die Kinder.

Erst im hohen Alter erlaubt sie sich, sich in einem Brief an ihre Töchter zu ihrer Qual der Wahl zu äußern: »*Hätte ich da nicht irgendwann mein Leben radikal ändern sollen? Wenn ich jetzt wie in einen Rückspiegel blicke, muß ich mir die Frage insbesondere für zwei Situationen stellen. Beide Male hätte es natürlich Scheidung bedeutet. Aber warum nicht? Das ist die Frage, die ich mir selbst stellen muß. Aber ich war loyal.*«[166] Auch in ihrem bereits erwähnten Biographie-entwurf finden sich Zweifel: »*Auch bezüglich meiner eigenen Kinder gilt, daß ich allzu klar den Mann den Kindern vorgezogen habe, wenn eine Wahl unausweichlich war.*«[167]

Auch wenn sie ihre Beziehung zu Gunnar zeitweise ganz in Frage stellt, vor allem in den Jahren, in denen sie beruflich getrennte Wege gehen und auf unterschiedlichen Kontinenten leben – er in Europa, sie in Indien –, siegt die Tiefe ihrer Verbindung, die sie wie folgt beschreibt: »*Es gibt keinen andern Menschen auf dieser Welt, mit dem sich solche* talk feasts *feiern lassen.*«[166]

Worte können Tore öffnen

Das zweite Blatt, Kinder und Familie, entwickelt sich nicht so, wie es sich Alva in jungen Jahren erträumt hat. Doch sie ist gut vorbereitet auf die Schwierigkeiten, die eine Frau mit einem starken Willen zur Eigenständigkeit überwinden muß. Schon mit siebzehn Jahren, so erinnert sie sich später, »[hatte ich] *nicht die geringste Sehnsucht danach, häuslich und versorgt zu sein... Mittlerweile habe ich auch eine große Lust zu Haus und Heim. Aber meine Arbeit in die für Frauen zugeschnittene Rolle einzupassen, das würde niemals gehen... Also: biologisch-erotisch ganz und gar glücklich mit meiner weiblichen Rolle; geistig-aktiv ganz und gar eingestellt auf eine männliche Rolle.*«[169]

Die Kombination der vorgeschriebenen wie der selbstgestellten Aufgaben – einerseits Ehefrau und Mutter, andererseits Politikerin – bleibt ein Balanceakt, den sie oft nur unter großen Schwierigkeiten meistert. Drei Kinder bringt sie zur Welt, obwohl die Ärzte sie nach einer schweren Unterleibsentzündung und mehreren Fehlgeburten, zu deren Behandlung es damals noch keine Medikamente gibt, vor Schwangerschaften warnen. Sie will Kinder, sieht aber *»in der Mütterlichkeit keineswegs die höchste Stufe weiblicher Selbstverwirklichung.«*[170]

Ihre Tochter Kaj hält in ihrem Buch über ihre Mutter fest: *»Sie verachtete diese Rolle, die die Frauen band, und hatte schon als kleines Mädchen mit Puppen nur dann gespielt, wenn sie Kleider für sie herstellen konnte. Sie war auch absolut niemand, der Vergnügen dabei empfand, Kinderbrei anzurühren oder Milchflaschen auszuspülen... Schon früh hatte sie sich in der Literatur über den bahnbrechenden Kampf der Frauen für ökonomische Unabhängigkeit, das Recht auf einen Beruf, die freie Liebe und die gesellschaftliche Verantwortung eingelesen... Sie distanzierte sich entschieden von der wachsenden Anzahl der Frauen, die beweisen wollten, daß das Matriarchat die ideale Gesellschaftsform war und bleiben werde und der einzige Weg zu dauerhaftem Frieden. In vollem Bewußtsein der Frauenfrage und als ihre* *aktive Vorkämpferin hielt sie Vorträge und nahm an Diskussionen teil, verneinte aber den Gedanken, daß die Frau als Mutter der Menschheit, als Gesellschaftsmutter angesehen werden könne; für sie war das Mystizismus, ein falscher romantischer Überdruß an der Zivilisation. Die Idealisierung der Frau hielt sie für gefährlich und sah diesen Standpunkt in riskanter Nachbarschaft zu männlichen Begründungsmodellen, warum die Frau von Politik und Gesellschaftsproblemen fernzuhalten sei.«*[171]

Alva fehlen passende Frauenvorbilder, an denen sie sich orientieren kann. Als sie und Gunnar 1929 ein Stipendium des Rockefeller-Instituts für einen Studienaufenthalt in den USA erhalten, läßt sie ihren zweijährigen Sohn Jan bei seinen Großeltern zurück – einen ihrer größten Fehler, wie sie im nachhinein urteilt. In den USA konzentriert sich Alva auf ihre Studien in Psychologie und plant, eine Dissertation über Freuds Traumdeutungen zu verfassen. Sie trifft den Psychologen Alfred Adler und die Kinderpsychologin Charlotte Bühler. Später studiert sie bei Jean Piaget in Genf. Ihre ganze Aufmerksamkeit gehört der freien Entfaltungsmöglichkeit der Menschen, vor allem der Kinder. Die Ironie des Schicksals will jedoch, daß weder sie noch Gunnar jemals wieder einen innigen Kontakt zu Jan finden können. Auch die tiefe Beziehung zu ihren beiden Töchtern Sissela (geboren 1934) und Kaj (geboren 1936) entsteht eigentlich erst im letzten Lebensdrittel von Alva Myrdal.

1949 entschließt sie sich plötzlich und ohne ihre Familie zu fragen, ihre eigene berufliche Karriere in Angriff zu nehmen. Sie akzeptiert den Posten als Direktorin des Sozialen Amts im UNO-Sekretariat in New York – der dritthöchste der Organisation –, der sie zu am höchsten plazierten Frau dieser internationalen Organisation macht. Sissela ist fünfzehn, Kaj dreizehn Jahre alt, als Alva allein und ohne Familie nach New York zieht. Jan führt bereits sein eigenes Leben. Gunnar bleibt mit den beiden Töchtern und einem schwedischen Kindermädchen in Genf zurück, während sich Alva auf die Suche nach ihrem dritten Blatt machte. Es beginnt der Teil ihres Lebens, in dem sie »mit anderen zusammen etwas bewirken und verändern darf«.

Soziale Fragen haben sie schon immer interessiert. 1936 tritt sie trotz ihrer mittlerweile drei Kinder eine Halbtagsstelle an, um ein sozialpädagogisches Seminar ins Leben zu rufen. Den Auftrag dazu erhält sie, nachdem sie sich in die politische Diskussion über Häuser für kinderreiche Familien und bessere Kinderbetreuung eingemischt hat. Ihre Kritik, daß zur Verwirklichung einer solchen Familienpolitik ausgebildetes Personal fehle, provoziert die Aufforderung: »Dann machen Sie es besser!« Mehr als zehn Jahre bleibt sie Rektorin dieses Seminars, in dem Kindergärtnerinnen nach neuen Maßstäben in Pädagogik und Kinderpsychologie ausgebildet werden.

Während und nach den Kriegsjahren engagiert sie sich in sozialpolitischen Kommissionen, die sich mit Erziehungsfragen, Flüchtlingsproblemen, der Entwicklung des Nachkriegsprogramms der schwedischen Arbeiterbewegung und dem Wiederaufbau der Sozialistischen Internationalen beschäftigen. Als Redakteurin der sechssprachigen Wochenzeitschrift »Via Sueica« hilft sie mit, den Flüchtlingen aus den Kriegsgebieten die Integration in Schweden zu erleichtern. Alvas Stärke ist die Erarbeitung konkreter und praktikabler Lösungen, eine Eigenschaft, die sie auch in allen folgenden Funktionen gut zu nutzen verstehen wird.

Aufgefallen durch ihren praktischen Verstand und ihre konzeptionelle Fähigkeiten, erhält sie 1945 das Angebot, schwedische Erziehungsministerin zu werden. Sie lehnt ab. Als Grund nennt sie die Möglichkeit, daß Gunnar im selben Jahr Handelsminister werden könnte. Als Ehepaar in der Regierung zu sitzen, erscheint ihr unvorstellbar. Ein Jahr später soll sie Direktorin der UNESCO werden, doch wieder wagt sie es nicht, ihre Familie aufs Spiel zu setzen. Zu Recht, denn Gunnar macht ihr unmißverständlich klar, daß er keineswegs daran denkt, mit ihr in Paris zu leben. Statt dessen bittet er sie, in ihrer Absage sein Interesse an der Leitung der *United Nation Economic Commission für Europe* (UNECE) einzuflechten. Tatsächlich bietet man Gunnar diesen Posten an, und die Familie zieht 1947 nach Genf.

In dieser Zeit zeigen sich einige Risse in Alvas erstem Blatt. Für Gunnar öffnet sich die Welt – Alva fühlt sich auf die Rolle der Ehefrau und Mutter reduziert. Ohne Arbeitserlaubnis sitzt sie in Genf und ist »lebendig begraben«. Doch sie schweigt, spricht auch mit Gunnar nicht mehr über ihre Gefühle. Nahezu zwei Jahre bleibt sie mehr oder weniger sich selbst überlassen. Zwar verfaßt sie eine große Anzahl von Artikeln über die Miß- stände, in denen vor allem Kinder leben müssen, und gründet die internationale Vorschulorganisation *Organisation Mondiale de l'Education Primaire* (OMEP). Doch am meisten vermißt sie die angeregten Debatten und die kreative Zusammenarbeit mit Gunnar, der sie in dieser Zeit aus seinem Arbeitsleben gestri- chen hat und lieber mit Kollegen und Assistenten der UNECE zusammen ist.

Brücken bauen

Als sich darum 1949 nochmals eine Chance ergibt, für die UNO zu arbeiten, greift Alva mutig zu. Ihre Ängste und Zweifel über die Auswirkungen auf die Familie macht sie mit sich alleine aus. Sie beginnt nun, ihre Vorstellungen über die Rolle der Frau, über Erziehung und Schulwesen sowie Bevölkerungsfragen auf internationaler Ebene in tatkräftige Reformen einfließen zu lassen. Endlich kann sie sich ganz offiziell für Themen einsetzen, die sie schon vorher stark beschäftigt haben.

Durch ihre Position finden ihre Worte in den internationalen Gremien das ihnen zustehende Gehör. Und sie zeigen Resultate, auch wenn es manchmal Jahre dauert, bis es zu praktikablen Lösungen kommt.

Nach zwei Jahren in New York läßt sie sich zur UNESCO nach Paris versetzen. Alva will näher bei ihrer Familie sein, nur eine Nachtzugfahrt von Genf entfernt. Sie ist jetzt neunundvierzig Jahre alt, geht völlig in ihrer Arbeit auf, hat ein Gegengewicht zu Gunnars Besitzanspruch gefunden, und wieder wird ihr Motto »umgestalten, niemals aufgeben« zur treibenden Kraft. Diese Energie beschreibt sie selbst wie folgt: *»Der Ehrgeiz, mich zu behaupten, war viel mehr von dem Gefühl geprägt, nicht genug zu tun, als der Lust, mehr als genug zu tun.«* [172]

Die UNESCO schickt Alva im Dezember 1952 nach Indien, wo sie Jawaharlal Nehru erstmals trifft – eine Begegnung, die in eine lange Freundschaft mündet. Später wird sie zur schwedischen Botschafterin in Indien ernannt. Sie unterstützt Nehrus Vorstellungen von einem starken unabhängigen Indien und sieht in ihm einen Führer von einzigartiger moralischer Kraft, geeignet, um soziale Gerechtigkeit und wirtschaftliche Entwicklungen zu verwirklichen.

In diese Zeit platzt ein Brief Gunnars wie eine Bombe: Dramatisch schildert er, wie er ohne sie leidet, und lamentiert über seine Einsamkeit, Unsicherheit und Depression. Er zweifelt an seinen Fähigkeiten, sieht für die Zukunft keine Perspektiven mehr. Alvas diplomatisches Geschick ist jetzt gefragt, und sie findet eine für beide Seiten akzeptable Lösung: Während der Sommermonate lebt sie mit ihm in Europa, in den Zeiten dazwischen besucht er sie in Indien.

Die Entscheidung, Alva Myrdal als Botschafterin zu entsenden, erweist sich für beide Länder als durchschlagender Erfolg. In Indien sieht sie die Probleme, die sich bei der Demokratisierung eines Landes ergeben, in dem die große Masse der Wähler ungebildet und arm ist und von Sprachbarrieren sowie Kastenproblemen bedrückt wird. In enger Zusammenarbeit mit verschiedenen Frauenorganisationen hilft sie, Schulen und Universitäten für Frauen aufzubauen. Bei jeder Gelegenheit weist sie darauf hin, wie wichtig es für die Entwicklung eines Volkes sei,

daß Frauen einen verantwortungsvollen Beitrag in der Gesellschaft leisten können. Ihre Bewunderung für Nehru wird immer
größer. Diese Faszination ist gegenseitig. Oft bittet Nehru Alva,
ihn auf seinen Reisen durch das Land zu begleiten. Ist sie alleine
unterwegs, will er nach ihrer Rückkehr eine ausführliche Schilde-
rung ihrer Eindrücke hören. Sind Staatsgäste angesagt, fungiert
sie als Nehrus Tischdame. Von allen Begegnungen mit führenden Persönlichkeiten der politischen Weltbühne, wie Tito oder
U Thant, die sie in ihrem langen Leben macht, beeindruckt sie
Jawarhalal Nehru am tiefsten.

Nach ihrer Rückkehr nach Schweden hat Alva zunächst nichts
zu tun – bis sie im Mai 1961 die Anfrage des damaligen Außenministers und erfahrenen Völkerrechtlers Östen Undén erreichte,
ob sie ihn bei der Verfassung einer Rede zum Thema Abrüstung
unterstützen könne.

Worte können Tyrannen stürzen

Nur wenige Wochen bleiben ihr, um sich mit dieser neuen
und komplexen Thematik vertraut zu machen. Dann ist es klar:
Sie hat das Betätigungsfeld gefunden, dem sie sich in Zukunft
widmen will. Dem Rüstungswettlauf wird sie von nun an unaufhörlich ihre Devise entgegenhalten: »*Den Frieden zu erreichen –
das ist eine Frage der Vernunft und der Moral.*«[173] Zu Undén sagt
sie: »*Als ich damit begann, konnte ich nicht mehr aufhören, nach dem
›Warum‹ und dem ›Wieso‹ von etwas Sinnlosem wie dem Wettrüsten
zu fragen.*«[174]

Die neunundfünfzigjährige Alva geht wieder nach Genf, dies-
mal als Schwedens Delegierte bei den Abrüstungsverhandlungen.
Es ist die Zeit der militärischen Aufrüstung, die Fronten zwischen
Ost und West sind verhärtet. Kennedys Schweinebuchtdebakel
in Kuba hält die Welt in Atem, und in Deutschland schockt der
Mauerbau die Menschen. Noch im selben Herbst erklären die

Sowjets ihren Rücktritt von der formellen Vereinbarung über Nuklearwaffentests. Unverzüglich antworten die Amerikaner mit einer Beschleunigung ihrer militärischen Aufrüstung.

In diesem Klima beginnt Alva Myrdal, ihre Stimme als Sprecherin der acht nicht-alliierten Staaten zu erheben – eine Aufgabe, die sie oft in schlaflosen Nächten über das Schicksal der Welt nachdenken läßt. Im März 1962 betritt sie erstmals in dieser neuen Funktion den Palais des Nations, und sie fühlt sich großartig. Zum erstenmal ist es nicht-alliierten Staaten erlaubt, an den Beratungen des Abrüstungskomitees der achtzehn Nationen teilzunehmen. Alva vertritt Schweden im Kreise von Ägypten, Äthiopien, Brasilien, Burma, Indien, Mexiko und Nigeria. Sie ist bestens vorbereitet und macht ihren Standpunkt klar und unmißverständlich: *»Man muß Geduld haben und eine brennende Überzeugung. Aber man muß Kenntnisse haben. Demonstrationen und Fackelzüge sind wichtig, erste Schritte, aber man muß sich in die Fragen einarbeiten, Veränderungen vorschlagen. Pessimismus taugt nicht als Arbeitshypothese, vielleicht nur für die Historiker, die nachträglich aufarbeiten. Wir, die leben und in die Zukunft arbeiten wollen, müssen die Zweifel, die manchmal auch zur Verzweiflung werden, niedrig halten. Mit Kenntnissen, Vernunft und Gefühl ist es möglich, die Welt besser zu machen.«* [175]

Alva arbeitet sich detailliert in die Materie ein. Als sie 1962 beginnt, stehen weltweit fünfhundert Cruise Missiles auf den Abschußrampen, eine Dekade später sind es bereits zweitausendsechshundert. Vier Nationen verfügen damals über Atombomben: die USA, die Sowjetunion, Großbritannien und Frankreich. Im Laufe von Alvas Amtszeit sprengen sich zwei weitere – China 1964 und Indien 1974 – in den Kreis der Atommächte. Zwölf Jahre lang nimmt sie, meist als einzige Frau unter siebenundsechzig Männern, an den Konferenzen teil, arbeitet Vorschläge aus und läßt sich trotz des internationalen Wettrüstens nicht entmutigen. Als Wortführerin der kernwaffenfreien Staaten Europas richtet sie ihre Appelle an die ökonomische Vernunft der Staatsmänner. Sie tritt dafür ein, daß die »klassischen«, aber ergebnislosen Versuche einer Rüstungsbeschränkung durch einseitige Absprachen der Nuklearmächte aufgegeben werden, und plädiert statt dessen für die *instrumental method* – ein Inspektionsprogramm, durch das die Gewinnung und der Handel atomaren Materials ebenso kontrolliert werden sollen wie die Kernwaffenproduktion und die Herstellung biologischer Waffen. Der Zeitstufenplan gilt für *haves* und *have nots:* Für die Habenichtse unter den Staaten bedeutet er Produktionsverzicht, für die Nuklearmächte statt Rüstungswettlauf zumindest Beschränkung auf das vorhandene Atomarsenal.

Den Begriff »Abrüstung« vermeidet sie in ihren Ausführungen tunlichst und spricht statt dessen von »Niederrüstung«. Damit will sie denjenigen, die sich Pazifisten nennen, zu verstehen geben, daß sie in ihren Forderungen nicht so weit gehe, den Verzicht auf eine eigene Landesverteidigung zu verlangen: *»Wer für Frieden ist, darf nicht gegen Verteidigung sein.«*[176] Nehrus Initiative eines permanenten Teststopps, die er bereits 1954 gestartet hat, greift sie immer wieder auf. 1963 zeigt sich ein kleiner Lichtblick: Die USA, die Sowjetunion und Großbritannien vereinbaren, künftige Tests nur noch unterirdisch durchzuführen. Frankreich setzt seine atmosphärischen Tests allerdings bis 1974 fort, China sogar bis 1980.

Immer wieder weist Alva auf die Gefahren eines Atomkrieges hin. Das »Gleichgewicht des Schreckens«, oft als friedenbringende Kraft lanciert, verachtet sie: *»Unmoralisch und irrational bestreiten die Supermächte ihren militärischen Wettlauf, ungeachtet der Schwächen, die sie unserer Zivilisation zufügen. Sie häufen und häufen Waffen an, weit über das längst erreichte Maß des vielfachen Overkill hinaus, völlig unbrauchbar für irgendeine denkbare Anwendung. Man sagt, diese Massenproduktion von Vernichtungsmitteln diene dem Schutz nationaler Sicherheit. Aber so ist das nicht. Sie dient nur dazu, jedes mögliche Gleichgewicht zu destabilisieren. Es ist nichts als eine gigantische Fehlkalkulation.«*[177] Zornig kann sie werden, die alte Dame, wenn sie das »Falschspiel mit der Abrüstung« der Supermächte beim Namen nennt. Als »Betrüger« bezeichnet sie die Giganten, die nur so tun, als hielten sie die Abrüstungsgespräche für wichtig. Gleichzeitig ist sie Realpolitikerin und zählt auf die Kraft von Verhandlungen. Als realistische Pragmatikerin schließt sie denn auch ihre Abschiedsrede vor der UNO, nachdem die sie preisenden Laudationes im Titel »Gewissen der Abrüstungsbewegung« gipfelten, mit der Äußerung: *»Darf ich meine letzte offizielle Stellungnahme mit der Frage an meine Kollegen schließen: Wann werden einige ernsthafte Aktivitäten zur Abrüstung gestartet?«* [178]

Die bisherigen Abrüstungsbemühungen nennt Alva die »Geschichte der versäumten Gelegenheiten«. Darunter versteht sie historische Augenblicke, in denen günstige politische Klimaveränderungen unglücklicherweise nicht genutzt worden sind. Denn: *»Friede bedeutet ja Sieg für alle – einen andern Sieg gibt es nicht mehr.«* [179] Ihre kompromißlose Bilanz dieser versäumten Gelegenheiten, vorgelegt in ihrer Dankesrede anläßlich der Verleihung des Friedenspreises des Deutschen Buchhandels von 1970, beendet sie mit einem eindrücklichen Appell: *»Wir haben die Aufgabe, die Großen und Mächtigen zu mahnen und zu warnen, aber auch uns selbst in Zucht zu halten, unsere eigene Verantwortung auf uns zu nehmen, so daß nicht nochmals Chancen verspielt werden und historische Gelegenheiten uns aus den Händen gleiten. Unsere Aufgabe ist es, Frieden zu schaffen.«* [180]

Nach ihrer Pensionierung 1974 prägt sie dank ihres internationalen Renommees weiterhin das politische Denken in Abrüstungsfragen und wird bereits ein Jahr später zur treibenden Kraft hinter der Konferenz für Sicherheit und Zusammenarbeit in Europa (KSZE). Das Ende des kalten Krieges, den Fall der Berliner Mauer, die Öffnung der Grenzen in Osteuropa erlebt Alva nicht mehr. Zwar haben die zahlreichen schwelenden Kriegs- und Krisensituationen die Bedrohung durch einen atomaren Krieg in den Hintergrund gedrängt, trotzdem möchte man Alva Myrdal fragen: Was jetzt? *»Ich habe niemals aufgegeben.*

Wenn Sie eine Chance haben, die Dinge zu reformieren, glauben Sie nicht, daß man es tun sollte?«[181] Die Antwort von Alva Myrdal ist mehr als zwanzig Jahre alt, an Aktualität haben diese Worte jedoch nichts verloren.

Wenn nur viele von uns – genug – sich mit Worten wappnen

Wird sie es schaffen, noch einmal ihre Stimme zu erheben, um zum illustren Publikum zu sprechen? Die Frage ist am 11. Dezember 1982 mehr als gerechtfertigt, denn die kleine alte Frau, die in der Aula der Universität von Oslo die wenigen Stufen zum Rednerpult hinaufsteigt, ist schwer krank.

Blaß und erschöpft kam sie zwei Tage vorher im leichten Schneetreiben an, gezeichnet von mehreren Herzinfarkten und ersten Attacken ihrer Aphasie. Gestützt auf einen Stock, erklimmt sie das Rednerpult Stufe um Stufe, blickt oben angekommen in den bis zum letzten Platz gefüllten Saal und beginnt ihre Rede. Zögernd kommen die ersten Worte über ihre Lippen, fordern von den Zuhörern höchste Konzentration, um sie zu verstehen. Auch in dieser Situation hat sie ihren Sinn für das Praktische nicht verloren. Sollte ihr Sprachvermögen aussetzen, wie es schon einige Male in letzter Zeit geschehen ist, würden die beiden Töchter ihre Rede für sie zu Ende führen – jede eine Hälfte, getreu dem Manuskript, das Alva vorbereitet hat.

Doch mit jedem Wort wächst die zierliche Gestalt hinter dem Pult mehr über sich hinaus, wird die Rede flüssiger. Noch einmal greift sie ihr großes Thema, die internationale Abrüstung, auf. Noch einmal warnt sie eindrücklich vor den Gefahren der Gewalt, entscheidend mitverantwortet durch das sinnlose Wettrüsten. Sie weist auf die vielen einzelnen hin, die für ihre Friedensarbeit oft Nachteile auf sich nehmen müssen. Sie sei davon überzeugt, daß *»die, die politische Macht besitzen, eines Tages*

gezwungen sein werden, früher oder später den Weg für den Menschen-
verstand und den Willen der Völker freizumachen«.[182] Und sie fordert
das Nobelkomitee auf, gemäß dem Wunsch Alfred Nobels Preise
an die Organisatoren von Friedenskongressen zu verleihen.

Spät erst hat sie den Preis erhalten, obwohl sie bereits sechs-
mal nominiert gewesen ist. Ausgezeichnet wird sie zusammen
mit dem Mexikaner Alfonso García Robles, ebenfalls ein unermüdlicher Streiter für die Abrüstung. Ihren Anteil des Preisgeldes,
achtundsiebzigtausend Dollar, teilt sie zwischen zwei Experten-
kommissionen, die sich mit den zwei Problemkreisen auseinandersetzen sollen, die ihr besonders am Herzen liegen: »Atomwaffen-
entwicklung im Meer« und »Ethische Aspekte in einer Kultur
der Gewalt«.

Die Entgegennahme des Friedensnobelpreises ist Alva Myrdals
letzter großer Auftritt in der Öffentlichkeit. Von da an meldet
sie sich nur noch schriftlich, in Form von Grußbotschaften an
internationale Friedensveranstaltungen zu Wort. Ihre Kraft reicht
immer noch aus, um Briefe zu schreiben. Es sind Briefe an ihre
beiden Töchter, in denen sie »in den Rückspiegel schaut«, über
ihr Leben nachdenkt und längst getroffene Entscheidungen noch
einmal in Frage stellt. Doch trotz aller Zweifel und Fehler, die sie
sich anlastet, bedauert sie nicht, ihr ganzes Leben lang auf der
Suche nach sich selbst gewesen zu sein.

Sie trotzt ihrer Krankheit: *»Ich werde nicht aufhören zu schreiben*
und zu agitieren für den gesunden Menschenverstand.«[183] Noch im
Juli 1984, als der Tumor mehr und mehr die Oberhand gewinnt,
fragt sie sich: *»Was geschieht, wenn ich nicht mehr in der Lage bin,*
etwas zu erklären?«[184]

Bis zum Ende ihres Lebens glaubt sie daran, daß die Kraft der
Worte Menschen aufrütteln und Wandel herbeiführen kann.
Am 1. Februar 1986, einen Tag nach ihrem 84. Geburtstag und
nach siebzehn Monaten in einem Pflegeheim, verstummt Alva
Myrdal für immer.

Nobelpreisrede Alva Myrdals
11. Dezember 1982

»*Verehrter Herr Vorsitzender, verehrte Gäste, es ist mir eine selbstverständliche und zugleich angenehme Pflicht, zunächst einmal meinen Dank auszusprechen für die Ehre, die mir durch die Verleihung des Friedensnobelpreises 1982 zuteil wird.*

Ich möchte darauf hinweisen, daß ich im folgenden nicht nur auf das allgemeine Thema Abrüstung eingehen werde, sondern Ihre Aufmerksamkeit auch auf den Zusammenhang zwischen Rüstungsproblemen und dem rasanten technologischen Fortschritt sowie der zunehmenden Gewalt lenken möchte. Wir dürfen die massiven Verstöße gegen die Menschenwürde und gegen die Menschenrechte, die Zunahme von Gewalt und Folter niemals vergessen. Sie alle zeugen von einer unglaublichen Verachtung für das Leiden von Männer und Frauen.

Ich möchte dem Nobelkomitee ganz besonders dafür danken, daß die Auszeichnung zu gleichen Teilen an mich und an Dr. García Robles geht. Dies zeigt uns, daß der Preis nicht nur eine persönliche Ehrung für uns ist, nein, die gesamte Bewegung, die sich für Frieden und Gewaltlosigkeit einsetzt, wird dadurch zur Weiterarbeit ermutigt…

Ich benutze den Ausdruck Streben nach Frieden mit Absicht nicht allzu häufig. Die Sehnsucht nach Frieden ist in den Herzen aller Menschen verwurzelt. Doch das Streben nach Frieden, für das sich in letzter Zeit so viele Menschen einsetzen, bedeutet nicht, daß ein Weg zum ewigen Frieden gefunden werden kann und daß alle Konflikte zwischen den Nationen gelöst werden. Die ökonomischen und politischen Konflikte sind einfach zu tief verwurzelt. Streben nach Frieden heißt auch nicht, einen dauerhaften Zustand von Harmonie und Verständnis zwischen den Menschen herstellen zu können. Unser unmittelbares Ziel muß viel bescheidener sein: Wir wollen das abwenden, was im Moment als die größte Bedrohung für das Überleben der Menschheit gilt – die Bedrohung durch atomare Waffen…

Gemeinsam mit einigen meiner Kollegen habe ich viele konkrete Vorschläge ausgearbeitet. Manchmal hatten wir damit Erfolg, allerdings seltener bei den Hauptproblemen. Aber es ist mir zum Beispiel gelungen, die schwedische Regierung davon zu überzeugen, sowohl die Kosten für das SIPRI (Schwedisches Internationales Institut für Friedensforschung) zu übernehmen, als auch für das weniger bekannte seismologische Institut Hagfors. Dies verschafft uns die Möglichkeit, mit modernsten Einrichtungen unabhängig und systematisch selbst die schwächsten unterirdischen Atomwaffenversuche zu registrieren und die Ergebnisse ungeachtet politischer Interessenkonflikte zu veröffentlichen...

Die Welt bewegt sich auf einem immer verheerenderen Kurs auf ein absurdes Ziel zu: auf die totale Vernichtung – oder genauer gesagt – auf die Vernichtung von Städten und Feldern auf der Nordhalbkugel und von den Menschen, die unsere Zivilisation geschaffen haben.

Die besorgniserregende Situation unseres Zeitalters, die an das Schicksal Roms erinnert, gründet auf einem verhängnisvollen Irrglauben, nämlich daß der Gebrauch von Waffen, von Gewalt, zum Sieg führen kann... Es besteht kein Zweifel daran, daß das, was die Supermächte augenblicklich planen und wofür sie Billionen investieren, Kriegsvorbereitungen sind. Moderne, hochtechnisierte Waffensysteme, die für den Einsatz neuer Strategien entwickelt werden, sind jetzt ganz offen auf ein Ziel gerichtet: auf das Führen eines Krieges und das Erringen eines vermeintlichen Sieges...

Es wurde viel darüber gesprochen und geschrieben, wie ein befriedigendes Gleichgewicht herzustellen sei und was tatsächlich mit den Konzepten Gleichgewicht und Abschreckung gemeint ist. Und ungeachtet der Tatsache, daß Experten die schlichte Wahrheit verkündet haben, hält sich hartnäckig eine falsche Vorstellung: die Ansicht, daß man noch mehr benötigt, wenn man bereits mehr als nötig besitzt...

Ich stimme denjenigen zu, die das Einfrieren aller Arten von Waffen als ersten Schritt zu einer realistischen Abrüstungspolitik ansehen: Wenn nur die Verantwortlichen zu der Einsicht gebracht werden könnten, daß die Zwänge, die sie zum Wettrüsten antreiben, schlicht wahnsinnig sind. Durch meinen Kontakt zu der Bewegung Internationale Ärzte für die Verhütung des Atomkrieges, sowohl in Boston als auch in Stockholm, ist mir das erst kürzlich noch einmal klargeworden...

197

Eine mächtige Protestbewegung, die sich der menschlichen Vernunft folgend, in immer mehr Ländern konstituiert, stellt sich nun all denen entgegen, die den Rüstungswettlauf und die Militarisierung der Welt voranzutreiben versuchen. In jüngster Zeit hat diese Bewegung in den Niederlanden und in Norwegen, und seit neuestem auch in Westdeutschland und den USA deutlich an Stärke gewonnen. Sie existiert auch in den Herzen der Menschen in Osteuropa, wo sie sich jedoch sehr viel schwieriger zu Gehör bringen kann.

In dieser neuen populären Protestbewegung gegen Atomwaffen spielen Frauen und mehr und mehr auch die Kirchen und professionelle Organisationen eine führende Rolle. Leider habe ich nicht die Zeit, die Widerstandsbewegung gegen Atomwaffen genauer zu skizzieren. Aber ich glaube ganz aufrichtig daran, daß die politischen Machthaber auf der ganzen Welt eines Tages dazu gezwungen werden, sich der Vernunft und dem Willen des Volkes zu beugen.

Gewalt und Technologie

Krieg ist Mord. Und die militärischen Vorbereitungen, die jetzt für eine größere Konfrontation getroffen werden, sind zum kollektiven Morden bestimmt. In unserem Atomzeitalter würde die Anzahl der Opfer die Millionengrenze erreichen. Dieser nackten Wahrheit muß man ins Gesicht sehen. Das Zeitalter, in dem wir leben, kann nur als ein barbarisches bezeichnet werden. Unsere Zivilisation befindet sich nicht nur in einem Prozeß der Militarisierung, sondern auch der Brutalisierung.

Zwei Grundsätze kennzeichnen diesen sinnlosen Trend. Ich möchte sie kurz – und alles in meinem Vortrag ist zwangsweise abgekürzt und vereinfacht dargestellt – als Rivalität und Gewalt bezeichnen. Die Rivalität um die Macht, den rasanten technischen Fortschritt auszunutzen, tritt einer sinnvollen Kooperation entgegen. Das Ergebnis ist zunehmende Gewalt, wobei immer höher entwickelte Waffen benutzt werden. Und genau das macht unser Zeitalter zu einem der Barbarei und der Brutalität. Doch nun sollte der Augenblick der Wahrheit erreicht sein…

Darf ich an dieser Stelle ein persönliches Geständnis einbringen?
Ich habe die Entwicklung der Welt immer als einen Kampf zwischen
guten und bösen Kräften angesehen... Jetzt scheint es mir, als hielten
die bösen Kräfte immer mehr Macht in den Händen. Dürfen wir hoffen,
daß die Machthaber der größten Staaten der Welt aufwachen werden,
den Abgrund erkennen, auf den sie zusteuern, und die Richtung ändern?
Spätestens seit der Renaissance ist der technologische Fortschritt die
treibende Kraft für die Weiterentwicklung unserer Zivilisation. Doch
die Technologie ist zweischneidig. Sie kann entweder von guten oder
von bösen Kräften genutzt werden...

Der positive Aspekt sind sicherlich die großen technischen Fortschritte,
durch die großes Elend überwunden werden konnte und die Millionen
von Menschen zu einem komfortablen Lebensstandard verholfen haben.
Große Erfindungen und Entdeckungen haben ganze Kontinente zur
gegenseitigen Kommunikation und zum Austausch geöffnet... Anderer-
seits sind auch die Triumphe der bösen Kräfte in vielen Bereichen nicht
zu übersehen. Ich beschränke mich hier auf das, wovon ich etwas ver-
stehe und was zugleich die verhängnisvolle Entwicklung darstellt: die
zunehmende Bedeutung der Aufrüstung. Zunächst und vor allem sind
Waffen Werkzeuge, die rivalisierenden Nationen dienen, um auf die
Möglichkeit eines künftigen Krieges hinzuweisen. Kriege und die
Vorbereitung auf Kriege haben eine Art Legitimation erlangt... Die
Verherrlichung von Gewalt beeinflußt die Beziehung zwischen den
Menschen mittlerweile so weit, daß wir eine zunehmende Gewalt-
bereitschaft im Alltag feststellen müssen, auf den Straßen und in den
Familien. Dieses sind die Maßstäbe, an denen sich unsere Jugend
orientiert. Und das hat seinen Grund. Wissenschaftliche Untersuchun-
gen zeigen, daß praktisch die Hälfte der ausgebildeten intellektuellen
Ressourcen für mörderische Zwecke benutzt werden. In der Nach-
kriegszeit konnten wir die Entwicklung von der einfachen Bombe, wie
sie in Hiroshima benutzt wurde, bis hin zu allen möglichen Arten
technisch ausgereifter Waffensysteme beobachten...

Welche Bedeutung haben nun Waffen, die so leicht zu beschaffen sind?
Das sollte man klären. Wie oft und mit welchen Waffen werden Mord

und Totschlag begangen, in der Gesellschaft und innerhalb der Familie, wo sich im Moment wohl die meisten Gewalttaten abspielen? Woher stammen diese Waffen, die Waffen, die als Drohinstrumente bei Banküberfällen dienen, oder die Handgranaten, die von Terroristen benutzt werden? Wie kann ihr Verkauf und ihr Import verboten werden?... Militarisierung schreitet nicht nur durch Kriege und den Kauf von Waffen fort... Militärische Übungen und Kriegsspiele verletzen die grundsätzlichen ethischen Normen, die das Gebot ›Du sollst nicht töten‹ beinhaltet...

Es ist beängstigend, daß terroristische Gewalttaten in den vergangenen Jahren derartig zugenommen haben, sogar in einem friedlichen Land wie dem unseren. Als Schutz werden immer mehr Sicherheitskräfte benötigt, um das Leben der Männer und Frauen zu schützen. Das Leben von Politikern wird zunehmend gefährdet. Wo ist das Ende der Spirale aus Gewalt und Gegengewalt? Viele Länder verfolgen ihre eigenen Bürger und halten sie in Gefängnissen oder Konzentrationslagern. Unterdrückung wird immer häufiger zum Bestandteil der politischen Systeme...

Auf kultureller Ebene wird die Verbreitung von Gewalt durch die Massenmedien gefördert, die heutzutage zweifellos eine besonders starke Wirkung haben. Das gilt vor allem für die visuellen Medien. Zu diesem Thema wurden in vielen Ländern bereits Untersuchungen durchgeführt und veröffentlicht. Manche Sendungen scheinen eher einen kurzzeitigen Effekt zu haben, während andere länger andauernde Wirkung zeigen.

Zum Schluß möchte ich gerne auf das Thema Technologie und Frieden zu sprechen kommen. Ich tue das hauptsächlich, um auf einen praktischen Vorschlag überzuleiten, den ich anbringen möchte. In diesem Zusammenhang würde ich gern Nobel erwähnen, einen Mann, der wie kein anderer die ambivalente Natur von Technologie verkörpert.

Nobel war ein großer Anhänger des Friedens. Er ging sogar soweit zu glauben, er habe mit dem Dynamit ein Mittel zur Zerstörung erfunden, das einen Krieg so sinnlos machte, daß er unmöglich werden würde. Er hatte sich geirrt. Doch wie alle anderen Technologien können *auch seine Erfindungen sowohl für gute als auch für böse Zwecke genutzt werden. Ein gutes Beispiel, das er selbst zitiert hat, wäre etwa das Nitroglyzerin...*

Ich möchte gerne eine Passage aus Nobels Testament zitieren, von der ich glaube, daß sie bisher nicht genügend Beachtung gefunden hat, obwohl sie einen direkten praktischen Nutzen hat. Unter anderem betont Nobel, daß der Sinn seiner Stiftung darin besteht, ›die Organisation und die Durchführung von Friedenskongressen‹ zu unterstützen.

Soweit ich weiß, hat in den nahezu hundert Jahren, seit dieses Testament verfaßt wurde, noch kein Friedenskongreß stattgefunden. Deshalb möchte ich vorschlagen, in den kommenden Jahren die Organisatoren von ›Friedenskongressen‹ als Kandidaten für den Friedensnobelpreis zu bevorzugen. Solche Kongresse wären sicher wunderbare Gelegenheiten, wichtige Fragen einer dynamischen und sachlichen Analyse und Diskussion zu unterziehen. Die mächtige Volksbewegung gegen den Rüstungswettlauf, die gegenwärtig an Stärke gewinnt, begünstigt einen Impuls dieser Art und benötigt ihn zugleich – um der Gestaltung unserer Zukunft zu dienen.«

Zum Schweigen verurteilt, aber nicht verstummt

Aung San Suu Kyi
Friedensnobelpreis 1991

»Die ›Zehn Pflichten der Könige‹ sind in Birma weithin bekannt und werden allgemein als Richtschnur akzeptiert, an der eine moderne Regierung ebenso wie jener erste Monarch gemessen werden kann. Diese Pflichten sind: Dana (Großmut), Sila (Sittlichkeit), Patricagga (Selbstaufopferung), Ajjava (Unbestechlichkeit, Ehrlichkeit und Wahrhaftigkeit), Maddava (Freundlichkeit), Tapa (Enthaltsamkeit), Akkodha (Besonnenheit), Avivhamsa (Gewaltlosigkeit), Khanti (Nachsichtigkeit), Avivrodha (nicht gegen den Willen des Volkes zu handeln).

Diese tradierten Pflichten beschreiben nicht nur die Erwartung des Volkes an eine demokratische Regierung, sie legitimieren sie auch.«[185]

Aung San Suu Kyi

Zweiundsiebzig Schritte vor, zweiundsiebzig Schritte zurück. Seit Monaten kennt der junge Soldat jeden Stein, die kleinste Unebenheit der Straße, auf der er und seine sieben Kameraden abwechselnd rund um die Uhr auf- und abpatrouillieren. Immer dieselbe Länge, den Blick starr geradeaus gerichtet, im gleichen Winkel. So behält er sowohl das Haus als auch die Straße im Auge. Nichts entgeht ihm. An seinem Gesicht ist nicht abzulesen, ob und welche Gedanken er sich über das Haus an der University Street 54 in Rangun und dessen Bewohnerin macht.

Den Stacheldraht um das Haus herum nimmt er schon gar nicht mehr wahr. Stacheldraht gehört zum Alltag in Myanmar, wie Birma seit 1989 heißt. Im Innenhof hinter dem Drahtverhau, verborgen vor neugierigen Augen, betritt eine zierliche Frau den Garten. Auf einer großen roten Tafel, etwa fünfzig Meter neben dem Haus, steht »Jeder, der zerstörend wirkt und sich nicht leiten läßt, ist unser Feind.« Eine Maxime der Militärregierung, die vor mehr als dreißig Jahren die Macht übernommen hat – im Juli 1947, als sie den Vater der jungen Frau, den zweiunddreißigjährigen Nationalhelden und rechtmäßigen Führer Birmas, Aung San, ermordete. Überall im Land haben die Generäle solche großen Tafeln aufstellen lassen, an Straßenkreuzungen, vor wichtigen Gebäuden, auf Flugplätzen und Bahnhöfen.

Vielleicht fällt es dem Soldaten nicht weiter auf, daß seit einiger Zeit, genauer gesagt seit dem Frühling 1991, keine Klaviersonaten von Mozart mehr aus dem Haus erklingen, das er bewacht. »Sie hat ihr Klavier aus Geldnot verkaufen müssen«, flüstern sich die Menschen hinter vorgehaltener Hand zu. Würde der Soldat erfahren, daß diese *»fremde, aber friedliche Musik für uns alle eine Botschaft war: Gebt die Hoffnung nicht auf«*, müßte er das mit stoischem Gesicht ignorieren.[186] Eigentlich müßte er sogar Menschen, die so etwas sagen, seinen Vorgesetzten melden, sonst läuft er in Gefahr, selbst verhaftet zu werden.

Die Frau, die der Soldat bewacht, trägt den Namen Aung San Suu Kyi, was »Strahlendes Bündel denkwürdiger Siege« bedeutet. Sie wird als Staatsfeindin Nummer eins betrachtet. Sie trägt das Erbe ihres Vaters, der zwar sein Land in die Unabhängigkeit führte, aber keine Zeit mehr hatte, Birma so, wie es die »tradierten Pflichten« verlangen, zu regieren. An seiner bei seinem Tod erst zweijährigen Tochter ist es nun, sich dieser Pflichten würdig zu erweisen.

Als die Weltöffentlichkeit im Dezember 1991 ihre Aufmerksamkeit auf Birma richtet, weil die zierliche, nur ein Meter fünfundfünfzig Meter große Frau mit dem Friedensnobelpreis ausgezeichnet wird, stehen immer noch Soldaten vor ihrem Haus. Den ehrenvollen Preis nehmen, stellvertretend für sie, ihre beiden Söhne und ihr Ehemann entgegen. Einmal mehr kann die Hauptperson nicht nach Oslo reisen. Aung San Suu Kyi befindet sich in guter Gesellschaft: Carl von Ossietzky saß 1935 im Konzentrationslager, als es das Nobelkomitee nicht wagte, ihm den Preis zu verleihen. Er saß immer noch dort, als er ihn ein Jahr später rückwirkend erhielt. Hitler raste vor Wut und verbot allen Deutschen, in Zukunft einen Nobelpreis anzunehmen. Moskau verbot Andrej Sacharow, als er 1975 mit dem Friedensnobelpreis ausgezeichnet wurde, die Reise nach Norwegen, wie es dies bereits bei seinem mit dem Literaturnobelpreis ausgezeichneten Landsmann Alexander Solschenizyn 1970 getan hatte. Möglicherweise hätte Lech Walesa seinen Friedensnobelpreis 1983 persönlich entgegennehmen können, doch er erhielt von General Jaruzelski keine Garantie, daß er nach Polen zurückkehren dürfe, und schickte vorsichtshalber seine Frau allein nach Oslo. Auch Aung San Suu Kyi hätte ihren Preis persönlich vielleicht entgegennehmen können – allerdings ohne die geringste Chance, jemals wieder birmanischen Boden betreten zu können.

Mit quietschenden Bremsen stoppt der Jeep und wirbelt eine Staubwolke auf. Hastig springen sechs Soldaten unter der Führung ihres Hauptmanns herunter, nehmen kniend Stellung ein und richten ihre Gewehre auf Aung San Suu Kyi. Etwa vierzig Schritte trennen sie und ihre Begleiter von den schußbereiten Soldaten.

Es ist der 5. April 1989, und die Führerin der Nationalen Liga für Demokratie (NLD) befindet sich auf einer Vortragsreise durch den Distrikt Irrawaddy. Sie will die Menschen zum zivilen, absolut gewaltlosen Widerstand gegen die Militärregierung aufrufen, so wie sie es während der letzten Monate in unzähligen Reden im ganzen Land getan hat. *»Ich kann euch nicht aus eurer Misere befreien. Ich kann euch nur helfen, euch selbst zu befreien«, lautet ihre Botschaft.* [187] Es sieht so aus, als ob ihre Bemühungen um die Demokratie in Birma ein abruptes Ende finden würden. Aung San Suu Kyi fordert ihre Begleiter auf, am Straßenrand auf sie zu warten, und geht den Soldaten entgegen, als ob sie sich sicher sei, daß sie nicht schießen würden.

In diesem Moment liegt ihr Schicksal in den Händen des Hauptmanns. Nach den herrschenden Gesetzen ist er berechtigt, das Feuer auf sie zu eröffnen. Schließlich hat sie gegen den Erlaß 2/88 verstoßen, gemäß dem eine Versammlung von mehr als vier Personen verboten ist und drakonisch bestraft wird. Ob er sich an die Vorschriften halten wird? Vorschriften, die besagen, daß die Offiziere der Armee, einschließlich die untergeordneten Dienstgrade, die Befugnis haben, politische Widersacher zu verhaften und sofort einen von drei möglichen Urteilssprüchen zu verhängen: drei Jahre Arbeitslager, lebenslängliche Haft oder Exekution.

Die Exekution der Frau, die sich dem Hauptmann nähert, würde für internationales Aufsehen und weltweite Empörung sorgen. Ihm könnte sie eine Beförderung eintragen, schließlich ist sie die Person, die seine Vorgesetzten mit allen Mitteln bekämpfen, ohne es bis jetzt gewagt zu haben, bis zum Äußersten zu gehen. Nun hat er – ein unbedeutender Hauptmann – die Chance, die den Generälen bisher fehlte. Denn ein Erlaß ist ein Erlaß, und wer ihn nicht beachtet, wird unnachgiebig bestraft. So will es das Gesetz.

Unerschrocken geht Aung San Suu Kyi weiter auf die Soldaten zu. Angst ist in ihrem Gesicht nicht zu erkennen. Angst, die sie in ihren Schriften und Reden als schwerwiegender in ihren negativen Auswirkungen beschreibt als die Macht: *»Nicht die Macht korrumpiert die Menschen, sondern Furcht. Furcht vor dem Verlust der Macht korrumpiert jene, die diese Macht ausüben, und Furcht vor dem Zugriff der Macht korrumpiert jene, die ihr unterworfen sind.«* [188]

Möglicherweise denkt sie an ihre beiden großen Vorbilder Mahatma Gandhi und Martin Luther King, die aufgrund ihres konsequenten Eintretens für Gewaltverzicht zu den bedeutendsten Persönlichkeiten dieses Jahrhunderts gehören. Nun droht auch ihr, dreißig Meter von den schußbereiten Gewehren entfernt, ein ebenso gewaltsamer Tod wie den beiden charismatischen Führern. Vielleicht denkt sie auch an die Worte ihres Vaters: *»Verlaßt euch nicht nur auf den Mut und die Unerschrockenheit der anderen. Jeder von euch muß Opfer erbringen und ein mutiger und furchtloser Held werden. Denn erst dann werden wir alle wirkliche Freiheit genießen können.«* [189]

Würde es der Hauptmann tatsächlich wagen, die Tochter des Mannes zu erschießen, der in den Jahren 1947/48 an der Spitze von dreißig gleichgesinnten Thakins, »Meister« genannte Patrioten, sein Land in die Unabhängigkeit von der Kolonialmacht Großbritannien und den Besatzern aus Japan führte?

»Furchtlosigkeit mag eine Gabe sein, doch wertvoller ist vielleicht der Mut, der erworben wird durch unablässigen Widerstand gegen das Diktat der Furcht über das eigene Handeln. Diese Art Mut könnte man als ›Würde trotz Unterdrückung‹ bezeichnen – eine Würde, die

sich angesichts unablässiger, rücksichtsloser Unterdrückung stetig er-neuert«, schreibt Aung San Suu Kyi in ihrem Essay *Frei von Furcht.* [190] Mut und Würde attestieren Aung San Suu Kyi alle, die in den letzten Monaten mit ihr zusammengetroffen sind. Dagegen können auch die verleumderischen Hetzkampagnen der Militär-junta, die ihr »abartige sexuelle Praktiken mit Ausländern, Ver-bindungen mit der kommunistischen Partei und der CIA« nach-sagen, nichts ausrichten. Erst wenige Monate seit der schweren Erkrankung ihrer Mutter im April 1988 ist sie wieder in Birma und sorgt für große Unruhe bei den Machthabern des Landes, das mit seinen rund dreiundvierzig Millionen Einwohnern und einem durchschnittlichen Pro-Kopf-Einkommen von jährlich zweihundertachtzig Dollar zu den ärmsten Ländern Asiens gehört. Im August 1988 spricht die Dreiundvierzigjährige erstmals zu ihrem Volk. Hunderttausende waren vor der Shewdagon-Pagode in Rangun, dem buddhistischen Wahrzeichen Birmas, zusammen-geströmt, um sie zu hören: »*Und es stimmt auch, daß ich mit einem Ausländer verheiratet bin. Aber diese Tatsachen haben nie und werden auch in Zukunft nie meine Liebe und Zuneigung zu diesem Land mildern oder schwächen. Etwas anderes, das über mich gesagt wurde, ist, daß ich keine Ahnung von birmanischer Politik habe. Das Problem ist: Ich weiß zuviel darüber. Meine Familie weiß am besten, wie sehr mein Vater für die birmanische Sache hat leiden müssen.*« [191]

Mit den einfachen und eindrücklichen Worten ihrer ersten öffentlichen Rede erreicht sie, was die Militärs am meisten fürch-ten: Die Opposition hat eine neue Galionsfigur. Unversehens ist eine Person mit Charisma und politischem Talent aufgetaucht, die mit ihrer Forderung nach Wiederherstellung der Menschen-rechte der Militärjunta gefährlich werden kann. Diese uner-wünschte Person, auch noch eine Frau, droht, mit ihrem gewalt-losen Widerstand ein vor Waffen starrendes System außer Gefecht zu setzen.

Akkodha – Besonnenheit

Zwanzig Meter vor den Gewehren wird sich beweisen, wieviel Kraft sie, die der Macht der Gewehre nur die Macht der Worte entgegensetzt, besitzt: »*Auch unter der erdrückendsten Staatsmaschinerie braucht es nicht Gewalt, um einer von Angst freien Gesellschaft den Weg zu bahnen. Immer wieder wird der Mut zurückkehren, da Angst nicht der natürliche Zustand der Menschen ist.*« Und weiter: »*Die Quelle des Mutes und der Standhaftigkeit angesichts ungezügelter Macht sind der feste Glaube und die Gültigkeit ethischer Prinzipien, verbunden mit dem historischen Bewußtsein, daß der Weg des Menschen – trotz aller Rückschläge – letztlich in Richtung geistiger und materieller Weiterentwicklung verläuft.*«[192]

Ihr persönliches Engagement erklärt sie folgendermaßen: »*Ich finde Parteipolitik überhaupt nicht attraktiv. Ich wäre viel lieber Schriftstellerin geworden. Aber nachdem ich mich engagiert hatte, konnte ich keine halben Sachen machen.*«[193] Am 15. August 1988 schreibt sie einen öffentlichen Brief an die Regierung, in dem sie wohlüberlegt und besonnen die Bildung eines Beratungskomitees aus anerkannt unabhängigen Persönlichkeiten vorschlägt, das das Land in Richtung eines Mehrparteiensystems steuern soll. Sie betont die Notwendigkeit, die Gewalt sowohl auf Seiten der Regierung als auch der Demonstranten einzuschränken und die Verhafteten freizulassen. Vorausgegangen ist ein durch das Militär brutal und blutig niedergeschlagener Protestmarsch von Studenten, die Porträts von Aung San mit sich getragen hatten. Unterstützt wurde ihr Aufruf von U Nu, dem letzten regulär gewählten Premierminister Birmas. Nur noch fünfzehn Meter…

Was wird aus ihren Söhnen? Der 1973 geborene Alexander und der 1977 geborene Kim sind weit weg. Zu Hause in England, bei ihrem Vater Michael Aris, der in Oxford Tibetologie lehrt. Es sollte ja lediglich ein kurzer Aufenthalt in Birma sein, nur so lange, wie ihre schwerkranke Mutter ihrer Pflege bedarf. Die Mutter steht ihr – besonders nach dem frühen Tod ihres

Vaters – sehr nahe. Mit ihr ging sie als Fünfzehnjährige nach Neu Delhi, als diese erste weibliche Botschafterin Birmas in Indien wurde. In der indischen Metropole studierte sie politische Wissenschaften und lernte die globalen Zusammenhänge der Macht kennen. Vor allem jedoch vertiefte sie sich in die Philosophie Mahatma Gandhis, las seine Schriften und bekannte sich daraufhin bedingungslos zu seinem Weg des gewaltlosen Widerstandes. *»In einer Zeit, in der ungeheure technische Fortschritte tödliche Waffen hervorgebracht haben, die von den Mächtigen und Skrupellosen dazu benutzt werden, die Schwachen und Schutzlosen zu unterjochen, besteht ein zwingender Bedarf nach einer engen Verbindung von Politik und Ethik auf nationaler wie internationaler Ebene.«*[194] Nun steht sie vor diesen Soldaten und ihren Gewehren.

Wer konnte ahnen, wie schnell sich die Lage in Birma zuspitzen würde. Im März 1988 hatten sich Studenten und Mönche zum Widerstand entschlossen und den Diktator Ne Win mit wochenlangen öffentlichen Demonstrationen vertrieben. Bei General Saw Maung und seinen Staatsrat für die Wiederherstellung von Recht und Ordnung (SLORC) zeigten friedliche Demonstrationen für die Demokratie allerdings keine Wirkung. Brutal ließ er seine Soldaten auf Schüler und Studenten schießen. Mit aufgepflanzten Bajonetten jagten Eliteeinheiten Kinder und buddhistische Mönche durch die Straßen der Hauptstadt. Doch die Bevölkerung wollte sich nicht mehr unterjochen lassen. Im August kam es zu einem Aufstand, der eine nicht mehr aufhaltbare Wende einleitete.

Mit dem Erscheinen Aung San Suu Kyis auf der politischen Bühne hat niemand gerechnet. Viel eher wünscht man sich die Rückkehr ihres älteren Bruders Aung San Oo, der in San Diego, Kalifornien, lebt und amerikanischer Staatsbürger geworden ist. Doch Aung San Oo zeigt wenig Interesse an Politik. Der zweite Bruder Aung San Lin ist als Kind in einem Teich ertrunken.

Bleibt also nur noch sie, die Tochter des Nationalhelden. *»Die gegenwärtige Krise geht die ganze Nation an. Als meines Vaters Tochter konnte ich nicht unbeteiligt gegenüber all dem bleiben, was vor sich ging. Diese nationale Krise kann tatsächlich der zweite Kampf der Unabhängigkeit genannt werden.«*[195] Sollte es wirklich in der Hand dieser zierlichen Frau liegen, ihr Volk in die Freiheit zu führen? Eine Heldin aus derselben Familie? Oder eine Märtyrerin? Die Gewehre, die auf sie gerichtet sind, wurden vermutlich mit Drogengeldern bezahlt.

Seit 1988 habe sich der Drogenanbau in den von der Militärjunta kontrollierten Gebieten verdoppelt, allein 1992 seien zweitausend Tonnen Opium – Stoff für zweihundert Tonnen Heroin – geerntet worden, behauptet der schwedische Journalist und Birma-Experte Bertil Lintner. Ohne die lukrative Kooperation mit den Drogenbaronen des »Goldenen Dreiecks« und ohne die Heroingelder wäre es für das bankrotte Land nicht möglich, die modernen Waffensysteme aus China zu bezahlen. Für Peking hat sich die jahrelange Waffenhilfe an den Pariastaat besonders gelohnt: Am Eingang zum indischen Ozean richtet die Kriegsmarine der chinesischen Volksbefreiungsarmee 1994 einen Stützpunkt ein.

Khanti – Nachsichtigkeit

Kann sie, wie der »gute, nachsichtige Herrscher«, Mißgunst mit Zuneigung, Bosheit mit Tugend, Geiz mit Großherzigkeit und Falschheit mit Aufrichtigkeit begegnen? Strebt sie auch jetzt, vom Tode bedroht, nach dem Dhamma-Vijaya, dem Weg der Rechtschaffenheit?

Angst zeigt sie noch immer nicht. Angst, die sie wenige Monate zuvor in ihrer legendären Rede so drastisch geschildert hat: *»Innerhalb eines Systems, das die Existenz selbst der fundamentalsten Menschenrechte leugnet, ist Furcht bald an der Tagesordnung. Furcht* *vor Inhaftierung, Folter, Tod, Furcht vor dem Verlust der Freunde, der Familie, des Wohlstands oder des Lebensunterhalts, Furcht vor Armut, Isolation, Versagen.«* [196] Furcht ist ein ständiger Begleiter in diesem Staat, in dem es keine Rede-, Presse- und Versammlungsfreiheit gibt, in dem man ständig mit Folter rechnen und sich mit einer nahezu allumfassenden Kontrolle abfinden muß.

Als Mittel gegen diese Furcht hat Aung San Suu Kyi eine »Revolution des Geistes« anzubieten, einen Wandel der geistigen Werte, um die Entwicklung des Landes neu auszurichten. Ohne eine solche Revolution würden *»jene Kräfte, welche die Ungerechtigkeiten der alten Ordnung verursacht haben, weiterwirken und eine ständige Bedrohung für den Prozeß der Reform und Erneuerung darstellen.«* Außerdem sei es nicht genug, *»nach Freiheit, Demokratie und Menschenrechten zu schreien. Es bedarf der gemeinsamen Entschlossenheit, den Kampf durchzustehen, im Namen der gültigen Wahrheit Opfer zu bringen und der Korruption durch Mißgunst, Unwissenheit und Furcht zu widerstehen.«* [197]

»Glassplitter, der winzigste davon voll schimmernder Macht, sich gegen die Hände zu verteidigen, die ihn zerdrücken wollen. Sie scheinen das lebende Symbol für jenen Funken Mutes zu sein, der das wesentliche Attribut aller darstellt, die sich vom Zugriff ihrer Unterdrücker befreien wollen.« [198] In den letzten Wochen ist Aung San Suu Kyi zu einem Glassplitter geworden: *»Kühl sind wir, wie Smaragd / Wie Wasser in einer hohlen Hand / ach könnten wir doch sein / wie gläserne Splitter / in einer hohlen Hand.«* [199]

Doch nun scheint es, als hätten es die Militärs geschafft, den winzigen Splitter in ihren Händen wieder zu entfernen. Zehn Schritte bleiben ihr noch, dann könnte sie die Gewehrläufe berühren. In diesem Moment befiehlt ein Major dem Hauptmann, den Schießbefehl zurückzunehmen. *»Es schien viel einfacher zu sein, ihnen ein einziges Ziel zu bieten, als die anderen mit hineinzuziehen«*, beschreibt Aung San Suu Kyi diesen Vorfall später. [200] Ihr bleibt nur wenig Zeit, ihre Gedanken und Ideale von einer demokratischen Regierung in Birma öffentlich zu äußern. Am 20. Juli 1989 stehen elf Lastwagen an der University Street, vollbesetzt mit Soldaten, die Aung San Suu Kyi daran hindern, ihr Haus zu verlassen, und sie mit Gewalt ins Innere zurückbringen. Von da an wird sie bewacht, von der Außenwelt abgeschirmt – mundtot gemacht.

Es muß wohl als Ironie des Schicksals betrachtet werden, daß in unmittelbarer Nähe von Aung San Suu Kyi ein weiterer prominenter ›Gefangener‹ in »Hausarrest« sitzt. Der ehemalige Diktator Ne Win. Der Grund ist jedoch ein anderer: Ne Win hat Angst vor seinem Volk und läßt sich von seinen ihm treu ergebenen Soldaten bewachen. Offiziell hat er die Macht schon lange abgegeben, doch noch immer soll der greise General aus dem Hintergrund heraus die Fäden der birmanischen Politik ziehen. Aus Angst vor Anschlägen verläßt er sein mit Kanonen und Maschinengewehren geschütztes Haus nur selten.

Patricagga – Selbstaufopferung

Hinter der dritten Tugend, Patricagga, steht die Idee des selbstlosen Dienstes an der Allgemeinheit: Der gute Herrscher ordnet seine persönlichen Bedürfnisse dem Dienst an seinem Volk unter. Die Generäle hingegen haben sich nie an diese Form der Selbstaufopferung gehalten. Und es sieht auch keineswegs so aus, als ob sie daran dächten, es jemals zu tun.

Auch die Legende vom Eremiten Sumedha, der als leuchtendes Beispiel für diese Idee steht, mißachten sie geflissentlich: Sumedha nahm das Los unzähliger Wiedergeburten auf sich – obwohl er in einem einzigen Leben die letzte Erlösung des Nibbana hätte erreichen können –, um anderen Menschen zu helfen, sich von ihrem Leid zu befreien.

Aung San Suu Kyi: *»Nur jene, die in ihrer Engstirnigkeit Frieden als Abwesenheit von jeglicher Opposition und Sicherheit als Absicherung* ihrer eigenen Macht interpretieren, werden bestreiten, daß gerechte Gesetze, welche die Menschenrechte verbürgen, die unverzichtbaren Voraussetzungen für Frieden und Sicherheit sind.« [201] Frieden und Sicherheit assoziiert das birmanische Volk mit Kühle und Schatten, entsprechend einem bekannten Gedicht: »Kühl ist der Schatten eines Baumes / doch nicht so kühl wie der Schatten der Eltern / der wiederum weniger kühl ist als der Schatten der Lehrer / noch kühler als dieser ist der Schatten des Herrschers / am kühlsten aber ist der Schatten von Buddhas Lehren.« [202]

Und so fordert Aung San Suu Kyi folgerichtig: »Darum müssen Herrscher, wollen sie dem Volk den schützenden Schatten von Frieden und Sicherheit spenden, die Lehren Buddhas befolgen. Im Zentrum dieser Lehren stehen die Ideen von Wahrhaftigkeit, Rechtschaffenheit und Zuneigung.« [203] Auf eine Regierung, die diese Qualitäten hat, wartet das birmanische Volk bisher vergeblich.

Eingesperrt in ihrem Haus hat sie Zeit, Zeit im Überfluß, um über Freiheit, Hoffnung, Verantwortung und Tugenden nachzudenken. Die Hoffnung der Generäle, Aung San Suu Kyi durch Totschweigen aus den Köpfen der Birmanen zu zwingen, erfüllt sich nicht. Sie gerät nicht in Vergessenheit. In Birma gilt sie längst als »Heilige«, und es wird nicht mehr lange dauern, bis auch über sie Lieder und Gedichte zirkulieren.

Am 27. Mai 1990 erlebt Birma einen erdrutschartigen Wahlsieg der NLD: Von insgesamt vierhundertfünfundachtzig Sitzen in der Nationalversammlung erringt sie dreihundertzweiundneunzig. Lediglich zehn Sitze gehen an die von den Militärs unterstützte National Unity Party (NUP), die unter dem Namen Birma Socialist Programm Party das Land von 1962 bis 1988 regiert hat. Über achtzig Prozent der Bürger haben für die NLD gestimmt, obwohl ihre Anführerin Aung San Suu Kyi an den Wahlen nicht teilnehmen durfte. Die Generäle haben sich verschätzt, sonst hätten sie freien und ordnungsgemäßen Wahlen niemals zugestimmt oder zumindest die Ergebnisse, trotz der kritischen Augen internationaler Beobachter, rechtzeitig gefälscht. Zwar erkennen sie zähneknirschend den Wahlsieg der Opposition an, weigern sich aber, die politische Macht abzugeben. Vor allem haben sie sich ein Problem eingehandelt, mit dem niemand gerechnet hat: Wohin nun mit der ungeliebten Dissidentin? Sie als Premierministerin einzusetzen, wie es nach Ausgang der Wahlen korrekt wäre, kommt unter keinen Umständen in Frage. Sie umzubringen, wagen sie aber auch nicht, denn noch mehr als die politische Gegnerin fürchten sie die Märtyrerin.

»An der Wurzel der menschlichen Verantwortlichkeit steht die Idee der Vollkommenheit, der Drang, sie zu erlangen, die Intelligenz, einen Weg zu ihr zu finden, und der Wille, diesem Pfad zu folgen – wenn auch vielleicht nicht bis zum Ende, so doch weit genug, um sich über seine persönliche Begrenztheit und Beschränkungen seines Lebensumfeldes zu erheben.« [204] Ihren eigenen Worten folgt Aung San Suun Kyi konsequent. Nichts kann sie davon abhalten, sich den selbstgesteckten Zielen auch unter Hausarrest zu widmen. Getrennt von Ehemann und Kindern, denen drei Jahre lang jeglicher Kontakt zu ihr unmöglich gemacht wird, hält sie unbestechlich an ihren Idealen fest: *»Ideen von Wahrhaftigkeit, Gerechtigkeit und Mitgefühl kann man nicht einfach als abgedroschen abtun, solange sie das einzig standhafte Bollwerk gegen rücksichtslose Macht sind.«* [205]

Avivrodha –
Nicht gegen den Willen des Volkes handeln

»Der birmanische Ausdruck für Flüchtlinge ist ›dukkhathe‹, ein Mensch, der dukkha – das Leid – ertragen muß. In diesem Sinn weiß jeder von uns, was es bedeutet, ein Flüchtling zu sein. Wir alle suchen nach einer Zufluchtsstätte, die Schutz bietet vor Widrigkeiten, die uns in Unsicherheit bringen und jene physischen und psychischen Annehmlichkeiten rauben, die dem menschlichen Dasein Würde und Sinn ver-

leihen.« [206] Ihr Leben unter Hausarrest ist für Aung San Suu Kyi wie der Alltag Tausender von Birmanen, die entlang der Grenze zu Thailand in Flüchtlingslagern leben. Im buddhistischen Birma wird Aungs Form des wörtlichen Mitleidens hochgeschätzt. Auch über Birma hinaus unterstützen immer mehr Institutionen und Menschen ihren gewaltlosen Kampf gegen die Diktatur: Sie erhält 1990 den Thorolf-Rafto-Gedenkpreis für Menschenrechte, im Juli 1991 den Sacharow-Preis für die Freiheit des Geistes und im Dezember 1991 den Friedensnobelpreis.

»Sie ist ein herausragendes Beispiel für die Macht der Machtlosen. Ich betrachtete es als meine vornehmste Pflicht, sie für den Friedensnobelpreis 1991 vorzuschlagen, und zähle mich zu denen, die die Entscheidung des Nobelpreiskomitees mit Freude und Zustimmung vernommen haben«, so der Präsident der damaligen Tschechoslowakei, Vaclav Havel. [207] Aus Oslo verlautet anläßlich der Verleihung, daß das Nobelkomitee *»die unermüdlichen Bemühungen dieser Frau anerkennen und seine Unterstützung für die vielen Völker in aller Welt zeigen will, die mit friedlichen Mitteln nach Demokratie, Menschenrechten und Versöhnung streben.«* Persönlichkeiten wie Aung San Suu Kyi seien nötig, damit andere den Glauben an die Zukunft nicht verlieren. In der Geehrten vereinten sich tiefes Engagement und Durchhaltevermögen mit einer Vision, bei der Weg und Ziel zu einer Einheit zusammenfänden und deren wichtigste Elemente *»Demokratie, Respekt vor den Menschenrechten, Versöhnung zwischen Gruppen, Gewaltlosigkeit sowie persönliche und kollektive Disziplin sind.«*

Das Nobelkomitee wählt Aung San Suu Kyi unter neunundachtzig Kandidaten als *»eines der außergewöhnlichen Beispiele für Zivilcourage in Asien in den vergangenen Jahrzehnten«* aus. Den Vertretern des Komitees ist es jedoch nicht gestattet, Kontakt zu ihr aufzunehmen, und die unmittelbar nach der Verleihung verstärkt aufgezogenen Wachen beweisen, für wie gefährlich die Militärs ihre Gegnerin halten. Der Kommentar der Generäle zur Auszeichnung, verbreitet durch den ersten Sekretär der birmanischen Botschaft in Thailand, spricht für sich: Man halte die Verleihung für eine *»unannehmbare Einmischung in unsere inneren Angelegenheiten. Wer glaubt, man lasse sich von ›irgendso einem dahergelaufenen Komitee‹ beeinflussen, der irrt. Aung San Suu Kyi wird weiterhin so behandelt werden, wie bisher.«*[208] An dieser Behandlung ändert auch die Initiative des Dalai Lama nichts, der im Februar 1993 zusammen mit sieben weiteren Friedensnobelpreisträgern nach Bangkok reist. Sie wollen persönlich Druck auf das Militärregime in Birma ausüben und die Freilassung von Aung San Suu Kyi erreichen. Ohne Erfolg – die Generäle verweigern die Einreise mit dem Argument, auch diese Aktion sei eine Einmischung in die inneren Angelegenheiten Birmas. Die Erwiderung des Dalai Lama, daß »Menschlichkeit keine nationalen Grenzen kennt«, ändert die Haltung der Militärs nicht. Und so bleibt ein Kurzwellenradio Aungs einzige Verbindung nach außen, ein Hausmädchen ihre einzige tägliche Gesprächspartnerin.

»Das Gebot, nicht gegen den Willen des Volkes zu handeln, bedeutet für den Herrscher, im Grunde nie zu vergessen, daß die Legitimität seiner Herrschaft auf der Zustimmung des Volkes beruht, das ihm sein Mandat jederzeit entziehen kann, wenn es das Vertrauen in seine Fähigkeit verliert, den Interessen des Volkes nach bestem Vermögen zu dienen.«[209] Die Birmanen haben größtes Vertrauen in Aung San Suu Kyi. Sie sehen in ihr die rechtmäßige Regierungschefin und halten ihr ungebrochen die Treue. Als im Januar 1994 erste Meldungen über eine baldige Freilassung durchsickern, nehmen sie diese jedoch mit gemischten Gefühlen entgegen. Sie befürchten, daß Aung San Suu Kyi der langen Isolation nicht habe standhalten können, sich womöglich auf einen Handel mit den Generälen eingelassen und scharfen Auflagen zugestimmt habe. Diese Befürchtungen zerstreut die Nobelpreisträgerin sofort: sie macht klar, daß sie keine ihrer Forderungen fallenlassen

werde. Dennoch erlauben ihr die Generäle regelmäßige Kontakte zu ihrer Familie, wahrscheinlich um den Bogen nicht zu überspannen und den immer häufiger geäußerten Forderungen von ausländischen Staatsmännern und Würdenträgern nach ihrer Freilassung entgegenzukommen. Dann gestatten sie ihr sogar, ihre Reden unzensuriert zu verfassen, halten darf sie sie jedoch nicht persönlich, weder in Birma noch im Ausland. Stellvertretend tun dies nach wie vor ihre Söhne und ihr Ehemann, die auch die Ehrungen und Auszeichnungen für die »Lichtgestalt des Widerstandes« entgegennehmen. *»Als wir vor bald zwanzig Jahren heirateten, nahm mir Suu das Versprechen ab, mich niemals zwischen sie und ihre Heimat zu stellen oder sie an der Erfüllung dessen zu hindern, was sie als wesentliche Pflicht gegenüber ihrem Volk ansieht. Ich gab das Versprechen mit dem Bewußtsein, daß sie irgendwann würde zurückkehren müssen, wenn für sie der Zeitpunkt gekommen sein würde, sich der Zuneigung und des Ansehens, das ihre Familie genoß, als würdig zu erweisen«,* erklärt Michael Aris im Juli 1991, als er im Namen seiner Frau den Sacharow-Preis für die Freiheit des Geistes empfängt. [210]

Kurz nach der Verhängung des Hausarrestes hat Michael sie ein letztes Mal für drei lange Jahre besuchen dürfen. In der Öffentlichkeit hält er sich sehr zurück, benimmt sich äußerst vorsichtig, um nicht als Angehöriger der ehemaligen Besatzungsmacht Großbritannien in die politische Diskussion in Birma verwickelt zu werden. *»Suu wäre auch wütend, wenn ich es je versuchen sollte. Ich tue es nicht und ich brauche es nicht. Suu ist stark genug, ohne mich für das zu kämpfen, was sie für richtig hält.«* [211] Den Erfolg seiner Frau führt er darauf zurück, daß sie genau das tut, was nötig ist, und zwar mit Leib und Seele. Egal, ob es dabei um die Erziehung der Söhne, um ihre akademischen Studien oder die Demokratiebewegung in Birma geht. Wie verkraften er und seine Söhne die Trennung? *»Ich glaube, sie… kommen besser damit klar als ihr Vater. Sie verstehen sehr gut, weshalb ihre Mutter diesen Weg eingeschlagen hat, den sie geht. Und sie* *wissen, was sie zu ihnen sagen würde, wenn sie mit ihnen sprechen dürfte: Suu würde ihnen klarmachen, daß es viele Menschen in Birma und woanders gibt, die viel Schreckliches erleiden. Dagegen gilt es aufzustehen. Suu wäre sicher sehr traurig, wenn der Nobelpreis vom Schicksal der Millionen Menschen ablenkte, die mehr als sie leiden«,* meint er in einem Interview im Dezember 1991. [212]

Dana – Großmut

Großmut gegenüber ihren Gegnern legt Aung San Suu Kyi tatsächlich an den Tag. Aus all ihren Reden und Schriften ist Versöhnungsbereitschaft herauszuhören. Sie will keine Rache, weder persönlicher Art noch für das Volk, sondern spricht von »nationaler Aussöhnung«. Hingegen müsse man sich mit der nationalen Vergangenheit auseinandersetzen, denn *»Ängste und Verdächtigungen werfen lange Schatten, so daß jede Aussöhnung den Wunsch voraussetzt, das Wohl der Nation über kleinliche Gruppeninteressen zu stellen.«* [213]

Was das Wohl eines Staates, seine ökonomische Sicherheit, betrifft, hätte Aung San Suu Kyi als Premierministerin – sofern sie jemals die Gelegenheit dazu erhält – eine enorme Aufgabe vor sich. *»Die erste Pflicht, die Großmut (Dana) besagt, daß ein Herrscher zum Wohlergehen seines Volkes großzügig beitragen soll, und enthält die unausgesprochene Forderung, daß eine Regierung in der Lage sein sollte, angemessen für die Bevölkerung zu sorgen. Im Kontext moderner Politik wäre eine der obersten Pflichten einer verantwortungsbewußten Verwaltung demnach, die ökonomische Sicherheit des Staates zu gewährleisten.«* [214]

Das einst so reiche Birma liegt am Boden, heruntergewirtschaftet durch die sozialistischen Experimente des von 1962 bis 1988 regierenden Diktators Ne Win. Mit einer Synthese marxistischen Gedankenguts und des im Lande vorherrschenden Theravada-Buddhismus wollte er eine Art Wohlfahrtsstaat aufbauen. Nicht Klassenkampf und Diktatur des Proletariats, sondern wohlwollende Lenkung über Verstaatlichungen und Vergenossenschaftlichung sollten dazu führen. Fehlentscheidungen und staatliche Eingriffe verursachten jedoch einen völligen Niedergang der Wirtschaft. Auch von der unter den Engländern hochentwickelten Erdöl- und Gasindustrie ist kaum etwas übrig. Die zu den reichsten der Welt gehörenden Edelsteinminen liegen brach. Nichts ist in all den Jahren für den Aufbau der Infrastruktur getan worden, und das edle Teakholz – achtzig Prozent der Weltreserve stehen in Birma – wird gegen Kriegsgerät verkauft. 1987 hat Birma bei den Vereinten Nationen sogar den Antrag gestellt, als das industriell unterentwickeltste Land der Welt anerkannt zu werden.

Für den Wiederaufbau, das weiß Aung San Suu Kyi, müßte sie mit den Streitkräften, die seit über dreißig Jahren alles kontrollieren, zusammenarbeiten. Es werde ihre schwierigste Aufgabe sein, ihre Anhänger von einer solchen Zusammenarbeit zu überzeugen, hat sie vor den Wahlen gegenüber westlichen Diplomaten geäußert. Die Militärs fürchten nichts so sehr wie einen »Kriegsverbrecherprozeß à la Nürnberg«. Nur ein ständiger Dialog könne den Machthabern diese Angst nehmen. Das Resultat solcher Gespräche könnte eine gerechtere Machtverteilung und die Wiederaufnahme westlicher Hilfe sein.

Ajjava –
Unbestechlichkeit, Ehrlichkeit, Wahrhaftigkeit

Myanmar ist nach wie vor ein riesiges Gefängnis. Rund zwei- bis dreihunderttausend Geheimdienstagenten kontrollieren im Auftrag des Staatsrates zur Wiederherstellung von Recht und Ordnung jeden Schritt der Bürger. In den Städten wird die Bevölkerung in kleine Gruppen eingeteilt, über die je ein Agent wacht und der alle Beobachtungen weiterleitet. Jedes Verlassen des Wohngebietes muß gemeldet werden. Besucher von außerhalb müssen unter Androhung schwerster Strafe umgehend gemeldet werden. Nachts ist der Strom abgedreht, Benzin bekommt man nur an seinem Wohnort und für Flug- und Bahnkarten ist eine Bewilligung notwendig.

Im September und Oktober 1994 kommt es zu ersten vorsichtigen Annäherungen zwischen Aung San Suu Kyi und Spitzenvertretern der Junta. Über die Inhalte der Gespräche dringt nichts nach außen. Laut Zeitungsmeldungen bekräftigt Aung San Suu Kyi lediglich ihre Forderungen, auch wenn sich der starke Mann in Rangun, Geheimdienstchef und Generalleutnant Khin Nyunt bemüht, die Oppositionsführerin umzustimmen. Die Hoffnungen auf eine baldige Freilassung zerschlagen sich, als die Machthaber erklären, die Oppositionsführerin könne erst freigelassen werden, wenn eine neue Verfassung vorliege.

Zwar dauert nach offiziellem SLORC-Gesetz Nr. II/91 eine Strafe für »subversive Elemente«, wie sie über Aung San Suu Kyi verhängt worden ist, maximal fünf Jahre, aber in ihrem Fall haben sie einen Trick gefunden, sie weiterhin in Arrest zu halten: Ihr erstes Jahr in Gefangenschaft wird als »Haftperiode oder Untersuchungshaft« deklariert, womit eine Freilassung frühestens im Juli 1995 in Frage kommt, es sei denn, sie erklärt sich bereit, Birma zu verlassen und ihre politischen Ambitionen aufzugeben. Aung Sang Suu Kyi bleibt unbestechlich, ehrlich und der Wahrheit verpflichtet − so, wie es von einem guten Herrscher verlangt wird: »*Seinem Wesen nach gradlinig wie ein Pfeil, ohne Verfälschung und Verzerrung, teilt sich ein gesprochenes Wort nicht in zwei.*«[215] Und stets ist sie eine peinliche Erinnerung daran, daß die Militärs das Ergebnis demokratischer Wahlen nicht respektieren, daß gewählte Abgeordnete nicht im Parlament, sondern im Gefängnis sitzen und gefoltert werden oder über die Grenze nach Thailand flüchten. Die Gnadenfrist, die sich die Generäle mit ihrer Haftverlängerung selbst gewährt haben, läuft jedoch auch ab. Es ist eine Zitterpartie, denn wenn die

Militärs Aung San Suu Kyi freilassen, würde sich die gesamte Opposition und das Volk um sie scharen. Lassen sie sie nicht frei, machen sie sie endgültig zur Märtyrerin. Ein Kenner der Situation meint: »Sobald sie auf der Straße erscheint, kann sie ganz Birma aus den Angeln heben.«

Eine Stimme kehrt zurück

Die von den internationalen Medien am 11. Juli 1995 begeistert verbreitete Meldung über die tags zuvor erfolgte Freilassung von Aung San Suu Kyi – zehn Tage vor dem sechsten Jahrestag ihres Hausarrestes – ist für die Militärs lediglich eine Einhaltung ihrer eigenen Gesetzesvorschriften. Allfällige Hoffnungen der Generäle, daß die Oppositionsführerin in ihrer langen Gefangenschaft den Bezug zur Realität verloren habe oder gar müde geworden sei, zerstreut sie umgehend. »Jeder muß wählen zwischen Gespräch und Zerstörung«, sagt sie vor laufenden Kameras und ruft die Birmanen zur Versöhnung auf. Sie sei überzeugt, daß die Kräfte der Demokratie in Birma nach wie vor stark seien.

Auf ihre Gefühle bezüglich ihrer Freilassung angesprochen, reagiert sie besonnen: »*Ehrlich gesagt, ich wußte nicht, was ich empfinden sollte. Ich sagte mir, gut ich bin frei, aber andererseits fühlte ich mich immer frei. Ich habe mich nicht wirklich nach der großen weiten Welt da draußen gesehnt. Wichtig für mich war vor allem, mich innerlich frei zu fühlen.*«[216] Und wie steht es mit den womöglich übergroßen Erwartungen der Bevölkerung an sie? »*Ich möchte nicht, daß sich die Menschen zuviel erhoffen, weil Menschen mit zu großen Erwartungen zu wenig selbst in die Hand nehmen. Wenn meine Landsleute etwas verändern wollen, dann müssen sie dafür arbeiten. Und sie müssen verstehen, daß es eine Menge zu tun gibt. Ich glaube, es wird noch ein langer Weg zurückzulegen sein, und dieser Weg wird nicht einfach sein. Aber solange wir einen Willen haben und solange wir intelligent vorgehen, werden wir, glaube ich, dahin gelangen.*«[217]

Im Sommer 1996 – knapp ein Jahr nach ihrer Freilassung – ruft Aung San Suu Kyi einen ersten Kongreß der Oppositionspartei ein – was die Militärs mit einer sofortigen Verhaftungswelle quittieren: Rund zweihundertfünfzig Aktivisten der NLD, unter ihnen hundertfünfundneunzig gewählte Parlamentarier, werden umgehend ins Gefängnis gesteckt. Doch die Lady, wie sie in den staatlichen Medien genannt wird, läßt sich nicht entmutigen und eröffnet den Kongreß mit den verbliebenen neunzehn Ligavertretern. Etwa fünftausend Sympathisanten versammeln sich, um Aung San Suu Kyi reden zu hören. Das Wahlergebnis von 1990 müsse endlich anerkannt werden, und dieser erste Kongreß sei der Beginn einer ganzen Reihe von Parteitreffen, gibt sie in ihrer Eröffnungsrede bekannt. »Verhandlungen heißt das Schlüsselwort«, erläutert sie ihre Absicht, obwohl es die Generäle nach wie vor ablehnen, mit ihr einen konstruktiven Dialog über einen Machtwechsel zu führen. Statt dessen deklarieren sie 1996 zum *Burma Tourist Year* aus und konzentrieren ihre Anstrengungen auf die Gewinnung ausländischer Investoren.

Als Antwort auf die Verhaftung ihrer Parteimitglieder ruft die Friedensnobelpreisträgerin zu einem Boykott Birmas auf und setzt sich so erneut der Gefahr eines Hausarrestes aus. Denn, so heißt es in der Militärzeitung: »Wir haben Geduld geübt, doch die Lady ist schlimmer und schlimmer geworden.«

Am 27. März 1999, an seinem 53. Geburtstag, stirbt Michael Aris an den Folgen eines unheilbaren Krebsleidens. Als er vom terminalen Stadium seines Prostatakrebses erfährt, bittet er die Machthaber in Rangun wiederholt um eine letzte Besuchserlaubnis. Mehr als vier Jahre – seit Weihnachten 1995 – hat er seine Frau nicht mehr gesehen. Das Militärregime lehnt seine Bitten unbarmherzig ab.

»I want to reaffirm to Michael's family and to all people of Burma that the United States will keep working for the day when all who have been separated and sent into exile by the denial of human rights

in Burma are reunited with their families, and when Burma is reunited with the family of freedom«, läßt Präsident Bill Clinton am 28. März 1999 aus dem Weißen Haus verlauten.

Unter großer Anteilnahme der Weltöffentlichkeit wird Dr. Michael Aris in England beerdigt. Die Söhne Alexander und Kim stehen ohne ihre Mutter an seinem Grab.

»On behalf of my sons Alexander and Kim, as well as on my behalf, I want to thank all those around the world who have supported my husband during his illness and have given me and my family love and sympathy. I am so fortunate to have such a wonderful husband who has always given me the understanding I needed. Nothing can take that away from me.« Aung San Suu Kyi, 27. März 1999.

Nobelpreisrede von Aung San Suu Kyi
10. November 1991
gehalten von ihrem Sohn Alexander Aris

»Ihre Majestäten, Ihre Exzellenzen, verehrte Damen und Herren, ich stehe heute vor Ihnen, um im Namen meiner Mutter Aung San Suu Kyi die bedeutendste aller Auszeichnungen, den Friedensnobelpreis, entgegenzunehmen. Da die Gegebenheiten es meiner Mutter nicht gestatten, persönlich hier zu sein, werde ich mich bemühen, Ihnen die Empfindungen zu vermitteln, die sie meiner Meinung nach ausdrücken würde.

Ich weiß, daß sie als erstes sagen würde, daß sie den Friedensnobelpreis nicht in ihrem eigenen Namen entgegennimmt, sondern im Namen des gesamten birmanischen Volkes. Sie würde sagen, daß nicht sie diese Auszeichnung verdient, sondern all jene Männer, Frauen und Kinder, die auch in diesem Augenblick ihr Wohlergehen, ihre Freiheit und ihr Leben für ein demokratisches Birma aufs Spiel setzen. Ihnen gebührt die Auszeichnung und ihnen gehört am Ende der Sieg in Birmas langem Kampf um Frieden, Freiheit und Demokratie.

Als ihr Sohn möchte ich jedoch hinzufügen, daß ich persönlich der Ansicht bin, daß sie durch ihr Engagement und ihre persönliche Aufopferung durchaus als würdige Symbolfigur für die desolate Lage des birmanischen Volkes gelten kann. Und diese desolate Lage sollte man nicht unterschätzen. Die desolate Lage jener, die auf dem Land und in den Städten in Armut und Elend leben, die desolate Lage der jungen Menschen, der Hoffnung Birmas, die in den Dschungel geflüchtet sind und dort an Malaria sterben, die desolate Lage der buddhistischen Mönche, die man entehrt und entrechtet hat. Und wir sollten auch an die vielen ehrwürdigen und angesehenen politischen Führungspersonen neben meiner Mutter denken, die gefangengehalten werden.

In ihrem Namen möchte ich mich bei Ihnen aus tiefstem Herzen für diese hohe Auszeichnung bedanken. Das birmanische Volk kann den Kopf heute ein kleines Stück höher halten, in der Gewißheit, daß seine Klagen hier, in diesem fremden Land, gehört und beachtet werden.

Wir dürfen nicht vergessen, daß der einsame Kampf, den wir in einem streng bewachten Gebiet Ranguns führen, Teil eines viel größeren, weltweiten Kampfes ist, eines Kampfes um die Befreiung des menschlichen Geists von politischer Tyrannei und Unterdrückung. Ich bin sicher, daß diese Auszeichnung den Sinn hat, auch all die zu ehren, die sich überall auf der Welt in diesem Kampf engagieren.

Es ist bestimmt kein Zufall, daß das heutige Ereignis in Oslo auf den ›Tag der internationalen Menschenrechte‹ fällt, der in der ganzen Welt gewürdigt wird.

Herr Vorsitzender, die gesamte internationale Staatengemeinschaft hat die Entscheidung Ihres Komitees begrüßt. Erst vor wenigen Tagen haben die Vereinten Nationen einstimmig eine wichtige Resolution verabschiedet, die Generalsekretär Perez de Cuellars Erklärung zur Bedeutung dieser Auszeichnung und seine wiederholten Appelle für eine frühzeitige Haftentlassung meiner Mutter unterstreicht. Deutlich wurde die allgemeine Sorge über die ernste Menschenrechtssituation in Birma zum Ausdruck gebracht. Einsam und isoliert inmitten der gesamten Staatengemeinschaft meldete sich eine einzige Stimme aus Rangun zu Wort, doch sie kam zu spät und war zu schwach.

Dieses Regime hat durch beinahe dreißig Jahre Mißwirtschaft das einst blühende ›Goldene Land‹ Birma zu einer der wirtschaftlich schwächsten Nationen der Welt verkommen lassen. Tief in ihrem Herzen müssen auch die, die jetzt in Rangun die Macht haben, spüren, daß sie eines Tages das Schicksal aller totalitären Regime ereilen wird, die durch Unterdrückung, Angst und Haß ihre Autorität sichern. Als 1988 der birmanische Kampf um Demokratie auf der Straße entbrannte, war dies der Anfang einer internationalen Welle ähnlicher Bewegungen in Osteuropa, Asien und Afrika. Heute, im Jahr 1991, leidet Birma noch immer unter einer repressiven, kompromißlosen Junta, dem Staatsrat zur Wiederherstellung von Recht und Ordnung. Doch das Beispiel der Nationen, die sich die Demokratie erfolgreich erkämpft haben, enthält für unser Volk eine wichtige Botschaft: Das gegenwärtige Regime wird eines Tages allein durch das ökonomische Versagen des Totalitarismus verdrängt werden. Angesichts steigender Inflationsraten, ökonomischer Mißwirtschaft und eines nahezu wertlosen Kyat erntet die birmanische Regierung heute zweifellos, was sie einst gesät hat.

Dennoch hoffe ich zutiefst, daß das Regime nicht durch einen völligen ökonomischen Zusammenbruch zu Fall gebracht wird, sondern daß die herrschende Junta eines Tages solche Appelle an die Menschlichkeit erhört, wie sie das Nobelkomitee in diesem Jahr durch seine Auszeichnung zum Ausdruck gebracht hat. Ich weiß, daß es innerhalb der Militärregierung Menschen gibt, denen die gegenwärtige Politik der Angst und Unterdrückung zuwider ist, nicht zuletzt weil sie die geheiligten Grundlagen des buddhistischen Erbes Birmas verletzen. Und das ist kein leeres Wunschdenken, sondern die Überzeugung, zu der meine Mutter durch ihren Kontakt mit den Machthabern gelangt ist und die sich in den Stimmengewinnen ihrer Partei in Wahlkreisen widerspiegelt, die sich vornehmlich aus Militärangehörigen und deren Familien zusammensetzen. Es ist mein größter Wunsch, daß diese Befürworter von Mäßigung und Versöhnung in den Reihen der jetzigen Machthaber angesichts der verzweifelten Lage Birmas ihre Stimme erheben.

Ich weiß, daß meine Mutter, wäre sie frei, Sie in ihrer Dankesrede bitten würde, dafür zu beten, daß Unterdrücker und Unterdrückte ihre Waffen fortwerfen und gemeinsam einen Staat schaffen, der auf Menschlichkeit im Geiste des Friedens gründet.

Meine Mutter wird oft als politische Dissidentin bezeichnet, die sich mit friedlichen Mitteln für einen demokratischen Umbruch einsetzt. Dabei dürfen wir jedoch nicht übersehen, daß ihr Streben hauptsächlich geistiger Natur ist. Sie hat einmal gesagt: ›Die wesentliche Revolution ist die des Geistes‹, und über die ›wesentlichen geistigen Ziele‹ ihrer Bemühungen geschrieben. Die Umsetzung dieses Grundsatzes liegt allein in der menschlichen Verantwortlichkeit. Und diese Verantwortlichkeit beruht auf, ich zitiere, ›dem Konzept der Perfektion, dem Drang, diese zu erreichen, der Intelligenz, einen Weg dorthin zu finden, und dem Willen, dem Weg zumindest so weit zu folgen, um sich über die persönlichen Grenzen hinwegzusetzen...‹ Sie sagte auch: ›Um ein erfülltes Leben zu leben, muß man den Mut haben,

Verantwortung für die Bedürfnisse anderer zu übernehmen… man muß diese Verantwortung übernehmen wollen.‹ Und sie bezieht sich klar auf ihren Glauben, wenn sie schreibt: ›Der Buddhismus, die Grundlage der traditionellen birmanischen Kultur, mißt dem Menschen den größten Wert zu, denn er ist das einzige Lebewesen, das den höchsten Status der Buddhaschaft erreichen kann. Jeder Mensch besitzt die Fähigkeit, durch seinen eigenen Willen und durch eigene Anstrengung die Wahrheit zu erfahren und andern zu helfen, sie zu erfahren.‹ Schließlich sagte sie: ›Das Streben nach Demokratie in Birma ist der Kampf eines Volkes um ein erfülltes, sinnvolles Leben als freie und gleichberechtigte Mitglieder der Weltengemeinschaft. Es ist Ausdruck der fortwährenden Bemühungen des Menschen zu zeigen, daß der menschliche Geist die Makel des menschlichen Daseins transzendieren kann.‹

Dies ist das zweite Mal, daß mein jüngerer Bruder und ich hier in Norwegen eine hohe Auszeichnung für meine Mutter entgegennehmen. Im letzten Jahr sind wir nach Bergen gereist, um für sie den Thorolf-Rafto-Preis für Menschenrechte in Empfang zu nehmen. Es war ein wunderbares Präludium zu dem diesjährigen Ereignis. Inzwischen erfüllt uns ein ganz besonderes Gefühl für das norwegische Volk. Ich hoffe sehr, daß meine Mutter dieses Gefühl bald mit uns teilen und direkt zu Ihnen sprechen kann. In jedem Fall jedoch hat Ihre enorme Unterstützung für meine Mutter und das Volk Birmas zwei Völker aus verschiedenen Teilen der Welt zusammengeführt. Ich denke, daß sich aus den Verbindungen, die jetzt geschmiedet werden, noch vieles ergeben wird. Jetzt bleibt mir nur noch, Ihnen allen aus tiefstem Herzen zu danken. Lassen Sie uns hoffen und beten, daß die Wunden vom heutigen Tag an zu heilen beginnen und daß sich der diesjährige Friedensnobelpreis in den nächsten Jahren als historischer Schritt zu einem wahren Frieden in Birma erweisen wird. Die Lektionen der Vergangenheit werden nicht in Vergessenheit geraten, doch es ist unsere Hoffnung für die Zukunft, die wir heute feiern.«

Der Gesang der Erde

Rigoberta Menchú Tum
Friedensnobelpreis 1992

»*Mutter Erde, die du uns Nahrung gibst, wir sind Maismenschen, weil wir aus dem gelben und weißen Mais gemacht sind.*

Unsere Kinder werden auf dir wandeln, und du, die du unser aller Mutter bist, gibst ihnen immerwährend Hoffnung. Herz des Himmels, unser einziger Vater, du gibst uns dein Licht, deine Wärme, deine Hoffnung. Bestrafe unsere Feinde; bestrafe alle, die uns den Glauben unserer Väter nehmen wollen. Wir sind arme und einfache Menschen, aber wir werden dich nie verlieren.«[219]

Gebet der Indio-Brautleute in Guatemala

Das Paar hat in aller Stille geheiratet. Der Dorfsprecher kam nicht um vier Uhr morgens zu den Eltern der Braut, um das Ritual des *Abrir puertas* (das Öffnen der Türen) zu zelebrieren. Auch wurden die fünfundsiebzig großen Tamales, die die fünfundsiebzig indianischen Feiertage darstellen und von denen die Familie der Braut gut eine ganze Woche leben kann, für die traditionelle Feier mit der Dorfbevölkerung nicht gebacken. Die Großeltern saßen nicht zusammen und erzählten nicht von den alten Zeiten. Auch die Geschenke der Nachbarn – Decken und Tonkrüge, ähnlich wie bei der Geburt eines Kindes – fehlten. Seitens der Braut gab es niemanden mehr, der sie gemäß den Traditionen ihrer Kultur in den Stand der Ehe hätte begleiten können.

Ihre Eltern sind tot, ermordet von den herrschenden Militärs. Die überlebenden Geschwister verstecken sich in den Bergen bei den Guerilleros. Eine Schwester war erst acht Jahre alt, als sie sich den bewaffneten Kämpfern anschloß. Zwei weitere Geschwister verschwanden spurlos. Und auch das Dorf Chimel, aus dem die Braut stammt, gibt es längst nicht mehr. So wie viele der über vierhundert Maya-Dörfer, die in den guatemaltekischen Kordilleren Anfang der achtziger Jahre von der Landkarte verschwanden. Die Bewohner von Chimel sind in alle Himmelsrichtungen verstreut, die einfachen Hütten und die Felder dem Erdboden gleichgemacht.

»*Ich möchte keine Witwe sein und keine gefolterte Mutter. Als meine Eltern starben, wußte ich, wie bitter so etwas für die Kinder ist. Das Leben ist sehr gefährdet, wenn man sich entschlossen hat, als Revolutionärin zu arbeiten. Ich habe nichts gegen die Ehe, aber ich verbinde mit ihr glückliches Beisammensein, und wo sollte ich das jetzt finden? Wenn ich verheiratet bin, möchte ich Mutter sein – aber sollte ich mein Kind vom Dorf erziehen lassen, während ich draußen herumziehe? Manchmal bin ich froh, allein zu sein, manchmal erfüllt mich stille Angst und Trauer, und in ganz wenigen Momenten verspüre ich Panik, das Leben könnte an mir vorüberziehen. Nein, ich habe mich für den*

Kampf entschieden. So lebt man mit vielen Menschen, aber doch auch allein«, hatte die strahlende Braut noch im Jahr 1993 in einem Interview erklärt.[219] Sie hatte damals mehr als genügend Gründe, Angst zu haben.

Die junge Indígena – so werden die Einheimischen genannt – aus Chimel, einem kleinen Dorf der Gemeinde San Miguel Uspantan in der Provinz El Quiche, hat im Alter von dreiundzwanzig Jahren dem herrschenden System in Guatemala den Kampf angesagt – ohne lesen und schreiben zu können und obwohl sie zu diesem Zeitpunkt noch kein Spanisch spricht. Anstatt das harte, aber dennoch einigermaßen gesicherte Leben einer jungen Indio-Frau als Kaffee- oder Baumwollpflückerin auf den Fincas der Großgrundbesitzer zu führen, wählt sie den gefährlichen und entbehrungsreichen Weg einer Revolutionärin. Ausschlaggebend für ihre Entscheidung ist die Erkenntnis: *»Es ist nicht unser Schicksal, arm zu sein. Wir sind nicht arm, weil, wie die reichen Ladinos sagen, die Indios nicht arbeiten und faulenzen. Meine eigene Wirklichkeit zeigt mir, daß wir Tag für Tag früh auf den Beinen sind und auf unseren Feldern arbeiten.«*[220]

Selbst von den willkürlich, aber systematisch mordenden Militärs, die zahllose Freunde und viele Familienmitglieder umgebracht haben, läßt sie sich nicht mehr beirren. Einschüchterungen, Verfolgungen und Morddrohungen können die tiefgläubige Christin nicht aufhalten, denn: *»Dieser Kampf ist ein Kampf des Hungers und des Elends.«*[221] Und so nimmt sie die Last auf sich, Geschichte zu schreiben, und wird zu einer »Botschafterin der Götter«, wie die Mayas solche Menschen nennen.

Rigoberta Menchú Tums unermüdlicher Kampf für die Rechte der Indios in Guatemala dauert mittlerweile mehr als zehn Jahre. Im Frühling 1995 hat sie Angel Francisco Canil, wie Rigoberta indianischer Herkunft, ihr Ja-Wort gegeben. Er sei ein *»reizender, kleiner Dicker, liebevoll und sympathisch«*, erzählt Rigoberta über ihren Ehemann, von dem sie sich zwei Kinder wünscht. Ihr Engagement für die Befreiung ihres Volkes wird sie jedoch auch als verheiratete Frau weiterführen. Ein Engagement, für das sie 1992 als erste Frau Lateinamerikas mit dem Friedensnobelpreis ausgezeichnet worden ist.

La Milpa – das Maisfeld

»Wenn die Aussaat beginnt, gibt es im Dorf ein großes Fest. Zuerst wird die Erde gebeten, sie bebauen zu dürfen. Das ist eine Feier mit Weihrauch und Gebeten und vielen Kerzen in allen Häusern.«[222]
Die ganze Dorfgemeinschaft nimmt daran teil, und selbst die Kleinsten beten mit ihren dünnen Stimmchen zur Erde. Im *Popol Vuh*, dem »Buch des Rates«, in dem man die Mythen und die Geschichte der Quichés von Guatemala nachlesen kann, steht: *»Es gab Petaxte, Kakao und unzählige Sapotillen, Honigäpfel, Kirschbäume, Malpighiazen, Rautengewächse und Honig im Überfluß. Es gab Nahrung aller Art, kleine und große Nahrungsmittel, kleine und große Pflanzen. Dort also spendeten die Ahnen von Tepeu und Gucumatz die weißen und die gelben Maiskolben, die heute noch durch unsere Adern fließen.«*[223]
Auch Rigoberta nimmt als kleines Kind an der Zeremonie teil. Sie weiß, daß sie von Mais leben wird, und natürlich auch, daß sie aus Mais gemacht ist. Schließlich ernährte sich ihre Mutter vom Mais, während Rigoberta in ihr heranwuchs. Sie wird den Mais achten und jedes Maiskorn auflesen, das sie auf ihrem Weg findet.
Schon ganz früh lernt sie von ihrer Mutter all die Dinge, die auf sie warten. In ihrer Gemeinschaft haben Mädchen einen Wert *»wie die Erde, die den Mais hervorbringt, die Bohnen, die Pflanzen, einfach alles. Die Erde ist wie eine Mutter, die das Leben der Menschen hervorbringt.«*[224] Jahre später schreibt sie ein Gedicht über die Erde, aus der ihre Kultur ihren Ursprung herleitet:

Meine Erde

Mutter Erde, Mutter Heimat.
Hier ruhen die Gebeine und
das Vermächtnis meiner Vorfahren,
in dir begrub man
die Großväter, die Enkel und die Söhne.

Hier häuften sich Knochen auf Knochen,
die Knochen der Deinigen, die Knochen der
lieblichen Kinder dieser Erde.
Sie düngten den Mais, die Jukkas,
die Malangas, die Chilicayotes,
die Kürbisse, die Güicoyes, die Güisquiles.

Hier formten sich meine Knochen.
Hier wurzelt meine Nabelschnur,
und deshalb blieb ich hier,
Jahr um Jahr,
Generation um Generation.

Mein Land, Land meiner Großväter.
Dein reicher Regen,
deine klaren Flüsse,
dein freier und zärtlicher Wind,
deine grünen Berge und
die glühende Hitze deiner Sonne.
Sie ließen den heiligen Mais wachsen,
sich vermehren und die Knochen
dieser Enkelin formen.

Meine Erde, Mutter meiner Großväter,
ich möchte deine Schönheit liebkosen,
deine gelassene Heiterkeit betrachten und
mit dir schweigen,
ich möchte deinen Schmerz lindern,
deine Tränen weinen, wenn du siehst,
daß deine Kinder über die Welt verstreut sind,
daß sie verzweifelt Zuflucht suchen in fernen Ländern
ohne Freude, ohne Frieden,
ohne Mutter, verlassen. [225]

237

Ihr Vater Vincente Menchú ist ein *Ark amale,* einer, »*der eine Bresche schlägt; der, der zuerst da hindurchgeht; der, der das Dickicht lichtet; der, der an der Spitze geht.*«[226] Und was jeden *Ark amale* auszeichnet, gilt auch für ihn: Er ist ein natürlicher, kein gewählter Führer. Er kümmert sich um die Belange des Dorfes und versucht, die Probleme der Bewohner zu lösen. Einen Lohn erhält er nicht, aber die Gemeinschaft gibt ihm und seiner Familie einen Tag Arbeit. Das ist viel, denn zu dieser Zeit, Anfang der achtziger Jahre, erhält ein Kaffee-, Zuckerrohr- oder Baumwollpflücker auf den Plantagen der reichen Ladinos pro Tag 1,12 Quetzal, damals ungefähr soviel wie ein US-Dollar. Für rund zehn Stunden auf dem Feld, unerbittlich den Elementen ausgesetzt, acht Monate im Jahr, Tag für Tag.

Für ihren Vater ist Rigoberta der Liebling unter seinen zehn Kindern. Zwanzig Centavos verdient auch sie täglich, für fünfunddreißig Pfund Kaffee, von Hand gepflückt. Sie ist acht Jahre alt und weiß bereits sehr genau, was Armut bedeutet: Hunger, ständig quälender Hunger. Ihren kleinen Bruder haben sie deswegen zusammen mit ihrer Mutter begraben. In einem Pappkoffer, den ihnen mitfühlende Indios geschenkt haben. Nicolas stirbt an Unterernährung und wird, wie jedes fünfte Kind in Guatemala, nicht einmal vier Jahre alt. In einem Land, in dem die Lebenserwartung der Bevölkerung bei sechsundfünfzig Jahren in der Stadt und einundvierzig Jahren auf dem Lande beträgt, in dem neun Prozent der Kinder bereits vor dem ersten Lebensjahr sterben und fünfunddreißig Prozent, bevor sie fünfzehn Jahre alt sind, fällt das Sterben eines einzelnen nicht weiter auf.

Rigobertas älterer Bruder stirbt ebenfalls auf einer Finca. Ein Opfer der Pflanzenschutzmittel, die die Großgrundbesitzer aus Flugzeugen auf die empfindlichen Kaffeepflanzen sprühen lassen, ganz egal, ob noch Menschen bei der Arbeit sind. Felipe stirbt an dem Gift, das die Kaffeesträucher so wirkungsvoll vor Ungeziefer schützt. Ihn hat Rigoberta nicht mehr gekannt, Nicolas dafür um so besser. Erst fünf Jahre ist sie, als sie bereits

auf den Kleinen aufpassen muß, damit die Mutter das Tages-
pensum an Kaffee oder Baumwolle schaffen kann, je nachdem,
auf welcher Finca sie sich gerade als Wanderarbeiter verdingen.
Nachdem sie Nicolas begraben haben, jagt der Aufseher sie
davon, ohne Lohn, denn sie haben wegen der Beerdigung nicht
gearbeitet.

Auf den meisten Fincas wird Rigoberta schlechter behandelt
als die Hunde. Sind die Bohnen und Tortillas, die zum Essen
verteilt werden, bereits angefault und schlecht, braucht sie von
ihren zwanzig Centavos nichts abzugeben. Gibt es hingegen
frische Tortillas, vielleicht alle zwei Monate sogar ein Ei, wird
ihr der Preis für diese Mahlzeit von ihrem kargen Verdienst
abgezogen. Peinlich genau rechnen die Großgrundbesitzer mit
ihren Pflückern ab. Alles wird in der Cantina angeschrieben:
Essen, Getränke, selbst kleine Süßigkeiten für Kinder. Manchmal
nimmt die Verzweiflung der Arbeiter auch überhand. Dann
gehen die Männer in die Cantina, um sich zu betrinken. Und
der ganze hart verdiente Lohn geht drauf für Bier und Schnaps.
Wehe, wenn eines der Kinder einen Kaffeestrauch beschädigt.
Dann kann es vorkommen, daß eine Frau einen ganzen Monat
lang umsonst gearbeitet hat, denn selbstverständlich wird der
Strauch der Mutter in Rechnung gestellt.

Das genaue Rechnen hört aber abrupt auf, wenn es darum
geht, die Tagesleistung der Pflücker abzuwiegen. Manche Aufseher sind sich nicht zu schade, die Arbeiter durch gefälschte
Gewichte zu betrügen. Alle wissen es, doch niemand wagt, sich
zu beschweren. Im besten Fall jagen ihn sonst die Aufseher
ohne Lohn von der Finca. Im schlechteren Fall verprügeln sie
ihn oder liefern den Aufsässigen gar an die Militärs aus. Aus den
Gefängnissen ist selten einer – wenn überhaupt – unbeschadet
zurückgekommen, und billige Wanderarbeiter gibt es mehr als
genug.

El Maiz – das Korn

»In unserer Kultur betrachtet man den Menschen als das Universum, und das Samenkorn wird geachtet, weil es in die geheiligte Erde gesenkt wird, in der es sich vermehren und im nächsten Jahr den Menschen wieder Nahrung geben soll. Das Samenkorn ist etwas Reines, etwas Geheiligtes. Das Wort Same hat für uns eine große Bedeutung. Nicht das kleinste Körnchen wird verschwendet.« [227]

Rigoberta arbeitet jeweils acht Monate im Jahr mit ihren Eltern und Geschwistern auf den Fincas der Ladinos. Manchmal ist die ganze Familie auf einem der Felder beschäftigt, manchmal Hunderte von Kilometern voneinander getrennt. Bis sie zehn Jahre alt ist, pflückt sie Kaffee und steigert täglich ihre Leistung, Pfund um Pfund.

Kaffee – das Gold Lateinamerikas – führte 1871 zu einem regelrechten Boom in Guatemala. Doch für den Anbau benötigte man große Ländereien und viele Arbeitskräfte. Mit verschiedenen Gesetzen versuchte man daher, den Zugriff auf Maya-Land zu erleichtern, wodurch diesem Volk die Existenzgrundlage entzogen wurde. Vielen blieb nichts anderes übrig, als sich als billige Arbeitskraft bei den Großgrundbesitzern ihren Lebensunterhalt zu verdienen.

Bald schafft Rigoberta siebzig Pfund pro Tag und erhält dafür fünfunddreißig Centavos. Sie ist stolz und fühlt sich als Erwachsene, denn mit ihrem Lohn kann sie merklich zum Lebensunterhalt der Familie beisteuern. Fünfunddreißig Centavos pro Tag sind viel Geld; dafür kann man zehn Tortillas à zehn Centavos, sechs Unzen Reis à acht Centavos, eine Unze Kaffee à zwei Centavos, eine Banane à drei Centavos und einen Löffel Fett à einen Centavo kaufen. Dann bleibt ihr sogar noch ein Centavo übrig...

Sie ist zehn Jahre alt, als die Eltern sie in den Kreis der Erwachsenen aufnehmen. Wie das Erwachsenenleben aussieht, brauchen sie ihr nicht zu erklären. Es wird sich wenig ändern, die tägliche Not wird nicht aufhören. Bald wird sie Kinder haben können, und es ist wichtig, sie daran zu erinnern, daß sie Teil der Gemeinschaft ist und immer für das Wohl der Gemeinschaft dasein muß. Von nun an trägt sie die Verantwortung eines erwachsenen Menschen. Und sie beginnt, ihrem Vater bei der Gemeindearbeit zu helfen. Immer öfter begleitet sie ihn, wenn er auf verschiedenen Versammlungen spricht und sich um organisatorische Belange im Dorf kümmert.

Langsam reift in ihr die Erkenntnis, daß es auf der Welt, in der sie lebt, nicht mit rechten Dingen zugeht. Wie sonst soll sie sich erklären, daß selbst die armen Ladinos, weiße Nachfahren der Spanier, auf sie, die Indígena, herabsehen? Sie ist in ihrem Land ein Mensch dritter Klasse. Zuoberst stehen die reichen Ladinos. An zweiter Stelle kommen die armen Ladinos, die genausowenig besitzen wie die fünfundsechzig Prozent Indígenas. Und ganz am Schluß in diesem Staat mit seinen rund neunzehn Millionen Einwohnern stehen sie, die Indios.

Rigoberta fragt sich, wie es wohl wäre, wenn sich alle Indios zur Wehr setzen und den Großgrundbesitzern das Land wegnehmen würden. Als junge Katechetin, die mit anderen Kindern arbeitet, versteht sie nicht, warum in der Bibel steht »eher ginge ein Kamel durch ein Nadelöhr, als ein Reicher in das Paradies«, wenn sich doch die wohlhabenden Haziendabesitzer wie Götter aufspielen und ihre indianischen Arbeiter schlechter als Vieh behandeln. Viel später, als sie die Mechanismen der Unterdrückung und Repressalien durchschaut, sagt sie: »*Betrug, Sturheit, Kurzsichtigkeit und das Ego derjenigen, die die Macht haben, haben die Gesellschaft korrumpiert und dazu geführt, daß die Menschen glauben, sie seien die Herren der Erde – und nicht ihre Kinder.*«[228]

Noch als Kind wächst in ihr immer stärker die Gewißheit, daß sich diese Zustände ändern müssen. Und sie will ihren Beitrag dazu leisten. Mit dreizehn Jahren entschließt sie sich, in die Hauptstadt zu gehen und eine Stelle als Dienstmädchen anzunehmen. Ihr einziges Gepäck besteht aus einer dünnen

Baumwolldecke. Schuhe besitzt sie keine, sie weiß nicht einmal, wie sich Schuhe an den Füßen anfühlen. Vier Monate arbeitet sie ohne Bezahlung, denn die Señora verlangt, daß sie neue Kleider trägt. Die Kosten dafür zieht sie Rigoberta selbstverständlich vom Lohn ab. Rigoberta lernt Betten zu machen, abzuwaschen und zu bügeln – Arbeiten, die sie in ihrem Leben noch nie vorher getan hat. Und auch hier erhält der Hund des Hauses Fleischstücke und Reis, Rigoberta hingegen nur ein paar schwarze Bohnen und alte Tortillas.

Mit etwas mehr als vierzig Quetzales verläßt sie nach knapp einem Jahr die Stadt und kehrt in ihr Dorf zurück.

La Mazorca – der Maiskolben

»Gleich nach der Ernte werden… die Maiskolben, die für die Aussaat des nächsten Jahres bestimmt sind, an einem besonderen Platz gelagert. Diese Kolben sind gekennzeichnet. Sie werden mit von den Stengeln gerissenen Blättern zusammengebunden und in Bünden gelagert…«[229]

Rigoberta begreift, daß es allen Indios so schlechtgeht wie ihr, und erlebt Demütigungen, die ihren Entschluß, aktiv zu werden, nur noch festigen. So muß ihr Vater niederknien, wenn er mit Vertretern der Behörden sprechen will, denn sonst würden sie ihn nicht einmal anhören. Als sie später Bilanz über ihr Leben zieht, kommt sie zum Schluß: *»Ich hatte keine Kindheit, ich hatte keine Jugend, ich hatte nicht genug zu essen, ich hatte nichts. Ich fragte mich, woher so etwas kam, und verglich mein Leben mit dem Leben der Kinder der Reichen, die ich kennengelernt hatte… Das alles ging mir durch den Kopf, und ich wußte nicht, wem ich meine Gedanken mitteilen sollte.«*[230]

Die Vertreter der Kirche sind keine Hilfe. *»Die Kirche hat immer von Liebe und Freiheit gesprochen, aber es gibt keine Freiheit in Guatemala. Für uns wenigstens nicht. Auch werden wir nicht warten, bis wir das Reich Gottes im Himmel schauen.«*[231] Oft sind es Priester und

Bischöfe, die den Mördern der Junta in die Hände spielen und ihnen Campesinos ausliefern, die in den Kirchen Zuflucht gesucht haben. Für Guatemala und die Indios ist das nichts Neues, schon zu Zeiten der Spanier unterstützte die Kirche die Vernichtung der »Heiden«, um alle Spuren indianischer Vergangenheit auszulöschen und die politische Kontrolle zu behalten.

Nach Rigobertas Einschätzung gibt es in der katholischen Kirche zwei gegensätzliche Tendenzen: *»Die Kirche hat sich praktisch zweigeteilt: die der Reichen, in der viele Priester sich keine Probleme aufladen wollen; und die Kirche der Armen, die sich mit uns vereinigt hat.«*[232] Sie spart nicht mit harscher Kritik: *»Wir arbeiten auch gegen die Kirchenhierarchie, die oftmals der Regierung die Hand reicht. Sie nennen sich Christen, bleiben aber oft stumm und taub angesichts der Leiden des Volkes. Sie nennen sich Christen, aber sie verdienen diesen Namen nicht. Sie leben unbeschwert in ihren schönen Häusern, und das ist alles. Darum sagte ich, die Kirche in Guatemala sei zweigeteilt. Die Kirche der Armen – und viele haben sich für die Kirche der Armen entschieden und teilen die Ansichten des Volkes – und die Kirche als Hierarchie, als Institution, die immer noch eine Kamarilla [herrschende Clique] ist. Der größte Teil unseres Volkes ist christlich. Aber wenn die Hirten, wie sie sich nennen, selbst nur schlechte Beispiele geben und der Regierung die Hand reichen, werden wir sie trotzdem nicht dulden.«*[233] Und wie beurteilt sie die Chancen für die katholische Kirche in ihrem Land? *»In der kirchlichen Hierarchie gibt es keinen Platz, um an der Seite des Volkes zu kämpfen. Das bedeutet, daß sie aus Guatemala verschwinden wird.«*[234] Doch welche Lösung hat sie, die tiefgläubige Christin, anzubieten? *»Ich weiß, daß mir meinen christlichen Glauben niemand nehmen kann... Das muß ich meinen Leuten klarmachen. Daß wir zusammen die Volkskirche aufbauen können, die eine wirkliche Kirche ist und keine Hierarchien, kein Bauwerk und die eine Veränderung für uns Menschen bewirkt. Ich weiß, und ich habe das Vertrauen, daß nur das Volk, nur die Massen die einzigen sind, die die Gesellschaft umformen können.«*[235] Hier zeigt sich einmal mehr das Vorbild ihres Vaters

Vincente, *»der trotz seines schweren Lebens nie seinen Glauben verlor.«*[236] Vor allem aber: *»Er verwechselte nie den Himmel mit der Erde.«*[237]

Abgesehen von einer Ausnahme regieren in Guatemala von 1954 bis 1986 verschiedene Militärregierungen, die sich durch Wahlbetrug, Putsch oder Korruption an der Macht halten. Die Militärs bereichern sich kräftig an den Ländereien und gehen bei der Vertreibung der Indios nicht gerade zimperlich vor. Und die Weltöffentlichkeit schaut lange nicht nach Guatemala, es kommen keine Journalisten, und keine verurteilende Stimme wird laut.

Rigoberta ist sechzehn Jahre alt, als 1974 neue Generäle an die Macht kommen und versprechen, das Land gerechter zu verteilen. Doch es sind wieder nur leere Versprechungen. Rigobertas Zorn wächst, doch noch weiß sie nicht, wie sie ihrem Volk helfen kann. Zu viele Hindernisse, vor allem sprachlicher Art, behindern sie. Selbst mit den Indígenas kann sie sich kaum verständigen, denn es gibt zweiundzwanzig eigenständige indigene Sprachen, was einen intensiven verbalen Austausch verhindert. Die offizielle Landessprache Spanisch sprechen nur die Ladinos – für Indios existieren keine Schulen.

»Einigen ist es bestimmt, ihr Blut zu geben, anderen, ihre Kraft. Geben wir also, solange wir noch können, unsere Kraft. In unserer Situation müssen wir unser bißchen Leben so gut schützen, wie wir können, damit dieses bißchen Leben zu einer neuen Kraft für unser Volk wird. Wir brauchen keine Toten, keine Märtyrer mehr... Was wir mehr denn je brauchen, ist unser Leben, um es dem Kampf zu widmen...«[238] – diese Worte Vaters hinterlassen einen tiefen Eindruck bei Rigoberta, denn gerade haben sie und ihre Familie zusehen müssen, wie das Blut ihres Bruders Petrocinio geflossen ist.

Am Sonntag, dem 9. September 1979 wird er – von einem Dorfbewohner für fünfzehn Quetzales verraten – auf dem Weg in ein anderes Dorf verschleppt. Auf Zetteln, die Soldaten einige Tage später verteilen, werden alle Bewohner des Hochlandes unter Androhung schärfster Vergeltungsmaßnahmen bei Nichterscheinen dazu aufgefordert, einer öffentlichen Bestrafung beizuwohnen. Einen Tag und eine Nacht marschieren Rigoberta und ihre Familie durch die Berge, um rechtzeitig in Cajul zu sein. Was sie befürchtet, aber nicht genau gewußt haben, wird zur Gewißheit: Auch der sechzehnjährige Petrocinio ist unter den Gefangenen, die als vermeintliche Kommunisten tagelang unvorstellbar grausam gefoltert worden sind. Furchtbar entstellt können sie sich nicht mehr aus eigener Kraft auf den Beinen halten.

Beinahe zwei Stunden dauert die Rede des Hauptmanns, in der er ausführlich von den verschiedenen Folterungen erzählt. Er beschimpft die Gefangenen als Kommunisten und Guerilleros und droht den umstehenden Indios noch viel härtere Strafen an, falls sie sich jemals mit den verhaßten Kommunisten einlassen sollten. Dann gibt er den Befehl, die Gefangenen mit Benzin zu übergießen und anzuzünden. Rigoberta sieht ihren Bruder verbrennen.

Nach dem Begräbnis geht sie zusammen mit den Eltern zurück in ihr eigenes Dorf – stumm, schweigend, den ganzen Weg. Zu Hause angekommen, sagt ihr Vater: »*Wenn viele junge Menschen so tapfer sind, den letzten Tropfen ihres Blutes zu geben, dann müssen wir genauso tapfer sein.*« Ihre Mutter meint: »*Es darf nicht sein, daß andere Mütter das erleiden, was ich erlitten habe.*«[239]

Rigoberta ist unschlüssig, ob es nicht besser wäre, eine Waffe in die Hand zu nehmen und zu kämpfen. Soll sie in die Berge, zu den Guerilleros gehen, oder weiterhin von Dorf zu Dorf wandern und das Bewußtsein des Volkes wecken? Gemeinsam mit dem Vater kommt sie zum Schluß, daß für sie die Organisationsarbeit wichtiger ist, denn, wie gesagt, Märtyrer gibt es bereits mehr als genug.

El Xilote – der Kern

»›El Xilote‹ ist der Kern, der übrigbleibt, wenn der Kolben entkörnt ist. Auch [er] findet Verwendung, zum Beispiel, um Flaschen zu verschließen oder als Hunde- und Schweinefutter.«[240]

Rigoberta entwickelt sich allmählich zum Kern einer ganzen Bewegung. Eine friedliche Bewegung, die sich zum Ziel setzt, den Indios in Guatemala zu ihrem Recht zu verhelfen.

Landraub, Zwangsarbeit und eine Politik der »verbrannten Erde« ziehen sich wie ein roter Faden durch die Geschichte Guatemalas. Seit Jahrhunderten werden die Maismenschen, wie sich die Maya nennen, ihre Sitten und Gebräuche gnadenlos unterdrückt. Zuerst von den spanischen Conquistadoren, die das fruchtbare Land 1524 auf der vergeblichen Suche nach Gold unter ihre Herrschaft bringen. Der erbitterte Widerstand der Mayas wird in einem Blutbad ertränkt. Statt Gold finden die Spanier äußerst fruchtbaren Boden, der mit Hilfe der billigen einheimischen Arbeitskräfte bewirtschaftet und ausgebeutet wird. Gnadenlos werden die Mayas, Meister in Mathematik und Astronomie, deren Kalender weitaus genauer ist als der damals in Europa bekannte gregorianische, von ihrem Land vertrieben. Sie, die die Bahnen der Himmelskörper voraussagen, dadurch in der Landwirtschaft die günstigsten Zeiten für Aussaat und Ernte ermitteln können und deshalb weder Hunger noch Unterernährung kennen, werden zu Sklaven der Spanier. Elend zieht in ihre Hütten ein.

Heute herrschen die Nachfahren der Spanier: die Großgrundbesitzer. Ihre scheinbar unbesiegbare Position wird gesichert durch die Militärs – darunter viele zwangsrekrutierte Indios, die ihre eigenen, als fehlgeleitete Kommunisten beschimpften Landsleute brutal verfolgen und vernichten.

Rigoberta beginnt ihre Arbeit in den weitverstreuten Bergdörfern und lebt bei den verschiedenen Stämmen. Zunächst lernt sie drei weitere Sprachen – Mam, Cackchiguel und Tzutuhil –, um sich mit den Indios dieser Stämme verständigen zu können. Ihre Aufgabe besteht darin, die Leute zu organisieren, von sich und ihrem Leben zu erzählen und an ihrem Beispiel die Ursachen des Elends zu erklären, in dem die Indios leben. Leben müssen. Dann lernt sie Spanisch, vorläufig nach dem Gehör, denn lesen und schreiben kann sie noch nicht. *»Es waren Papiere mit Zeichnungen und graphischen Darstellungen, durch die ich lesen und schreiben lernte, da mir Buchstaben noch nicht viel sagten. Eine Zeitlang lebte ich in einem Kloster, und die Nonnen dort lehrten mich richtig lesen und schreiben.«*[241] Sie bringt Papier und Geräte, Dokumente und Flugblätter in die Dörfer, um die Leute zu unterrichten.

Von ihren Eltern hört sie während dieser Zeit nichts. Und auch Vincente und Juana wissen nichts von ihrer Tochter, die von Dorf zu Dorf, von Finca zu Finca zieht. Die Familie ist geflüchtet, sie alle werden von den Militärs gesucht. Rigoberta weiß: *»Mein Leben liegt nicht in meiner Hand, ich habe es in die Hände der Sache gelegt. Ich kann von heute auf morgen getötet werden, aber ich weiß, daß mein Tod nicht vergeblich sein wird, sondern ein Beispiel mehr für die Compañeros. Die Welt, in der ich lebe, ist so verbrecherisch, so blutrünstig, daß sie mir mein Leben von heute auf morgen nehmen kann.«* Daher ist *»das einzige, was mir bleibt, der Kampf, die gerechte Gewalt. Das habe ich aus der Bibel gelernt.«*[242]

Für Rigoberta ist es vor allem eine Zeit des Lernens. In einem ehemaligen Lehrer – einem Compañero aus der gebildeten Mittelschicht, der sich für die Armen einsetzt – findet sie einen Freund, der ihren Bewußtwerdungsprozeß unterstützt: *»Durch unsere Gespräche wurde mir auch immer mehr klar, daß wir Indígenas nicht nur ausgebeutet, sondern zudem noch diskriminiert wurden. Wie oft hatte man uns früher auf dem Markt betrogen und uns für unseren Mais und unsere Bohnen zu wenig Geld gegeben, nur weil wir nicht rechnen konnten. Bei den Compañeros Ladinos lernte ich viel, vor allem lernte ich, daß wir unsere Probleme selbst bewältigen mußten.«*[243]

Vater Vincente Menchú hat bereits vor Jahren begonnen, die Indios zu organisieren. Nach zwei Gefängnisaufenthalten arbeitet er seit 1977 im Untergrund, um seine Familie nicht zu gefährden. Er spricht viel mit anderen Campesinos, und überall diskutiert man die Gründung des *Comité de Unidad Campesina* (CUC). Auch Rigoberta tritt Ende 1977 einer fest organisierten Gruppe von Campesinos, die auf die Fincas gehen, um die Arbeitermassen zu organisieren. Im August 1978 ist es endlich soweit: Das CUC wird offiziell gegründet.

Rigoberta ist eine aufmerksame Schülerin, die schnell begreift. 1979 wird sie Mitglied des CUC, ab 1986 gehört sie der Leitung an. Der Zustrom der Indígenas und der armen Ladinos zum CUC ist groß. Für die Organisation ist sie eine große Hilfe – genau wie ihr Vater, dem sie ab und zu, allerdings eher zufällig als gewollt, begegnet. Vincente ergeht es ähnlich: *»Im Laufe der Zeit wurde ich zum Führer eines ganzen Volkes. Ich betreue Ladinos und Indígenas. Ich kann weder lesen noch schreiben, und auch Spanisch spreche ich nicht gut. Oft habe ich mich wertlos gefühlt. Aber ich weiß, was meine Erfahrung wert ist, und die muß ich mit allen Menschen teilen.«*[244] Das Gefühl der Wertlosigkeit ist auch Rigoberta wohlvertraut, bis sie eines Tages eine für sie erstaunliche Erfahrung macht: *»Als ich zum erstenmal einem der Compañeros widersprach, fühlte ich mich wie am Boden zerstört, denn noch nie in meinem ganzen Leben hatte ich einen Ladino kritisiert. Meine Kritik war jedoch konstruktiv gewesen. Um den Compañero zu verbessern und hinterher zuzulassen, daß er mich kritisierte. Das waren Dinge, die mir anfangs sehr schwerfielen.«*[245]

Immer mehr wächst sie in ihre Aufgabe hinein. Sie versteht sich als Dienerin der Sache. Die Sache, das bedeutet, als Mensch in seinem Sein anerkannt und respektiert werden, mit seiner Abstammung, Kultur und Religiosität einen Platz als vollwertiges Mitglied der Gesellschaft finden, und sie will dazu beitragen: *»Ich habe mich entschieden, in der Stadt oder in den Dörfern zu arbeiten, obwohl ich die Möglichkeit gehabt hätte, eine Waffe zu* *tragen. Aber jeder trägt auf seine Weise seinen Teil bei, und jeder Beitrag dient dem gemeinsamen Ziel.«*[246] Und sie unterstreicht das mit der ihr eigenen klaren Sprache: *»Meine Sache radikalisiert sich mit dem Elend des Volkes. Sie radikalisiert sich durch den Hunger, den ich gesehen und den ich als Indígena gelitten habe... Durch die Unterdrückung, dadurch, daß sie uns nicht so respektieren, wie wir sind. Sie haben mir meine liebsten Menschen getötet, und zu meinen liebsten Menschen zähle ich auch die Leute meines Dorfes.«*[247]

Es wäre nicht korrekt, Rigoberta Menchú als prinzipiell gewaltfreie Pazifistin zu bezeichnen. Die Vertreter der Regierung brandmarken sie denn auch als Kollaborateurin der Guerilla, weil sie sich nicht deutlich vom bewaffneten Widerstand des Volkes distanziert. Sie selbst benutzt jedoch Worte als Waffen, denn *»Töten ist für uns etwas Ungeheuerliches. Daher der Zorn auf die ganze Unterdrückung. Mehr noch: Unser Entschluß, zu kämpfen, ist eine Reaktion auf all das Leid, das wir erdulden müssen.«*[248] Sie gehört zu den mutigen Frauen in Guatemala, die aktiv in das Geschehen eingreifen und etwas in Bewegung setzen: *»Die Frau spielt im revolutionären Kampf eine unglaubliche Rolle... Mütter, die mit ihren Kindern auf den Barrikaden stehen, Flugblätter verteilen oder Dokumente von einem Ort zum anderen bringen... Die Arbeiterfrau, die Campesino-Frau, die Lehrerin... ihre Erlebnisse bringen sie dazu, all diese Dinge zu tun. Und wir tun sie nicht, weil wir machthungrig sind, sondern, damit für die Menschen etwas bleibt.«*[249]

Die Welt muß uns endlich zur Kenntnis nehmen

Lichterloh brennt am 31. Januar 1980 die spanische Botschaft. Brandstifter sind Soldaten. Für die eingeschlossenen, friedlichen Besetzer, darunter Vincente Menchú und achtunddreißig Gesinnungsgenossen, gibt es kein Entkommen. Der spanische Botschafter kann sich nur unter größten Anstrengungen und mit schweren Verletzungen in Sicherheit bringen. Eine Gruppe revolutionärer Christen gründet später eine Organisation und nennt sie zum Andenken an den Helden der Indígenas nach Rigobertas Vater »Revolutionäre Christen Vincente Menchú«.

Kurz nach der Ermordung des Vaters werden die Soldaten im April desselben Jahres ihrer Mutter habhaft. Juana Tum, die als Hebamme eine wichtige Person im Dorf war, hat Medikamente für die Bewohner von Chimel geholt, weil sich niemand sonst mehr aus dem Dorf in die nächstgelegene Stadt wagt. Nach unvorstellbaren Folterungen und mehreren Tagen Todeskampf stirbt sie. Dies erfährt Rigoberta erst viel später, denn sie ist zu dieser Zeit im Auftrag der CUC unterwegs.

Als kurz nach diesen tragischen Vorfällen, die Rigobertas Eltern das Leben kosten, General Efraim Rios Montt an die Macht kommt, erreichen die Unterdrückungen die Ausmaße eines Völkermordes: Wo immer Guerilleros vermutet werden, bombardieren die Militärs flächendeckend, sogar mit Napalm.

In einem Land, das Anfang der achtziger Jahre laut *Amnesty International* »Mord zum Regierungsprogramm« erhoben hat, ist eine Indígena, noch dazu eine Aktivistin, ihres Lebens keineswegs sicher. Durch ihre Teilnahme an den großen Streikdemonstrationen in der Hauptstadt ist sie äußerst negativ aufgefallen. Zwar legen die streikenden Arbeiter die gesamte Wirtschaft an der Küste lahm, doch erreichen sie nur geringe Verbesserungen: Ihrer Forderung nach einer Mindestentlöhnung von fünf Quetzals wird nicht entsprochen, statt dessen erhalten sie zukünftig drei. Gegenüber den bisherigen fünfundsiebzig Centavos ist es immerhin eine beachtliche Erhöhung.

Auf Anraten guter Freunde verläßt Rigoberta 1981 Guatemala und geht nach Mexiko ins Exil, wo sie sich an der Gründung einer Exilorganisation der guatemaltekischen Opposition, der Einheitsvertretung der Opposition Guatemalas (RUOG), beteiligt. Als Repräsentantin dieser und verschiedener anderer Organisationen, denen sie angehört, bereist sie von da an die ganze Welt, um die Öffentlichkeit auf die Situation in ihrer Heimat aufmerksam zu machen. Im Herbst 1982 taucht sie erstmals bei den Vereinten Nationen in Genf und New York auf und bietet in ihrer Huipil, der traditionellen, buntgewobenen Bluse, und dem Corte, einem langen Wickelrock, einen auffallenden Kontrast zu den Nadelstreifenanzügen der Aktentaschenträger. Gehör für ihre Anliegen – mehr Menschenrechte für die bedrohten Indígenas – findet sie jedoch kaum. *»Ich habe gelernt, daß man einen Titel, einen Beruf, ein Konto braucht. Mit dem Gesicht der Armut bekommt man Probleme«*, sagt sie, die so ein Gesicht besitzt.[250] Mit dem Erscheinen ihres Lebensberichtes *Ich, Rigoberta Menchú* 1983, der mittlerweile in zehn Sprachen übersetzt worden ist, ändert sich das: *»Die Welt nimmt uns endlich zur Kenntnis.«*[251]

Trotz massiver Todesdrohungen reist sie mehrmals nach Guatemala, erstmals um 1988, um am »Nationalen Dialog« teilzunehmen, der von einer nationalen Versöhnungskommission einberufen wird. Prompt wird sie bei ihrer Ankunft verhaftet, angesichts nationalen und internationalen Drucks jedoch gleich wieder freigelassen.

1992 wird Rigoberta Menchú aufgrund ihrer Arbeit für die soziale Gerechtigkeit und ethnisch-kulturelle Versöhnung auf der Basis von Respekt für die Rechte der Urbevölkerung der Friedensnobelpreis verliehen.

Nach dieser Ehrung, die sie als *»eine Ehrung... für die Vergessenen, die am Ende der Welt leben müssen, für die Ureinwohner, Frauen und Autodidakten ohne Chance auf Schulbildung«*[252] betrachtet, können auch das Militär und die Großgrundbesitzer Rigobertas Stimme nicht länger überhören. Zwar ist es noch ein langer Weg, bis die Demokratie in Guatemala zu greifen beginnt, doch zumindest hilft der Nobelpreis, *»das Schweigen über den Massenmord und die Repression zu durchbrechen«*, beurteilt Rigoberta die Bedeutung des Preises.[253] Sie widmet ihn ihrem Vater Vincente Menchú; mit dem Preisgeld gründet sie die *Vincente Menchú Foundation,* die die Bildung und Erziehung junger Indígenas fördert. Als die Vereinten Nationen das Jahr 1993 zum »Jahr der indigenen Völker« erklären, sagt sie: *»Schaffen wir ein neues politisches Profil in Guatemala, gemischt und pluralistisch. Es ist notwendig, daß die Indígenavölker heute, am Ende des 20. Jahrhunderts, ihre Sache selbst in die Hand nehmen... Das Internationale Jahr der Indígenavölker, das für 1993 ausgerufen wird, müssen wir mit Veränderungen angehen. Wir müssen unsere eigenen Anstrengungen einbringen, diskutieren, teilnehmen.«*[254]

Der Meinung eines Großgrundbesitzers (»Wer pflückt denn meinen Kaffee, wenn die Indios auch noch schreiben und lesen lernen?«) repräsentativ für die gesamte Oberschicht, setzt Rigoberta Worte wie diese entgegen: *»Es gibt sehr viele Sturköpfe in dieser Welt, die einiges ändern könnten, wenn sie nur wollten. Es würde ja schon reichen, wenn sie uns ein bißchen von dem abgeben würden, was sie für ein einziges Fest ausgeben. Zu denen gehen wir immer wieder und sagen ihnen in aller Deutlichkeit, daß wir nichts haben, daß wir kein Haus haben und nichts, was wir noch verlieren könnten. Aber wir haben Mut und ein Bewußtsein. Wir haben viele Dinge, die sie nicht kennen, die ihre Kinder nicht kennen. Unsere Geschichte ist nicht aufgeschrieben, sondern die Menschen beginnen erst zu verstehen, wenn sie hierherkommen, wenn sie uns kennenlernen und sehen, daß wir einen großen Traum haben, der Zukunft heißt.«*[255]

Und sie richtet eindrückliche Worte an ihre Landsleute. *»Worum ich euch bitten möchte, liebe Brüder und Schwestern, ist, daß ihr niemals vergeßt, daß das Wichtigste in unserem gemeinsamen Kampf die Einheit ist. Einheit ist unser höchstes Gut, und sie schützt unser Leben an jedem Ort. Es ist gleichgültig, ob wir verschiedenen Organisationen angehören, oder ob wir unterschiedliche Erfahrungen haben, eine andere Sozialisation, ob wir unterschiedlichsten Alters sind. Es macht auch nichts, daß wir nicht die gleichen Ausdrucksformen benutzen. Jede dieser Ausdrucksformen ist Teil eine Korns, Teil einer Maispflanze. Wir alle sind Körner eines einzigen Maiskolbens, ein Maiskörnchen unter vielen anderen, und wenn auch nur ein einziges fehlt, ist der*

Kolben nicht mehr vollständig. Viele Indígenas und Schwarze, viele Mestizen, die in unserem Land Ladinos heißen, kämpfen dafür, wieder in diesen Maiskolben integriert zu sein.«[256]

Auch Rigoberta wird weiterkämpfen, damit »die Mörder nicht das letzte Wort haben«.

Rede von Rigoberta Menchú Tum
10. Dezember 1992

»Die Ehre, mit dem Friedensnobelpreis 1992 ausgezeichnet worden zu sein, erfüllt mich mit Ergriffenheit und mit Stolz. Ergriffenheit und Stolz gegenüber meinem Land und seiner sehr alten Kultur. Gegenüber den Werten der Volkesgemeinschaft, der ich angehöre, der Liebe für mein Land und der Mutter Natur. Jeder, der das versteht, hat Respekt vor dem Leben und unterstützt die Bemühungen um diese Werte.

Ich betrachte die Auszeichnung nicht als persönliche Anerkennung, sondern als einen der größten Erfolge in den Bemühungen um Frieden, um Menschenrechte, um die Rechte der Ureinwohner, die seit fünfhundert Jahren verstreut und getrennt voneinander leben, und Völkermord, Repressionen und Diskriminierung erleiden müssen... Darüber hinaus bedeutet sie eine Anerkennung für die mittelamerikanischen Völker, die noch immer um Stabilität ringen, um ihre Zukunft und um den Weg für ihre Entwicklung und Integration auf der Basis von Demokratie und gegenseitigem Respekt...

In dem Bemühen, die Bedeutung des Friedensnobelpreises zu beschreiben, würde ich gerne einige Worte im Namen derer sagen, die ihre Stimme nicht erheben dürfen, oder die unterdrückt werden, weil sie ihre Meinung kundgetan haben, im Namen derer, die marginalisiert und diskriminiert werden, die in Armut leben, im Namen aller Opfer von Unterdrückung und Mißachtung der Menschenrechte. Im Namen aller, die dennoch im Laufe der Jahrhunderte ausgehalten haben, die weder ihr Gewissen verloren haben, noch ihre Entschlossenheit oder Hoffnung.

Sehr verehrte Damen und Herren, bitte gestatten Sie mir, einige Worte über mein Land und über die Kultur der Maya zu sagen. Das Volk der Maya entwickelte und verbreitete sich geographisch auf einer Fläche von etwa dreihunderttausend Quadratkilometern; es besiedelte Gebiete im Süden Mexikos, Belizes, Guatemalas sowie in Teilen Honduras' und El Salvadors. Die Maya entwickelten eine sehr hohe Kultur auf politischem ebenso wie auf sozialem und wirtschaftlichem Gebiet; sie verfügten über bedeutende Wissenschaftler in der Mathematik, Astronomie,

Landwirtschaft, Architektur und im Ingenieurwesen; sie waren große Künstler auf den Gebieten der Bildhauerei, Malerei, des Webens und des Schnitzens. Die Maya entdeckten den Nullwert in der Mathematik ungefähr zur selben Zeit, als er auch in Indien entdeckt wurde und bevor er nach Arabien gelangte. Die astronomischen Vorhersagen der Maya, denen mathematische Berechnungen und wissenschaftliche Beobachtungen zugrunde lagen, waren und sind auch heute noch erstaunlich. Die Maya entwickelten einen Kalender, der viel genauer war als der gregorianische, und in der Medizin führten sie bereits komplizierte Schädeloperationen durch... Heutzutage ist es besonders wichtig, den tiefen Respekt hervorzuheben, den das Volk der Maya dem Leben und der Natur im allgemeinen entgegenbrachte...

Ich würde die Bedeutung dieses Friedensnobelpreises in erster Linie als Anerkennung für die Urbevölkerungen ansehen, die geopfert und vertrieben wurden, weil sie ein würdevolleres, gerechteres und freieres Leben der Brüderlichkeit und des Verständnisses zwischen den Menschen anstrebten. Als Anerkennung für die, die nicht mehr leben und die Hoffnung auf eine Verbesserung ihrer Situation, ihrer Armut und ihrer Isolation nicht mehr aufrechterhalten können, für die, die vertrieben wurden, für die Hilflosen in Guatemala und auf dem gesamten amerikanischen Kontinent.

Diese Anteilnahme ist, auch wenn sie fünfhundert Jahre zu spät kommt, ein Trost für die Leiden, die Diskriminierung, die Unterdrückung und Ausbeutung die unsere Völker erdulden mußten, denen es dank ihres eigenen Weltbilds und Lebenskonzeption dennoch gelang, Widerstand zu leisten und endlich vielversprechende Aussichten zu erkennen. Wie werden diese Wurzeln, die ausgerissen werden sollten, jetzt anfangen zu wachsen, voller Kraft, Hoffnung und Zukunftsvisionen! Der Nobelpreis ist ein Zeichen des zunehmenden internationalen Interesses und Verständnisses für die Rechte der Urbevölkerungen, für die Zukunft von mehr als sechzig Millionen Indios, die in Amerika leben, und für ihre Auflehnung gegen mehr als fünfhundert Jahre der Unterdrückung, die sie erleiden mußten... Hätten die indianischen und europäischen Kulturen in einem friedlichen und harmonischen

Austausch gelebt, ohne Zerstörung, Ausbeutung, Diskriminierung und Armut, wären ihnen zweifellos noch größere und wertvollere Entdeckungen für die Menschheit gelungen… Deshalb träume ich von dem Tag, an dem die Beziehungen zwischen den Ureinwohnern und den übrigen Völkern in Respekt und Achtung gefestigt sind, an dem sie ihre Fähigkeiten und ihre Erfahrungen vereinen und gemeinsam dazu beitragen können, daß das Leben auf unserem Planeten weniger ungerecht wird…

Meine sehr verehrten Damen und Herren, erlauben Sie mir nun einige offene Worte über mein Land… Es ist allgemein bekannt, daß es dem guatemaltekischen Volk nach harten Bemühungen im Oktober 1944 gelang, eine Periode der Demokratie einzuführen… Zu jener Zeit war Guatemala das einzige Land auf dem amerikanischen Kontinent, das völlige nationale Souveränität anstrebte. Doch im Jahre 1954 stürzte eine Verschwörung, die die ursprünglichen nationalen Machtzentren, die Erben des Kolonialismus, mit mächtigen Auslandsinteressen vereinigte, in einem bewaffneten Putsch die Demokratie und stellte das alte System der Ausbeutung wieder her, das die Geschichte meines Landes geprägt hat…

Um einen Aufstand zu verhindern, bedienten sich die Diktatoren der schändlichsten Greueltaten. Sie zerstörten ganze Dörfer und mordeten Zehntausende von Bauern, hauptsächlich Indios, Hunderte von Gewerkschaftsanhängern und Studenten, zahlreiche Journalisten, bekannte Intellektuelle und Politiker, Priester und Nonnen. Im Zuge dieser systematischen Verfolgung im Namen der Staatssicherheit wurde eine Million Bauern gewaltsam von ihrem Land vertrieben, mehr als hunderttausend suchten Zuflucht in den Nachbarstaaten. In Guatemala leben heute mehr als hunderttausend Waisen und über vierzigtausend Witwen… Wie Sie wissen, bin auch ich die Überlebende einer ermordeten Familie…

Die Politik in meinem Land konzentrierte sich in letzter Zeit auf die Suche nach einer politischen Lösung der ökonomischen Krise, unter der die ganze Welt leidet, und der bewaffneten Auseinandersetzungen, die seit 1962 in Guatemala wüten. Initiiert wurde dieser Prozeß durch eine Übereinkunft, die in der Stadt Oslo unterzeichnet wurde, zwischen der Comisión Nacional de Reconciliación *(Nationales Komitee zur Aussöhnung) mit Regierungsmandat und der* Unitad Revolucionaria Nacional Guatemalteca *(Nationale Revolutionseinheit Guatemalas). Diese Übereinkunft trug wesentlich dazu bei, den Geist des Abkommens von Esquipulas nach Guatemala zu tragen... Es ist wichtig, hier in Oslo zu betonen, daß das Problem der Menschenrechte in Guatemala zur Zeit das dringlichste Problem ist, das gelöst werden muß...*

Die Demokratie in Guatemala muß sobald als möglich wiederhergestellt werden. Die Menschenrechtskonventionen müssen unbedingt vollständig eingehalten werden, d.h. dem Rassismus muß ein Ende bereitet werden, und es muß sichergestellt werden, daß jeder sich frei organisieren und bewegen kann. Kurzum, der multikulturellen Zivilbevölkerung müssen dringend alle Bereiche mit allen ihren Rechten geöffnet werden, das Land muß entmilitarisiert und die Basis für seine Entwicklung geschaffen werden, damit es sich aus der gegenwärtigen Unterentwicklung und Armut befreien kann.

Zu den bittersten Leiden, die ein großer Teil der Bevölkerung erdulden mußte, gehört die Zwangsvertreibung. Viele wurden mit militärischer Gewalt und mit Verfolgung dazu gezwungen, ihre Dörfer zu verlassen, ihr Stück Mutter Erde, wo ihre Vorfahren ruhen, ihre Umgebung, die Natur, die ihnen und ihrer Gemeinschaft Leben gab, alles, was ihnen ein zusammenhängendes System sozialer Organisation und funktionaler Demokratie bedeutete...

Wesentlich für eine Demokratie ist soziale Gerechtigkeit. Dazu bedarf es einer Verbesserung der beängstigenden Kindersterblichkeit, Mangelernährung, mangelhaften Schulbildung, des Analphabetentums, der Minimallöhne. Alle diese Probleme haben eine immer stärkere und bedrohlichere Auswirkung auf die guatemaltekische Bevölkerung und geben ihr wenig Hoffnung und Zukunftsperspektiven. Zu den Merkmalen, die die moderne Gesellschaft prägen, gehört die veränderte Stellung der Frau, auch wenn ihre Emanzipation noch in keinem Land der Welt vollständig ist...

Es ist wichtig für Guatemala, daß die Identität und die Rechte der Ureinwohner respektiert werden, die nicht nur während des Kolonialismus mißachtet und geringgeschätzt wurden, sondern auch in den Zeiten der Republik. Ein demokratisches, freies und unabhängiges Guatemala ist nicht möglich, ohne daß die Identität der Ureinwohner alle Bereiche des gesellschaftlichen und öffentlichen Lebens prägt...

Ich fordere alle sozialen und ethnischen Gruppen auf, die das Volk Guatemalas ausmachen, sich aktiv an den Bemühungen um ein friedliches Ende des Konfliktes zu beteiligen und mitzuhelfen, eine stabile Einheit zwischen den Ladinos, den Schwarzen und den Indios zu schaffen, die alle erst in ihrer Unterschiedlichkeit gemeinsam das Guatelmaltekische ausmachen...

Verehrte Damen und Herren, die Tatsache, daß ich dem amerikanischen Kontinent und insbesondere meinem eigenen Land hier den Vorzug gegeben habe, heißt nicht, daß ich nicht auch einen großen Platz in meinem Kopf und in meinem Herzen habe für die Sorgen anderer Menschen auf der Welt und für ihren fortwährenden Kampf um die Verteidigung des Friedens und des Lebens mit seinen unveräußerlichen Rechten. Die meisten von uns, die wir hier versammelt sind, teilen dieses Bemühen, und ich möchte Ihnen meinen tiefen Dank aussprechen...

Wir haben die grundlegenden Bedürfnisse der gesamten menschlichen Rasse im Blick, wenn wir ein friedvolles Zusammenleben und die Erhaltung unserer Umwelt anstreben. Der Kampf, den wir kämpfen, läutert und gestaltet die Zukunft...

Zweifellos wird dieser Prozeß lange und komplex sein, doch er ist keine Utopie, und wir, die Indígenas, hegen Hoffnung auf seine Vollendung...

Das Töten hört nicht auf,
wenn der Krieg beendet ist

Jody Williams
Friedensnobelpreis 1997

»Dear Mom & Dad

Manchmal, wenn wir jemanden lieben und sie werden verletzt und müssen leiden, sind wir sicher – würden wir nur das eine magische Wort kennen – könnten wir alles für sie zum Besseren wenden. Ich wünschte, ich könnte dieses magische Wort für Euch und Stephen finden. Doch nach dreiundvierzig Jahren ist es klar, daß es für ihn dieses magische Wort nicht gibt. Er war es nicht und wird es niemals sein – eine Helen Keller – und unglücklicherweise kann niemand sagen, was eine Helen Keller ausmacht und was einen Stephen Williams.

Aber die Erfahrungen mit meinem Bruder führten mich zu dieser Lebensform, mit der ich vielen, vielen Menschen helfen konnte. Auch wenn es Stephen nicht geholfen hat, sein Schmerz und sein Leiden hat Freude und Leben ermöglicht, was sonst kaum geschehen wäre. Durch ihn wurde das Leben anderer, die ihn nicht einmal kennen, zum Guten verändert – für immer.«[257]

In inniger Liebe
Jody

Während ihre Nachbarn die Traktoren warmlaufen lassen, um ihre Felder zu bestellen, schaltet Jody Williams in ihrem Farmhaus in Putney im amerikanischen Bundesstaat Vermont den Computer ein. Von drei Uhr morgens bis zum Sonnenuntergang steht sie in Kontakt mit mehr als siebenhundert humanitären Organisationen in etwa vierzig Ländern.

Seit sie Ende der achtziger Jahre von den verheerenden Verletzungen durch Antipersonenminen erfahren hat, kennen sie und ihre Mitstreiter keine Ruhe, bis auch der letzte Staat das von ihnen initiierte und lancierte Abkommen zur weltweiten Ächtung von Minen ratifiziert hat. Ihr Motto: »*Ich habe ein Anliegen, für das ich mich vollumfänglich engagiere.*«[258] Und, so sagte sie einmal nach einigen Jahren ihres Kreuzzugs gegen die lautlosen Killer: »*Es ist atemberaubend, was man erreichen kann, wenn man ein Ziel verfolgt und alle Kraft dafür aufwendet.*«[259]

Landminen machen keinen Unterschied zwischen Truppen und Zivilbevölkerung, sie kennen weder Alter noch Geschlecht, unterscheiden nicht zwischen Unschuld und böser Absicht. Alle zwanzig Minuten tritt irgendwo auf diesem Planeten ein Mensch auf eine Mine. Leise und tödlich warten die unscheinbaren Überbleibsel längst beendeter kriegerischer Konflikte auf ihre Opfer, und diese sind zahlreich: fünfundzwanzigtausend Menschen sterben jedes Jahr durch Minen, deutlich mehr werden schwer verletzt und verstümmelt. Die Minen sehen harmlos aus, sind klein – die kleinsten sind kaum ein Kilo schwer und können selbst von Kindern transportiert werden –, sie sind bereits für knapp fünf Mark zu haben und können von jedem einigermaßen technisch begabten Menschen ohne großen Aufwand in »Heimarbeit« hergestellt werden. Meist sind Bauern oder spielende Kinder auf den Feldern die Leidtragenden – so wie Cheng, ein kambodschanischer Junge, der eine Kuh nach Hause führte und dabei auf eine Mine trat. Sein Vater Nyeng: »*Ich rannte los, um ihn zu retten, und dabei trat ich selbst auf eine*

zweite Mine und verlor mein Bein. Als Witwer mit acht weiteren
Kindern habe ich große Angst um alle meine Kinder, denn ich habe
kein Geld, und nun kann ich das Feld nicht mehr bestellen.«[260]

Cheng ist nur eines von unendlich vielen Opfern in Kambodscha – ein Land, das laut Unicef mit gegen vier bis sechs
Millionen nichtexplodierter Landminen mehr dieser Todesfallen
»besitzt« als Kinder. Die ältesten stammen noch aus der Zeit der
französischen Besatzer, doch sowohl die Amerikaner als auch
die Vietnamesen und die Roten Khmer haben dazu beigetragen, daß das ganze Land von Minen regelrecht verseucht ist.

Es ist zu schwierig, zu gefährlich und vor allem zu teuer, die
wahllos aus Helikoptern abgeworfenen oder von der Artillerie
gelegten Minen zu entfernen, und so hinterlassen Sieger wie
Verlierer der Bevölkerung nicht nur auf Jahre hinaus unnutzbare
Felder, abgefackelte Häuser und trostlose Trümmerlandschaften,
sondern auch unzählige dieser lautlosen Sprengsätze: Weltweit,
so Schätzungen der UNO und verschiedenster NGOs, sind gegen
hundertzehn Millionen Antipersonenminen in über sechzig
Staaten – vor allem in der Dritten Welt – vergraben, gegen
zweihundertfünfzig Millionen lagern in den Militärdepots von
circa hundertfünf Ländern.

Bis heute sind der Unicef über dreihundertfünfzig verschiedene Typen von Minen bekannt, die in rund fünfundfünfzig
Ländern von hundert Unternehmen hergestellt werden, und
das scheint nicht einmal eine vollständige Erhebung zu sein. In
ihrer fatalen Wirkung hingegen unterscheiden sich die stillen
Killer kaum, auch wenn sie beinahe poetisch zu nennende Namen
tragen: *black widow,* die sowjetische PMN, enthält zweihundertvierzig Gramm TNT und hat vermutlich mehr Menschen getötet
als jeder andere Typ. Sie wird durch Druck aktiviert, meist von
Hand gelegt und kam in Afghanistan, Kambodscha, Nicaragua,
Iran, Angola, Mozambique und vielen anderen Krisengebieten
zum Einsatz. Ein anderer Typ trägt den Namen *butterfly* und wurde
aus Helikoptern in Afghanistan »gesät«. Den Kindern waren sie

mit der Zeit so vertraut, daß sie sie *green parrots* – grüne Papageien – tauften. Michael Klaus, Unicef: *»Wenn Minen zum Alltag gehören, verlieren sie ihren Schrecken.«*[261] Die Kinder werden unvorsichtig, in Afghanistan werfen sie um die Wette mit Steinen auf die Schmetterlingsminen, um diese zur Explosion zu bringen. Ein Flügel dieses Schmetterlings enthält flüssigen Explosionsstoff, zwar relativ wenig, die Sprengkraft reicht aber aus, um einem Kind die Hand abzureißen. Noch aus dem Zweiten Weltkrieg stammen die sogenannten Stabminen. Die durch Stolperdrähte ausgelöste Detonation tötet zuverlässig alles, was sich im Umkreis von fünfundzwanzig Metern befindet – zum Beispiel in Kambodscha, wo dieser Minentyp geradezu ausufernd zum Einsatz kam. Und nicht zu vergessen die Plastikminen, die auch mit technischer Hilfe kaum aufzuspüren sind. Ihre Auswirkung ist verheerend: Vor der Explosion springen sie etwa einen Meter hoch, um den Streubereich der Splitter zu vergrößern – wer eine von ihnen berührt, wird fürchterlich zerfetzt. Die »modernen Versionen« können durch Funkbefehl ausgelöst werden, andere wiederum neigen sich wie Blumen der Sonne dem näher kommenden Opfer zu. Es gibt auch Minen, die über eine Automatik zur Selbstentschärfung und Selbstzerstörung nach Ablauf einer eingestellten Zeit verfügen – sie sind allerdings wesentlich teurer in der Herstellung, besonders, wenn eine verläßliche Selbstzerstörung gewährleistet sein soll. Die neueste Variante ist eine amerikanische Erfindung: Minen, die beim Räumen selbständig weiterhüpfen und sich einen neuen, freien Platz suchen.

»Ich war so aufgeregt, daß endlich Frieden war, meine Familie und ich hofften, daß wir wieder in ein friedliches Leben zurückkehren konnten. Und wir wollten keine Erinnerungen mehr an den Krieg. Auf dem langen Marsch nach Hause trat mein Bruder auf eine Mine und verlor einen Fuß. Was haben wir getan, daß so etwas passieren konnte? Sie hatten mir doch gesagt, es sei Friede!« erzählt Alice Simbane, Flüchtling aus Mozambique, in Zimbabwe Vertretern von *»Africa Watch«*

im Dezember 1992.[262] Aus Mozambique meldete sich auch der schwedische Schriftsteller Henning Mankell, der seit Jahren in diesem afrikanischen Land lebt und in der Hauptstadt Maputo seit den achtziger Jahren das Teatro Avenida leitet, anläßlich der Überschwemmungskatastrophe eindrücklich zu Wort: »*Wie viele Landminen werden herumgeschwemmt, die bis vor kurzem in der Erde Mozambiques verborgen waren? Eine Million? Zwei? Das Wasser hat die oberste Erdschicht fortgespült. Minen, die vorher in sicherer Tiefe lagen, geraten nun gefährlich nahe an die Oberfläche und an die Füße der Menschen. Straßen, die man für sicher hielt, werden wieder von explodierenden Minen aufgerissen werden.*«[263]

Kuriose Randnotiz: Weitaus mehr Tiere als Menschen fallen jährlich den Minen zum Opfer – allein in Sri Lanka zwanzig Elephanten; im Nordwesten Ruandas, wo die letzten sechshundertfünfzig Berggorillas leben, unter anderen der zwanzig Jahre alte Silberrücken Mkono; und zwischen 1991 und 1995 in Kroatien siebenundfünfzig der etwa vierhundert letzten dort lebenden Braunbären. Gazellen (Libyen), Schneeleoparden (indischchinesisches Grenzgebiet), Büffel und Antilopen – kein Lebewesen ist vor Minen sicher.

From Farmhouse to Fame

Als im Jahre 1981 in Washington eine junge Frau auf dem Weg zur Arbeit die U-Bahn verläßt, drückt ihr jemand ein Flugblatt in die Hand, in dem zur Teilnahme an einer Veranstaltung über die Verwicklung der USA im Bürgerkrieg in El Salvador aufgerufen wurde. Damit wird eine Karriere als Friedensaktivistin in Gang gesetzt, die in der Verleihung des Friedensnobelpreis für 1997 ihren vorläufigen Höhepunkt gefunden hat.

Zu dieser Zeit ist Jody Williams – so der Name der jungen Frau, die aus Vermont stammt – als Sekretärin für eine Teilzeitfirma in der amerikanischen Hauptstadt tätig. Seit längerem ist sie an sozialen Fragen interessiert. Bereits in frühen Jahren hat sie erfahren, was Ungerechtigkeit bedeutet, als sie zusehen muß, wie Schulkameraden ihren behinderten Bruder plagten. Ihre Mutter war während der ersten drei Schwangerschaftsmonate an Masern erkrankt und Stephen taub zur Welt gekommen. Später wird er »schwierig« und gewalttätig. Es dauert dreißig Jahre, bis man entdeckt, daß der junge Mann an Schizophrenie leidet. Diese schwierige Zeit und das harte Schicksal ihres Bruders prägen Jody Williams und schärfen ihren Sinn für jegliche Form von Unrecht: *»Ich werde sehr ärgerlich, wenn ein Starker gemein zu Schwächeren ist.«* Eine Eigenschaft, die sie mit vielen Vermontern teilt. In diesem Bundesstaat mit rund sechshunderttausend Einwohnern existieren allein dreihundert Basisaktivistengruppen.

Nach der Lektüre des Flugblatts beginnt sich Jody für verschiedene Menschenrechtskampagnen in Zentralamerika zu engagieren, die die amerikanische Politik in diesen Regionen ändern wollen. Sie arbeitet in medizinischen Hilfsprojekten für El Salvador mit, lehrt in Mexiko ESL – Englisch als zweite Sprache –, wirkt als Ko-Koordinatorin des Nicaragua-Honduras-Ausbildungsprojekts, und führt verschiedene Delegationen an, die sich in den betroffenen Ländern vor Ort informieren.

Ein Anruf von Robert Muller, Präsident der Stiftung Amerikanische Vietnam-Veteranen, im Herbst 1991 lenkt ihre Aufmerksamkeit auf ein neues Thema: Die schreckliche Zerstörungskraft von Landminen, noch lange nachdem die Konfliktparteien ihre Unterschriften auf ihre Friedensabkommen gesetzt haben. Bobby Muller und seine Kameraden wollen mehr tun, als Minenopfer lediglich mit Prothesen zu versorgen. Das Ziel ist, die Regierungschefs davon zu überzeugen, die Minen zu räumen, *bevor* sie ihre zerstörerische Kraft entwickeln können und unschuldige Menschen verstümmeln. Aus der Bekanntschaft von Jody und Robert entwickelt sich eine beispielhafte Kampagne, der bald mehr als tausend Mitgliedsorganisationen angehören und die innerhalb kürzester Zeit (in nur knapp sechs Jahren) eine enscheidende Wende im Kampf gegen Minen herbeiführt. Einen äußerst motivierenden Teilsieg verzeichnet die *International Campaign to Ban Landmines* (ICBL), die Internationale Kampagne zur Ächtung von Landminen, bereits im ersten Jahr: Der demokratische Senator Patrick Leahy setzt ein Gesetz durch, das den amerikanischen Minenexport ächtet.

Überzeugungsarbeit

Als ihr die Nachricht von der Vergabe des Friedensnobelpreises, der zu gleichen Teilen ihr und der ICBL zugesprochen wird, am Tag nach ihrem Geburtstag telephonisch übermittelt wird, meint Jody Williams spontan, sie würde am liebsten gleich zum Hörer greifen und Präsident Clinton anrufen. Clinton gilt als Befürworter der Kampagne, hat aber nicht durchsetzen können, daß die USA das Abkommen zur Ächtung der Minen ratifizieren.

Selbst Boris Yelzin läßt sich am Tag der Nobelverlautbarung zu der Äußerung hinreißen, Rußland würde das Abkommen unterzeichnen – was allerdings bisher noch nicht geschehen ist.

Unermüdlich versucht Jody Williams, die Menschen von ihrer Vision einer minenfreien Welt zu überzeugen. Zum Beispiel in Südkorea, das sie auf einer Reise zu den olympischen Sommerspielen in Seoul, dazu aufruft, der Ottawa-Konvention beizutreten – Minen seien für die Sicherheit des Landes nicht notwendig. Wie die USA weigert sich Südkorea seit langem, das Abkommen zu unterzeichnen. Es begründet dies mit der Sicherung seiner Grenze zum kommunistischen Nordkorea, mit dem es sich dem Krieg von 1953 nach wie vor im Kriegszustand befindet. Leise Hoffnung kommt auf: Mitglieder der Regierung in Seoul deuten laut *Human Rights Watch* gegenüber Williams an, Südkorea könnte dem Vertrag irgendwann beitreten. Die resolute Kämpferin läßt daraufhin mitteilen, Südkorea solle einen klaren Zeitplan für die Unterzeichnung bekanntgeben, falls diese Äußerung ernst gemeint sei.

Rußland und China argumentieren ebenfalls mit Sicherheitsbedenken. Gar keine Begründungen bringen die unzähligen Rebellengruppen in regionalen Konflikten vor: Sie setzen Minen – die für sie billigste und gleichzeitig zerstörerischste Waffe – ein, wo sie nur können.

Ihrem eigenen Land gegenüber zeigt sich Jody Williams auch nicht zimperlich. Bei jeder sich bietenden Gelegenheit – und darüber verfügt sie als Friedensnobelpreisträgerin ausreichend – verweist sie darauf, daß die USA als eine der letzten Großmächte das Abkommen von Ottawa bisher nicht ratifiziert haben. Ebensowenig scheut sie sich davor, Staaten, die die Vereinbarung zwar akzeptiert haben, aber immer wieder dagegen verstoßen, beim Namen zu nennen. Angola zum Beispiel gehört zu den mittlerweile hundertachtunddreißig Vertragsstaaten, setzt aber weiterhin Minen ein, und entsprechende Verdachtsmomente liegen gegen Burundi und den Sudan vor. Immer wieder weist Williams auf die erschreckenden Zahlen hin, hinter denen beelendende Schicksale verborgen sind: China lagert gegen hundertzehn Millionen Minen, Rußland sechzig bis siebzig Millionen; in Bosnien und Kroatien liegen zwischen ein und zwei Millionen nicht entschärfter Minen. In Afghanistan – einem der am meisten verminten Länder der Welt – verbluten acht von zehn Verletzten, bevor sie medizinische Hilfe erhalten; in nahezu vierzig Prozent der Fälle, in denen IKRK-Mitarbeiter 1991 und 1992 mit Minenopfern zu tun hatten, mußten Amputationen an beiden Beinen vorgenommen werden. Kein Land weist so viele Amputierte als Folge von Minenunfällen auf wie Kambodscha – rund viertausend, einer von zweihundertvierzig Einwohnern. Feige und heimtückisch sind diese Waffen, von zynischen Kennern auch die »billigsten Soldaten der Welt« genannt: Minen brauchen weder Nahrung noch Schlaf und verlangen keinen Sold.

Die Tage vom 3. bis zum 5. Dezember 1997 müssen für Jody Williams besonders aufregend gewesen sein. In Ottawa treffen sich die Staaten, die bereit sind, das Abkommen zu unterzeichnen. Mit ihrer Unterschrift bezeugen die Delegationsleiter, daß sie ihre Lagerbestände an Minen innerhalb von vier Jahren vernichten und vermintes Gelände innerhalb von zehn Jahren räumen wollen, des weiteren, daß sie keine Minen mehr produzieren und/oder exportieren und daß sie jährlich einen Bericht über die Zahl der verbliebenen Minen und die Maßnahmen zu deren Vernichtung vorlegen werden. Jody Williams und ihre Mitstreiter werden reichlich belohnt: Hundertdreiunddreißig Staaten unterzeichnen, sechzig ratifizieren das Abkommen. In einer Rede unmittelbar vor der Unterzeichnungszeremonie sagt sie: *»Der Gang der Geschichte hat sich gewendet, festzustellen daran, daß wir auch eine Supermacht sind. Eine neue Form von Supermacht…«*

Appelle an das öffentliche Gewissen

Einen enormen Schub an Aufmerksamkeit erhalten die Streiter für die Abschaffung von Minen durch die medienwirksamen Auftritte von Prinzessin Diana: in Angola, ausgerüstet wie ein professioneller Minenräumer, und in Bosnien. Diese Aufmerksamkeit ist notwendig, denn: *»Die Leute haben die Vorstellung, daß Minenfelder mit Stacheldraht umzäunt sind, wie sie es aus den Kinofilmen über den Zweiten Weltkrieg kennen. Aber so ist es nicht«*, erläutert Williams. *»Sie legen sie dorthin, wo sich die Bevölkerung bewegt, nahe bei Wasserstellen, entlang den Flussufern, in den Feldern. Es ist überhaupt nicht realistisch anzunehmen, daß sich die Menschen von solchen Orten fernhalten.«* [264] Oft würden die Minen gar nicht mehr zu militärischen Zwecke verwendet, sondern um Terror unter der Zivilbevölkerung zu verbreiten und die soziale und wirtschaftliche Struktur ganzer Landstriche nachhaltig zu zerstören.

Minenkriege sind »schmutzig«, denn sie treffen immer die Schwächsten, die schutzlos den unter der Oberfläche lauernden, durch keinerlei Markierungen erkennbaren »kleinen Eiern« ausgesetzt sind. Früher führten reguläre Armeen Buch darüber, wo sie Minen gelegt hatten; die Sprengkörper konnten nach Abzug ziemlich zuverlässig entfernt werden. In den siebziger Jahren ändert sich das dramatisch: Niemand zeichnet mehr Lage oder Zahl auf, im Gegenteil, es gilt, so viele wie möglich zu streuen. Die vietnamesische Armee, die Ende 1978 in Kambodscha einmarschiert und die Roten Khmer in den Dschungel jagt, geht mit Minen sogar offensiv vor: Sie legt sie um ein Dorf, das anschließend mit Artilleriefeuer angegriffen wird – dem Gegner bleibt nur die Flucht ins Minenfeld. Laut UNO-Generalsekretär Kofi Annan gelingt es Jody Williams und der ICBL, mit ihren unermüdlichen Appellen, mit ihren Berichten über von Landminen zerrissenen Körpern das öffentliche Gewissen so wachzurütteln, daß dieses »Regierungen dazu bringt, eine Konvention zum Verbot dieser tödlichen Waffen anzunehmen«.[265]

Es bleibt aber noch viel zu tun: Bewaffnete Konflikte werden auch im dritten Jahrtausend in Afrika, in Südamerika, im Mittleren und im Fernen Osten registriert, und dabei wird bedauerlicherweise nicht auf Minen verzichtet. Im Gegenteil: Nach Angaben von *Landmine Monitor Report 2000* haben elf Regierungen in circa zwanzig Konflikten sowie rund dreißig Rebellengruppierungen diese lautlosen Killer eingesetzt. Jährlich werden ein bis zwei Millionen neue Minen versenkt. Es handelt sich dabei um immer raffiniertere Typen, ausgerüstet mit Mikrochips und ausgeklügelten Sensoren. Die Minenräumer dagegen sind nach wie vor hauptsächlich auf Metalldetektoren und lange Nadeln angewiesen – nutzloses Werkzeug, wenn es sich um Plastikminen handelt. Auf dem Bauch vorsichtig über den Boden rutschend versuchen sie behutsam, die Sprengsätze auszugraben, zu entschärfen oder zu sprengen. So schaffen sie etwa hunderttausend Minen jährlich – gleichzeitig werden aber zwei Millionen neue gestreut. Und: Etwa fünf Prozent der Minenopfer weltweit sind trotz umfangreicher Vorsichtsmaßnahmen unter den Minenräumern zu beklagen.

Immer mehr Organisationen konzentrieren sich auf die Information der Bevölkerung, wie sie sich bei Minengefahr zu verhalten haben. *Handicap International* hält Kurse für Schulkinder in Bihac (Bosnien) ab. Mit Informationsständen auf Marktplätzen, in Firmen und bei Ämtern werden Rückkehrer in ihrer Heimat aufgeklärt. Für Bosnien, wo ungefähr siebenhunderttausend unentschärfte Minen vermutet werden, wird eigens eine Broschüre verfaßt. Darin steht, was zu tun ist, wenn man sich in einem Minenfeld wiederfindet: a. Stop. Bewegen Sie sich nicht, geraten Sie nicht in Panik. b. Machen Sie Ihre Begleiter auf die Minen aufmerksam. c. Gehen Sie *genau* in Ihren Fußabdrücken zurück, bis Sie wieder auf sicherem Gelände sind. d. Markieren Sie das Gelände und melden Sie die Stelle.

»Wir gehen in die richtige Richtung«, so Jody Williams, *»aber nach wie vor fehlen wichtige Staaten, einschließlich die USA. Wir sind jedoch davon überzeugt, daß wir nach und nach alle Länder an Bord bekommen, denn wir beobachten ihre Aktivitäten und halten den Druck auf sie aufrecht.«*[266] Das wird auch nötig sein, denn nach wie vor gehören die wichtigsten Herstellerländer von Minen den Vertragsstaaten noch nicht an, darunter Indien, Pakistan, Irak, Iran, Israel, Ägypten, Libyen, Nord- und Südkorea, Türkei, China, Rußland und die USA.

Jody Williams weiß auch um die Schwierigkeiten bei der Minenbeseitigung. Nach Ansicht von Fachleuten würde es Jahrhunderte dauern, bis alle Minen der Erde entfernt sind, sofern es weiterhin von Hand geschehen muß. Mitte der neunziger Jahre entwickelte ein deutscher Ingenieur die nach ihm benannte »Krohnsche Fräse«, eine gepanzerte Fräse, die Landminen zum Explodieren bringt. Mit zweien solcher Geräte konnte er 1996 innerhalb von zwei Monaten sechzehntausend Minen in Mozambique entschärfen – trotzdem wird es fünfundzwanzig Jahre dauern, bis das Land einigermaßen minenfrei und wieder begehbar sein wird. Organisationen wie Menschen gegen Minen kümmern sich um die Weiterentwicklung von Minenräumgeräten (ROTAR, ROTAR MK II) und um den Einsatz von Minenräumteams (ein MgM-Team und die beiden Spürhunde Franky und Freddy machten in Angola in vier Wochen fast fünfzigtausend Quadratmeter minenfrei), sie richten auch eigene Werkstätten in Angola ein, um lokale MgM-Mitarbeiter auszubilden und so zum Wiederaufbau des Landes beitragen zu können.

Der finanzielle Aspekt: Die Kosten für die Räumung einer einzigen Landmine werden auf dreihundert bis tausend Dollar geschätzt – Gelder, die ein von Minen verseuchtes Drittweltland kaum allein aufbringen kann. Nach Angaben der Unicef wären für eine weltweite Minenräumung etwa dreiunddreißig Milliarden Dollar nötig. Ein reiches Land wie Kuwait könnte ohne weiteres eine Milliarde Dollar dafür zur Verfügung stellen, Kambodscha hingegen nur etwa zwölf Millionen.

Hilfsorganisationen wie *medico international* oder das Komitee Cap Anamur fordern seit Jahren, daß auch wesentlich mehr Geld für die Behandlung der Opfer bereitgestellt werden müßte. Die Wartezeiten für geeignete Prothesen sind heute noch allzu lang. Dazu kommt, daß die durchschnittliche Lebensdauer eines künstlichen Gliedes nur zwei bis vier Jahre beträgt, und daß Minenopfer lange im Krankenhaus bleiben müssen und aufwendige medizinische Behandlungen brauchen – drei bis fünf Operationen, Bluttransfusionen, Antibiotika, Röntgenaufnahmen usw. Nach Berechnungen des IKRK kostet die Behandlung einer Minenverletzung in Afghanistan durchschnittlich fünftausend Schweizer

Franken, eine einfache Prothese etwa hundert Franken – bei einem monatlichen Einkommen von etwa zehn Franken.

Jody Williams wird weiterhin für das Ziel einer minenfreien Welt kämpfen, als internationale Botschafterin für das ICBL und als Mitglied des Koordinationskomitees. Anläßlich der Verleihung der Ehrendoktorwürde der Universität von Vermont sagt sie den anwesenden Studenten: *»Ich bin immer noch sehr gespannt darauf, was ich alles mit meinem Leben anfangen kann. Jeden Tag stehe ich interessiert auf und frage mich: ›Was tue ich heute, das einen Unterschied bewirkt?‹ Findet das, was für euch einen Unterschied bewirkt. Habt keine Angst vor Risiken, habt den Mut herauszufinden, was euch Freude macht, denn durch eure Freude könnt ihr anderen Menschen Freude bringen. Ich bin am besten, wenn ich Freude empfinde...«*[267]

Nobelpreisrede von Jody Williams
10. Dezember 1997

»*Ich fühle mich sehr geehrt, gemeinsam mit anderen Mitgliedern der Internationalen Kampagne zur Ächtung von Landminen, heute den Friedensnobelpreis für 1997 entgegenzunehmen…Welche persönliche Anerkennung aus diesem Preis auch immer spricht – ich glaube, daß diese hohe Auszeichnung das Resultat einer wahrhaft historischen humanitären Bewegung ist, um die Welt von einer rücksichtslosen Waffe zu befreien. Um es mit den Worten des Nobelkomitees auszudrücken, ›die Internationale Kampagne hat einen Prozeß in Gang gesetzt, der innerhalb weniger Jahre die Vision einer Ächtung von Antipersonenminen zur greifbaren Realität werden ließ.‹…*

Das Bedürfnis, Minen zu ächten, ist nicht neu. In den späten siebziger Jahren drängte das Internationale Komitee vom Roten Kreuz, zusammen mit einer Handvoll NGOs, die Öffentlichkeit, sich mit den Waffen zu beschäftigen, die besonders schwere und/oder rücksichtslose Verletzungen herbeiführen… Oft wird gefragt, warum gerade Landminen? Was unterscheidet sie von anderen konventionellen Waffen? Die Antwort ist einfach: Sind Landminen einmal gelegt, hat sich der Soldat von ihnen entfernt, kann die Landmine nicht zwischen einem Soldaten oder einem Zivilisten, einer Frau, einem Kind, einer Großmutter, die Feuerholz für das Essen suchen, unterscheiden. Die Krux des Problems ist: Mag der Gebrauch dieser Waffe während eines Kriegs… vertretbar sein, so merkt es die Landmine nicht, wenn der Friede ausgerufen worden ist. Die Landmine ist auf ewig bereit, Opfer zu suchen. Salopp ausgedrückt: sie ist der perfekte Soldat, der ›ewige Wachposten‹. Der Krieg ist vorbei, doch die Landminen töten weiter.

Seit dem Zweiten Weltkrieg sind die meisten Konflikte interner Natur gewesen. Dabei wurden allzu oft Minen bevorzugt eingesetzt. So sehr, daß heutzutage Tausende Millionen Minen ungefähr siebzig Länder verseuchen, vorwiegend Staaten der Dritten Welt, die nicht über genügend Ressourcen verfügen, um die Sauerei zu beheben und für die Zehntausende von Opfern zu sorgen. Das Resultat ist eine inter-

nationale Gemeinschaft, die sich mit einer globalen, humanitären Krise beschäftigen muß... Doch wir müssen uns nicht nur um Minen Sorgen machen, die bereits gelegt sind, sondern auch um jene, die einsatzfertig gelagert werden. Schätzungen reichen von ein- bis zweihundert Millionen auf der ganzen Welt...

In jenen Ländern, die von Bürgerkriegen heimgesucht worden sind, berühren die Abermillionen Minen [die zurückgeblieben sind] jeden Aspekt der Friedenserhaltung, jeden Bereich des gesellschaftlichen Wiederaufbaus. In Phnom Penh, in Kambodscha friedenserhaltende Strukturen einzurichten, mag relativ einfach sein. Will man jedoch Friedenstruppen ins Hinterland schicken, wo vier oder sechs Millionen Landminen lauern, hat man ein ernsthaftes Problem, weil die Hauptrouten vermint sind. Eine Etappe des Friedensabkommens war die Rückführung von Hunderttausenden von Flüchtlingen, damit sie an den Wahlen, an der neuen Demokratie, die in Kambodscha aufgebaut wurde, teilnehmen konnten. Im Rückführungsplan war vorgesehen, jeder Familie genügend Land zu geben, damit sie als Selbstversorger den Staat nicht belasten und beim Wiederaufbau helfen konnten. Was fand man vor? So viele Landminen, daß man den Familien das Land nicht überlassen konnte. Was erhielten sie statt dessen? Fünfzig Dollar und eine Jahresration Reis. Solche Wirkungen können Minen haben.

Es waren zuerst die NGOs, die nicht-gouvernementalen Organisationen, die als erste begonnen haben, ernsthaft über das Problem nachzudenken und es bei der Wurzel zu packen: Um das Problem zu eliminieren, müßten auch diese Waffen eliminiert werden... Ende 1991 und Anfang 1992 kam eine Handvoll NGOs zusammen, die sich mit humanitärer Hilfe und Menschenrechtsaktivitäten befaßten, um sich gemeinsam um die Ächtung von Landminen zu bemühen. Im Oktober 1992 forterten Handicap International, Human Rights Watch, medico international, Mines Advisory Group, Physicians for Human Rights und die Vietnam Veterans of America Foundation – aus denen sich das Leitungskomitee der Internationalen Kampagne zur Ächtung von Landminen bilden sollte –, daß der Einsatz, die Produktion, der Handel und die Lagerung von Antipersonenminen verboten würden. Ebenso *verlangten sie von den Regierungen, die Ressourcen für Minenräumung und Opferhilfe aufzustocken.*

Seit diesem bescheidenen ersten Schritt hat sich die Internationale Kampagne zu einer beispiellosen Koalition von tausend Organisationen entwickelt, die in sechzig Ländern zur Erreichung des gemeinsamen Ziels, dem Bann der Antipersonenminen zusammenarbeiten... Im September dieses Jahres kamen neunundachtzig Länder hier in Oslo zusammen und beendeten die Ausarbeitung eines Ächtungsvertrags, der von Österreich zu Beginn des Jahres erst entworfen worden ist. Und gerade letzte Woche trafen sich im kanadischen Ottawa hunderteinundzwanzig Länder, um diesen Vertrag zu unterzeichnen. Als klarer Ausdruck ihres politischen Willens, den Pakt so schnell wie möglich in Kraft zu setzen, ratifizierten ihn drei Länder gleich nach der Unterzeichnung – Kanada, Mauritius und Irland.

In ihren ersten Jahren stieß die Kampagne hauptsächlich im Norden auf Echo – in den Staaten, die die wichtigsten Produzenten von Antipersonenminen gewesen sind. Die Strategie lautete, auf nationale, regionale und internationale Maßnahmen zur Ächtung von Landminen zu drängen... Die ersten Vorstöße wurden in den Vereinigten Staaten unternommen, und zwar mit dem ersten gesetzlich festgelegten Exportmoratorium 1992. Während der Initiant der Gesetzesvorlage, Senator Leahy, noch unermüdlich dafür kämpft, diese Waffen in den USA zu verbieten, haben zahlreiche andere Staaten diese frühe Führungsrolle übertroffen. Was einmal als utopisches Ziel von NGOs bezeichnet worden ist, hat an Stärke und Tragweite gewonnen...

Vertragsverhandlungen [die zu Ottawa geführt haben] *sind von historischer Bedeutung, und zwar aus einer Reihe von Gründen. Erstmals haben kleinere und mittlere Mächte eng mit den NGOs der Internationalen Kampagne zum Verbot von Minen zusammengearbeitet... Erstmals haben kleinere und mittlere Mächte dem intensiven Druck einer Supermacht, den Vertrag zu schwächen, damit er ihrer Politik entspricht, nicht nachgegeben. Vielleicht zum ersten Mal haben Verhandlungen in einem Vertrag geendet, der schärfer war als die Entwürfe, auf denen er basierte...*

Die Osloer Verhandlungen haben der Welt einen Vertrag geschenkt, der bemerkenswert frei ist von Schlupflöchern und Ausnahmen. Es ist ein Vertrag, der den Gebrauch, die Produktion, den Handel und die Lagerung von Minen verbietet. Es ist ein Vertrag, der die Staaten auffordert, ihre Lager innerhalb von vier Jahren... zu zerstören. Es ist ein Vertrag, der die Minenräumung innerhalb von zehn Jahren verlangt. Er ruft die Staaten dazu auf, ihre Unterstützung für die Minenräumung und die Minenopfer zu erhöhen. Es ist kein perfekter Vertrag – die Kampagne hat Bedenken, daß Minen, die gegen Fahrzeuge eingesetzt werden, Vorkehrungen haben dürfen, die ihre manuelle Entschärfung verhindern; wir sind besorgt, daß Minen zu Ausbildungszwecken behalten werden können; wir würden es gerne sehen, wenn der Vertrag direkt auch für nicht-staatliche Gruppierungen gelten würde und wir würden uns eine schärfere Formulierung bezüglich Opferunterstützung wünschen. Doch... wir sind sicher, daß diese Themen an den jährlichen Treffen und Revisionskonferenzen, die im Vertrag vorgesehen sind, angesprochen werden können...

Es ist bemerkenswert: Landminen wurden seit dem amerikanischen Bürgerkrieg, seit dem Krimkrieg eingesetzt. Jetzt werden sie aus dem weltweiten Arsenal herausgenommen. Das hat eine historische Dimension. Es beweist, daß Bürgerorganisationen und Regierungen sich nicht als Konkurrenten betrachten müssen. Es zeigt, daß kleinere und mittlere Mächte mit Bürgerorganisationen zusammenarbeiten können, um sich humanitären Zielen mit atemberaubender Geschwindigkeit anzunehmen. Es zeigt, daß eine solche Partnerschaft eine neue Form von ›Supermacht‹ bilden kann...«

Die Angst überwinden

Schirin Ebadi
Friedensnobelpreis 2003

»*Wütend versuche ich, mit dem Stiel meines Löffels an die Betonwand zu schreiben, daß wir geboren sind, um zu leiden, weil wir in der Dritten Welt geboren sind. Zeit und Ort sind uns auferlegt, laßt uns geduldig sein, wir haben keine andere Wahl.*«[269]

Schirin Ebadi

Es war ein weiter Weg für Schirin Ebadi aus der Zelle Nr. 209 im Teheraner Evin-Gefängnis bis in die festlich geschmückte City Hall in Oslo. Und es war ein Weg, der viel von der kleinen Frau verlangt hat, die den Friedensnobelpreis für das Jahr 2003 erhält.

Als nach der Ansprache des Vorsitzenden des Nobelkomitees die iranische Volksmusikgruppe *The Kamkars* aus voller Inbrunst *Hanar, Hanar* – ein altes, persisches Volkslied – vorträgt, kann sich auch Norwegens Königin Sonja, die mit ihrem Sohn und ihrer Schwiegertochter an der Zeremonie teilnimmt, nicht mehr gegen die mitreißenden Klänge wehren und beginnt, mit den Füßen im Takt zu wippen. Die Frau, der die Musik gilt und deren zuvor so konzentriertes, ja ernstes Gesicht allmählich ein glückliches Strahlen überzieht, wird von vielen Augen beobachtet: Etwa tausend Menschen sind an diesem 10. Dezember gekommen, um der Verleihung des Friedensnobelpreises an Schirin Ebadi beizuwohnen. Es ist der elfte Friedensnobelpreis, der an eine Frau geht. Und er wirft einige Fragen auf. Die interessanteste: Wer ist Schirin Ebadi?

Die inzwischen bekannten Fakten sind spärlich und daher schnell berichtet. Schirin Ebadi wurde 1947 in Hamadan, einer von achtundzwanzig Provinzen im Iran, als Tochter eines Professors für Wirtschaftsrecht und einer Hausfrau geboren. Ihre Familie, zu der neben Schirin zwei weitere Töchter und ein Sohn zählen, gehörte zur oberen Mittelschicht. Schirin, deren Name »süß« bedeutet, schlug eine juristische Laufbahn ein, sie studierte Jura in Teheran und Frankreich. Die Neigung zur Jurisprudenz scheint in dieser Familie Tradition zu sein, denn auch die jüngste Tochter der Friedensnobelpreisträgerin, Nargess, ist mittlerweile an der juristischen Fakultät in Teheran immatrikuliert.

Erstmals wurde der Name Schirin Ebadi einer größeren, allerdings rein intellektuellen Öffentlichkeit im Iran bekannt, als sie 1974 zur ersten Richterin ernannt wurde. Von 1975 bis

1979 arbeitete die promovierte Juristin am Gericht in Teheran. Doch mit der Ankunft von Ayatollah Ruhollah Khomeni im Februar 1979 aus dem französischen Exil überstürzten sich die Ereignisse, und die Situation änderte sich dramatisch, besonders für die Frauen. Kurz vor der Rückkehr Khomenis verließ der Schah das Land, bereits am 11. Februar 1979 wurde die letzte von ihm ernannte Regierung gestürzt. Die nun herrschenden Mullahs machten sich unverzüglich daran, der *»Miß-achtung islamischer Vorschriften«* durch Resa Palewi ein Ende zu setzen, und alle Richterinnen, so auch Ebadi, wurden ihres Amtes enthoben. Frauen seien viel zu emotional und irrational, und vor allem könne es nicht angehen, daß Frauen, die den Männern Gehorsam schuldeten, über Männer richten dürften, lautete die Begründung. Die Frauen wieder unter Tschador und Hijab zu zwingen war eigentlich nur das kleinere Übel. Schirin Ebadi beantragte eine Anwaltslizenz, auf die sie mehrere Jahre warten mußte, und begann in dieser Zeit mit ihren publizistischen Aktivitäten zur Lage der Kinder und Frauen.

In Oslo wird die Stimmung immer gelöster, was dem erhabenen Moment keineswegs schadet. Im Gegenteil, Ebadis Lockerheit wirkt ansteckend. Als sie zum Rednerpult geht, tut sie es in einer Atmosphäre entspannter Erwartung. Die ersten Sätze ihrer Rede, die sie in der Landessprache Farsi hält, kommen noch leise über ihre Lippen, von den oberen Rängen ist zu sehen, wie sie mit dem Zeigefinger die Zeilen entlangfährt. Doch Absatz um Absatz wird ihre Stimme kräftiger, gewinnen ihre Aussagen an Energie. In den Stunden zuvor hat sie im Grand Hotel mehrere Interviews gegeben, an einer für sie arrangierten Pressekonferenz im Nobelinstitut teilgenommen, zusammen mit vielen Schulkindern eine Friedensflamme entzündet und immer wieder geduldig den vielen Landsleuten zugehört, die von überallher gekommen sind. Auf Schritt und Tritt trifft man auf Iraner, die ihrer Freude über die Auszeichnung begeistert Luft machen. *Schirin, Schirin* skandieren sie, sobald sich die Anwältin zeigt. In der Lobby im Hotel warten ehemalige Mitstreiter, die im Gegensatz zu ihr den Iran verlassen haben. Mit Tränen in den Augen stürzen sie auf ihre Heldin zu, die sich herzen und umarmen läßt, geduldig für Photos posiert und für jeden ein paar Worte findet. Die wenigen Sicherheitsbeamten versuchen ihr bestes, doch Ebadi ist niemand, der sich davon abhalten läßt, mit anderen Menschen spontan in Kontakt zu treten. Die Angst um ihre Person ist in der Isolierzelle 209 im Evin-Gefängnis geblieben, dort mußte sie in den Wochen der Einzelhaft, in der absoluten Stille damit fertig werden, ihre Familie womöglich nie wieder zu sehen. Und: *»Angst ist ein Zustand wie jeder andere auch, wie Hunger zum Beispiel. Er kommt, und ich habe gelernt, damit umzugehen. Jeder, der im Iran für die Menschenrechte kämpft, lebt in Angst. Aber man muß die Angst überwinden.«*[270]

Ein wichtiger Ansporn

Während auf der ganzen Welt sogleich positive und erfreute Stellungnahmen zur Preisverleihung zu hören waren, reagierten die offiziellen Stellen in Ebadis Heimat gespalten: Der staatliche Rundfunk und das Fernsehen verbreiteten die Nachricht erst mit stundenlanger Verspätung. Die meisten konservativen Blätter wie das Hardlinerblatt *Resalat* ignorierten die Meldung oder brachten sie in wenigen Zeilen auf den hintersten Seiten. Fundamentalistische Kreise sprachen gar von einer westlichen Einmischung in inneriranische Angelegenheiten; ohne die Zustimmung der USA, des verhaßten Satans, hätte Ebadi den Preis niemals erhalten. Sie sei ein Werkzeug der Ausländer, eine Verräterin und eine schlechte Muslimin.

Präsident Mohammed Chatami überwand sich zwar zu einer Gratulation, aber erst nach massiven Interventionen. Restlos enttäuscht zeigten sich seine Anhänger, als sie seine Worte hörten: Er freue sich zwar darüber, daß eine Iranerin und Muslimin den Preis erhalten habe, aber der Friedensnobelpreis sei nicht so wichtig wie etwa der Nobelpreis für Literatur oder Medizin. Zudem sei der Preis mit politischen Absichten verbunden, und er hoffe, daß »*sich die Dame nicht für politische Ziele, die sich gegen die Interessen unseres Landes richten, mißbrauchen lassen*«. Diese Äußerung ging selbst seinem Bruder Mohammad Reza Chatami, Generalsekretär der Mosharekat-Partei und Vizepräsident des Parlaments, zu weit: Er hob die Bedeutung des Preises hervor und grenzte sich von seinem Bruder deutlich ab.

Die Wortführer der Reformbewegung hingegen bezeichneten den Preis als einen wichtigen Ansporn für alle, die sich für Freiheit, Demokratie und Menschenrechte einsetzen, die Reformzeitung *Scharq* widmete der Preisträgerin gleich mehrere Seiten.

Die Bevölkerung erfuhr von der erstmaligen Verleihung dieses Preises an eine Muslimin hauptsächlich durch Satellitenfernsehen, unter anderem auch vom exiliranischen Kanal aus Los Angeles und aus dem Internet, und so strömten Tausende zum Teheraner Flughafen Mehrabad, um die Preisträgerin zu empfangen, die von der ehrenvollen Auszeichnung in Paris erfahren hatte, wo sie sich anläßlich einer Konferenz über die Gesellschaft und den Film des Iran aufhielt. Und einmal mehr reagierte Schririn Ebadi klug. Am Tag nach ihrer Rückkehr in ihre Heimat nahm sie an einer Pressekonferenz teil und bedankte sich für den jubelnden Empfang ihrer Landsleute: »*Der Preis gehört allen, die sich im Iran für Menschenrechte und Demokratie einsetzen. Meine Aufgabe ist es, der Welt mitzuteilen, daß meine Landsleute Krieg und Gewalt verabscheuen und ihre Rechte friedlich fordern. Wir werden diesen Weg fortsetzen.*«[271] Die Auszeichnung einer Muslimin bedeute aus ihrer Sicht, daß der Islam keine Religion des Terrors sei. Wenn im Namen des Islam getötet oder die Rechte der Frauen und der Kinder eingeschränkt würden, sei dies ein

Mißbrauch der Religion. »*Ich verkünde der ganzen Welt: Wir sind ein friedliches Volk, wir verabscheuen Gewalt und Terror, wir wollen mit anderen Religionen in Frieden leben.*«[272] Sie forderte die Freilassung der politischen Gefangenen und appellierte an die Machthaber: »*Lassen Sie zu, daß unser Volk vereint und in Freiheit lebt.*«

Kluge Worte als schlagkräftigste Waffe

Mit wem auch immer man über die kleine Frau spricht, alle bezeichnen sie als mutig, hartnäckig und als clever. Und offenbar braucht sie allen Mut, um gegen die mächtigen Kleriker anzutreten. Immerhin bedeutet der Nobelpreis auch einen gewissen Schutz; so darf man hoffen, daß es Schirin Ebadi nicht eines Tages so ergeht wie Faraj Sarkohi. Der mehrfach ausgezeichnete iranische Schriftsteller wurde im April 1996 am Flughafen vom Geheimdienst gekidnappt, man konfiszierte seinen Paß und steckte ihn ins Gefängnis. Den besorgten Verwandten erklärte man, er befinde sich bereits in Deutschland, doch Sarkohi traf niemals dort ein. Aber er hatte geahnt, was ihm bevorstand: »*So etwas spürt man, sie wollten mich töten, das habe ich gewußt. Man hatte mich bereits mehrfach gewarnt, keine kritischen Artikel mehr zu schreiben. Man sagte mir, ich sei als Dissident zu bekannt, das könne man nicht dulden. Deshalb hatte ich meine Mutter und meinen Bruder gebeten, zu Schirin Ebadi zu gehen, falls mir etwas passiert.*« Auf die Frage, warum gerade Ebadi, antwortet der Schriftsteller: »*Sie war nicht gefährdet, man kannte sie als Anwältin der Kinder, aber ansonsten war sie unverdächtig. Zudem kannten wir uns als Journalisten-Kollegen, sie hat mehrmals für das Kulturmagazin Adineh, dessen Chefredakteur ich elf Jahre war, über Frauenthemen und Rechtsfragen geschrieben.*«[273]

Zwei Jahre dauerte seine Leidenszeit. Immer wieder wurde er mit verbundenen Augen einem anonymen Verhörrichter vorgeführt, der ihn der verschiedensten Verbrechen beschuldigte. Das Urteil lautete jeweils: dreifache Todesstrafe. Sein Vergehen: Zusammen mit sieben weiteren Schriftstellern hatte er eine Petition aufgesetzt, in der sie sich gegen die Zensur und für die publizistische Freiheit aussprachen. Unterzeichnet hatten diese Petition viele bedeutende Persönlichkeiten, darunter auch Schirin Ebadi. Am internationalen Pen-Kongreß in Prag wurde der »Text der 134« verlesen und in der internationalen Presse veröffentlicht, woraufhin sich mehrere europäische Spitzenpolitiker für Sarkohi einsetzten, was vermutlich einer der Gründe ist, warum er überhaupt noch am Leben ist. Einen weiteren Grund stellt wohl die Verleihung des Tucholsky-Preises an ihn dar, was wiederum die Öffentlichkeit auf den Plan rief.

Sarkohi hatte bei allem Elend noch Glück: Er konnte auf die Beharrlichkeit von Ebadi zählen. Unerschrocken war die Anwältin vorgegangen, hatte unablässig danach verlangt, ihren Klienten zu sehen, hatte immer wieder mit Journalisten über seinen Fall gesprochen. Sie gab nicht auf, schrieb Brief um Brief an die Gerichte, gab sich mit ausweichenden Antworten nicht zufrieden. Ihre Kampfzone ist das Gericht, wo sich die gewiefte Verteidigerin mit den Mullahs anlegt, und ihre wichtigste Waffe ist das fundierte Fachwissen, womit sie viele Argumente der Mullahs kontert. Die Folter und die Todesangst konnte allerdings auch sie Sarkohi nicht ersparen. »*Zuerst stekken sie dich in eine Zelle, allein, sie kappen alle Verbindungen zur Außenwelt und lassen dich die Einsamkeit spüren. Dann beginnen sie, dich zu foltern. Die effektivste Folter ist, wenn sie dich ans Bett fesseln und mit einem Kabel schlagen. Oder sie hängen dich an den Händen auf und schlagen dich. Gleichzeitig beginnt die psychologische Folter. In meinem Fall folterten sie meinen Bruder in der Nachbarzelle und ich mußte zuhören. Sie ließen mich zehn Tage lang nicht schlafen. Irgendwann kommt der Punkt, an dem du es vorziehst, zu sterben.*« Nach einer kurzen Pause fährt er fort: »*Mit der Folter konnten sie einen Menschen physisch und psychisch zerstören, bis man*

sich selbst verleugnet und den Respekt vor sich selbst verliert.«[274]
Irgendwann gab auch er nach, gestand, ein Spion zu sein und
wurde schließlich freigelassen. Heute lebt Sarkohi in Frankfurt
im Exil. Nach Hause kann er nicht mehr, denn die Todesstrafe
wurde erneut gegen ihn verhängt, und jeder iranische Polizist,
der ihn erkennt, darf ihn erschießen.

Ein weiterer Fall führte dazu, daß Ebadi schließlich auch im
eigenen Land berühmt wurde. Dabei handelte es sich um den
ermordeten ehemaligen Arbeitsminister und Dissidenten Dar-
ish Forouhar und seine Frau Parvane, beide entschiedene Kritiker der Mullahs und Angehörige der Opposition, die in ihrer
Wohnung durch mehrere Messerstiche getötet wurden. Ebadi
vertrat die Tochter des ermordeten Ehepaars: *»Ungeachtet aller
Repressalien hat sie sich während des ganzen Prozesses mit bewun-
dernswerter Hartnäckigkeit um die Aufklärung bemüht«*, sagt Para-
stou Forouhar, die wie Sarkohi inzwischen in Deutschland lebt.
Es gelang Ebadi tatsächlich, die Hintergründe bis zu einem gewissen Grad aufzudecken; die Behörden gaben zu, Mitarbeiter
des Geheimdienstes hätten die Tat begangen. Der Geheim-
dienstminister mußte zurücktreten, doch die Mörder sind nach
wie vor auf freiem Fuß. Die iranische Justiz beschloß im Herbst
2003, den Fall zu den Akten zu legen, seither bemüht sich Ebadi
um einen Termin vor dem Internationalen Gerichtshof in Den
Haag.

Im Sommer 2000 wagte sich die mutige Anwältin jedoch zu
weit vor: Die sogenannte Videoaffäre sollte sie nun selbst ins
berüchtigte Teheraner Evin-Gefängnis bringen. Ebadi hatte ein
Videoband verbreitet, das Beziehungen zwischen der halblega-
len Organisation »Gefolgsleute der Partei Gottes« und promi-
nenten Konservativen enthüllte. Einer der bekanntesten islamischen Extremisten hatte vor laufender Kamera zugegeben,
daß die Gewalt gegen die Studenten im Sommer 1999 von
zwei der wichtigsten Mullahs organisiert worden war. Die
Richter beschuldigten die ehemalige Kollegin, das Band mani-

puliert zu haben, und verurteilten sie schließlich zu fünfzehn Monaten Gefängnis und fünf Jahren Berufsverbot. Doch sie hatten nicht mit der Zähigkeit Ebadis gerechnet, die während ihrer Wochen im Gefängnis keineswegs gebrochen war.

»Ich hasse mich dafür, so schwach zu sein. Ich versuche, mich nicht zu beklagen. Ich presse meine Zähne aufeinander und kralle meine Finger ineinander – meine Nägel sind durch den Druck blau geworden. Aber nie würde ich stöhnen … Einsamkeit und Stille können einen verrückt machen. Ich sehnte mich plötzlich nach den Flüchen und Schreien meiner Nachbarn. Ich wünschte mir, irgendjemand würde des Nachts an die Eisenstäbe der Zellen schlagen …«[275] Gefoltert wurde Schirin Ebadi im Gefängnis nach eigenen Aussagen nicht, aber die Erzählungen vieler Gefangener über die Zustände und Ängste werden nun für sie zu einer persönlichen Erfahrung.

Ein langer Weg

Der Friedensnobelpreis bedeutet keine Auszeichnung vergangener Taten, vielmehr stellt er eine Ermutigung für Irans Frauen dar. Mit der Wahl Ebadis hat das Komitee ihrer Idee eines modernen Islam zu internationaler Beachtung verholfen. Ebadis immer wieder geäußerte Haltung lautet: Islam und Menschenrechte schließen sich nicht aus. Denn: *»Am wichtigsten ist nicht, welche Religion, Sprache oder Kultur man hat, sondern daß man an die Menschenrechte glaubt.«* Die Wahrung der Menschenrechte, besonders die von Frauen und Kindern, so ihre feste Überzeugung, ist fundamental und bedarf der nachhaltigen Durchsetzung.

Ebadi – das darf man nie vergessen – tritt nicht vom Exil aus für ihre Sache ein, sie beschreitet Tag für Tag den beschwerlichen Weg vor Ort. *»Ich bin stolz darauf, Iranerin zu sein. Und ich werde im Iran leben, solange ich es kann«*, sagt sie. Stolz ist sie auch darauf, daß sie immer im Rahmen der gesetzlichen Richtlinien geblieben ist und nie zu illegalen Mitteln gegriffen hat. Bleibt zu hoffen, daß die internationale Aufmerksamkeit für die Frau, die außerhalb von Regierungsämtern und diplomatischem Parkett agiert, nicht nachläßt, denn nach der Preisverleihung wurden bereits zahlreiche Morddrohungen gegen sie gerichtet. Einige davon wurden damit begründet, daß sie eine schlechte Muslimin sei. Zu diesem Schluß kommen ihre Gegner, weil Ebadi außerhalb des Irans auf den Hijab, das traditionelle Kopftuch, verzichtet, was in vielen Medien als Zeichen des Widerstands gewertet wird. Immer wieder darauf angesprochen, erklärt sie ganz einfach: »*Wegen der herrschenden Gesetze im Iran ist das Umbinden des Kopftuchs eine Notwendigkeit. Da ich diese Gesetze respektiere, verhülle ich mich, wenn ich im Iran bin, immer im Hijab.*«[276] Und bei einer anderen Gelegenheit sagt sie lächelnd: »*Wir sollten muslimischen Frauen nicht sagen, daß sie ihren Kopf verhüllen, sondern daß sie ihn benutzen müssen.*«

Sich in symbolischen Auseinandersetzungen aufzureiben ist ihre Sache nicht. Diese Art der Diskussion ist nach ihrer Ansicht zweitrangig, wichtigere Themen stehen auf der Agenda: die Idee eines zeitgemäßen Islam, der Meinungs- und Religionsfreiheit, demokratische Grundbedürfnisse und eine gewisse Gleichheit der Geschlechter garantiert, zumindest aber kein Patriarchat zuläßt und keine mittelalterlichen Strafen wie die Steinigung ehebrecherischer Frauen. Dafür kämpft Ebadi, auch wenn sie immer wieder die Wut der Konservativen auf sich zieht – mit ihren Forderungen nach Freilassung der politischen Gefangenen und der Beendigung unmenschlicher Strafen, nach der Trennung von Politik und Religion und der Heraufsetzung des Volljährigkeitsalters (das für Mädchen bei dreizehn und für Jungen bei fünfzehn Jahren liegt) und vor allem mit dem unerschütterlichen Credo, daß ihre Religion eine friedliebende sei und daß es keinerlei Veranlassung gebe, Konflikte zu schüren. »*Der Islam ist ein Glaube der Gerechtigkeit und Gleichberechtigung. Es ist die herrschende patriarchalische Kultur, die*

290

die Gleichberechtigung von Frauen und Männern verhindert. Der Islam ist nur ein Vorwand. Ich vertrete vehement die Meinung, daß der Islam interpretationsfähig ist, daß er, richtig interpretiert, ein starker Befürworter der Menschenrechte sein kann.«[277] Ebadi weiß aber auch, daß noch ein langer Weg vor ihr liegt: »Prinzipielle Reformen können nur dann entstehen, wenn die Gesellschaft sich reformwillig zeigt, und solch eine Umwandlung muß, soll sie von Dauer sein, innerhalb eines jeden Menschen entstehen. Nur wenn die einzelnen Personen einer Gesellschaft den Willen zur Veränderung zeigen, kann sich die Gesellschaft ändern.«[278]

Ebadi läßt sich nicht beirren und riskiert erneut den Unmut der Geistlichen: Sie vertritt Stephan Hachemi, den Sohn der kanadisch-iranischen Journalistin Zahra Kazemi, die im Sommer 2003 in Teheran ums Leben kam. Damit legt sich Ebadi mit einem der mächtigsten Männer des Gottesstaates an, mit Said Mortazawi, Chef der Teheraner Staatsanwaltschaft. Das iranische Parlament hat den ehemaligen Richter, der für die meisten Verbote von über neunzig Zeitungen in den letzten Jahren verantwortlich ist, beschuldigt, die Journalistin ohne rechtliche Grundlage verhaftet und Verhören ausgesetzt zu haben, die schließlich zu ihrem Tod geführt hatten. Schlimmer noch: Mortazawi steht unter Verdacht, die Fotoreporterin eigenhändig traktiert und ihr schwere Kopfverletzungen zugefügt zu haben. Fraglich ist, ob es überhaupt gelingt, dem einflußreichen Juristen den Prozeß zu machen. Er selbst stellt sich unter den Schutz des Revolutionsführers, und dessen Wort ist das Gesetz.

Ein Ort der Hoffnung

Schirin Ebadis kleines Büro im Erdgeschoß ihres Hauses in der Vierzehn-Millionen-Stadt Teheran wird oft von Menschen in juristisch aussichtslosen Situationen aufgesucht. Die meisten sind Frauen sowie Angehörige von inhaftierten Oppositionellen und Intellektuellen. Und es sind Fälle wie der von Arian, einem kleinen Mädchen, das nach massivem Mißbrauch starb, oder von Leila Fathani, einem elfjährigen Kurdenmädchen, das von drei Männern vergewaltigt wurde – Fälle also, von denen andere Anwälte die Finger lassen. Doch Schirin Ebadi schickt niemanden weg.

Die sechsundsechzig Millionen Einwohner des Gottesstaates unterstehen in letzter juristischer, politischer wie moralischer Instanz dem Revolutionsführer, der Ayatollah Ali Chamenei heißt und seit 1989 an der Macht ist. Mehr als achtundneunzig Prozent der Iraner sind Muslime, davon rund neunzig Prozent Schiiten und zehn Prozent Sunniten. Trotz eines hohen Wirtschaftswachstums steigt die Arbeitslosigkeit. Kriminalität, Drogen, Prostitution und Landflucht nehmen drastisch zu. Die Folgen des schweren Erdbebens von 1990 sind noch längst nicht beseitigt, als es im Dezember 2003 das Land wieder trifft: Zehntausende Tote sind nach dem Beben in Bahm zu beklagen. Und nicht zuletzt ist der Iran eines der Länder mit den größten Flüchtlingsströmen aus der ganzen Region. Da erscheinen Reformen wie die Erlaubnis für Frauen, als Taxifahrerinnen arbeiten zu dürfen, oder die Anfang Oktober 2003 erfolgte Graduierung einer Gruppe weiblicher Polizistinnen an der Teheraner Polizeiakademie durch Präsident Chatami wie ein Tropfen auf den heißen Stein.

Der vorwiegend von Frauen und jungen Menschen – Iraner dürfen mit fünfzehn Jahren zur Wahl gehen – gewählte Chatami hatte im ersten Wahlkampf erstaunlich emanzipatorische Töne angeschlagen: Ein Ministeramt könne durch eine Frau ausgefüllt werden, und es sei durchaus denkbar, daß es einmal eine Staatspräsidentin geben werde. Doch die Konservativen verhinderten bisher jede noch so kleine Initiative, um die Rechte der Frauen zu verbessern. Es sind seltsam anmutende Probleme, die sich den Frauen bei scheinbar selbstverständlichen Alltäglichkeiten in den Weg stellen: Dürfen Frauen in der

Öffentlichkeit joggen? Gefährdet eine Fahrrad fahrende Frau die Moral? Nach Ansicht der Mullahs muß eine Frau alles vermeiden, was die Aufmerksamkeit auf sie ziehen könnte. Dabei stellen Frauen an den Universitäten bereits die Mehrheit: Von den Studenten sind 63 Prozent weiblich, Hunderttausende von Frauen wurden während des iranisch-irakischen Krieges – 1980 bis 1988 – ins Arbeitsleben gerufen und haben sich dort etabliert. Noch nie in der Geschichte des Irans hat es so viele Lehrerinnen, Ärztinnen, Schriftstellerinnen und Filmemacherinnen gegeben.

Chatami gelang zwar 2001 die Wiederwahl, noch einmal halfen ihm die Frauen und die Jungen, doch sie sind enttäuscht, da sich kaum einer ihrer Wünsche nach Offenheit und Freiheit erfüllt hat. Das liegt nicht nur an der zögernden Haltung des Präsidenten und seinem fehlenden Willen zur Konfrontation mit den religiösen Ultras. In der Realität hat er kaum die Möglichkeit, irgend etwas im Parlament durchzusetzen, obwohl die Reformer dort über die Mehrheit verfügen. Iran ist eben immer noch ein Staat der Mullahs, und die Macht liegt bei der kleinen Minderheit der Konservativen, die das Land seit der islamischen Revolution von 1979 beherrschen.

An der Spitze steht Revolutionsführer Ali Chamenei, der den aus zwölf Geistlichen bestehenden, nahezu allmächtigen Wächterrat kontrolliert, das wichtigste politische Instrument der Konservativen. Jeder, der sich politisch engagieren und für ein Amt kandidieren will, benötigt die Erlaubnis dieses Rates, um überhaupt anfangen zu können. Der Wächterrat prüft die vom Parlament verabschiedeten Gesetze auf deren Vereinbarkeit mit dem Islam und hat seit der Wahl und Wiederwahl des reformorientierten Chatami fast alle Vorlagen zurückgewiesen. Bisher hat der Präsident auf die beiden ihm verbleibenden prinzipiellen Möglichkeiten gegenüber seinen Kontrahenten verzichtet: Er ist nicht zurückgetreten, und er hat auch nicht zum Bürgerkrieg aufgerufen – und es hätte eine Zeit gegeben, in der sehr viele junge Menschen einem solchen Appell mit Sicherheit gefolgt wären. Aber Chatami setzt, wie Ebadi und viele andere, auf friedliche Veränderungen. Wie diese aussehen müßten, ist allen klar, ob es jedoch gelingt, sie jemals durchzusetzen, bezweifeln immer mehr enttäuschte Iraner.

Das iranische Gesetz ist für Westeuropäer schwer zu verstehen: Ein Mann darf seine Gattin ohne Angabe von Gründen jederzeit verstoßen. Die Iranerin kann nur unter Vorweisung triftiger Gründe die Scheidung beantragen, wozu Unfruchtbarkeit und Geisteskrankheit des Mannes oder Gefängnisstrafen des Ehegatten, die länger als fünf Jahre dauern, gehören. Die Kinder werden nach der Scheidung automatisch dem Vater zugesprochen. Um arbeiten oder ins Ausland reisen zu können, brauchen Frauen nach wie vor die Erlaubnis des Ehegatten oder des Vaters. Und das Blutgeld für einen Mann ist doppelt so hoch wie das für eine Frau.

Es wird ein langer Weg sein, bis Schirin Ebadi und ihre Mitstreiter ihren Zielen wirklich näherkommen: der Verwirklichung der Demokratie, der Gleichstellung der Frau und der Freiheit des selbstbestimmten Individuums. Ohne den Sturz der Mullahs wird dies nicht möglich sein, aber auch der kann nicht von außen erfolgen. Noch nie hat sich eine Diktatur durch externe Sanktionen oder Drohungen einschüchtern lassen, auch eine Intervention wie im Irak ist keine Lösung; die Geistlichen können nur durch ihr eigenes Volk überwunden werden. Eine erneute Revolution steht allerdings auch nicht bevor, denn, so der exilierte Dissident Farjah Sarkohi: *»Die jungen Iraner, speziell die Frauen, versuchen einen friedlichen Weg einzuschlagen. Man will keine Gewalt mehr. Wir hatten genug: eine Revolution, einen achtjährigen Krieg gegen den Irak – die Menschen sind kriegsmüde.«*[279]

Auch Ebadi sieht einzig in friedlichen Anstrengungen eine realistische Chance für einen Wandel: *»Alle Reformen sollen friedlich in Gang gesetzt werden. Die Zeit des Hasses, der Gewalt* *und des Krieges ist vorbei, aber auch die der Repression.«* Und Ebadi ist davon überzeugt: *»Der Kampf muß im Innern eines Landes und einer Gesellschaft geführt werden. Jede fremde Einmischung erschwert dieses Ringen um die Freiheit nur. Kein Staat hat das Recht, einem anderen seinen Willen aufzuzwingen, und wäre es, um das Gute durchzusetzen. Meistens wird das Gegenteil dabei herauskommen.«*[280] Mit großer Vehemenz lehnt sie alle Ansinnen ab, sie zur gewöhnlichen Politikerin zu machen: *»Ich hoffe, niemals ein Teil der politischen Streitereien, des Machtkampfs oder der Regierung zu werden. Ein Menschenrechtskämpfer muß sich zwischen den Menschen aufhalten und neutral sein.«* Auch wenn ihre Erfolge massive politische Konsequenzen haben – das von ihr verfaßte Gesetz gegen die Folterung von Kindern und Jugendlichen wurde vom Parlament einstimmig beschlossen –, will sie sich nicht von Parteiinteressen vereinnahmen lassen. Nur eines will sie sein und bleiben, auch nachdem die ganze Welt durch die Verleihung des Friedensnobelpreises von ihr Notiz genommen hat: eine Verteidigerin der Menschenrechte. *»Ich führe diesen Kampf seit über zwanzig Jahren und bin selbst verurteilt worden. Trotzdem habe ich nie die Hoffnung aufgegeben, daß in Iran eine friedliche Evolution hin zu demokratischen Grundsätzen stattfindet. Der Friedensnobelpreis verleiht mir die Energie, entschlossen weiterzumachen. Ich bin ein sehr optimistischer Mensch und glaube, daß es jeden Tag ein bißchen besser wird.«*[281]

Nobelpreisrede von Schirin Ebadi
10. Dezember 2003

»Im Namen des Gottes der Schöpfung und der Weisheit, Eure Majestät, Eure Königliche Hoheit, sehr geehrte Mitglieder des norwegischen Nobelpreiskomitees, Exzellenzen, meine Damen und Herren.

Es ist eine außerordentliche Ehre für mich, von diesem ganz besonderen Ort aus zu den Menschen auf der ganzen Welt zu sprechen. Diese große Ehre ist mir durch das norwegische Nobelpreiskomitee zuteil geworden. Ich bewundere den Geist Alfred Nobels und gedenke aller, die seinem Weg folgen.

Dieses Jahr wurde der Friedensnobelpreis einer Frau aus dem Iran verliehen, einem muslimischen Land im Mittleren Osten. Daß man mich auserwählt hat, ist zweifellos eine Ermutigung für die unzähligen Frauen, die für die Verwirklichung ihrer Rechte kämpfen, und das nicht nur im Iran, sondern in der gesamten Region – Rechte, die man ihnen im Lauf der Geschichte genommen hat. Durch diese Wahl werden die Frauen im Iran und im weiteren Umkreis beginnen, an sich selbst zu glauben.

Frauen bilden die Hälfte der Bevölkerung eines jeden Landes. Sie nicht zu berücksichtigen und ihnen die aktive Teilnahme am politischen, sozialen, wirtschaftlichen und kulturellen Leben zu verwehren würde in der Tat darauf hinauslaufen, einer ganzen Gesellschaft die Hälfte ihrer Kapazität zu entziehen. Die patriarchalische Kultur und die Diskriminierung der Frauen, insbesondere in den islamischen Ländern, können nicht ewig andauern.

Sehr geehrte Mitglieder des norwegischen Nobelpreiskomitees, wie Ihnen bewußt ist, werden sich die Ehrung und die Segnungen dieses Preises in positiver und umfassender Weise auf die humanitären und wahrhaftigen Bemühungen der Menschen im Iran und in der Region auswirken. Die Auszeichnung bezieht mit ihrer großen Bedeutung alle freiheitsliebenden und um Frieden bemühten Menschen ein, Frauen wie Männer.

Ich danke dem norwegischen Nobelpreiskomitee für die Ehre, die *mir zuteil geworden ist, und für die Segnungen, die diese Ehre für die friedliebenden Menschen meines Landes mit sich bringt.*

Der heutige Tag fällt auf den 55. Jahrestag der Annahme der Allgemeinen Erklärung der Menschenrechte — einer Erklärung, die mit der Anerkennung der angeborenen Würde und der gleichen und unveräußerlichen Rechte aller Mitglieder der Gemeinschaft der Menschen beginnt, wodurch Freiheit, Gerechtigkeit und Frieden garantiert werden. Sie verspricht eine Welt, in der die Menschen Rede- und Meinungsfreiheit genießen und vor Furcht und Armut geschützt sind.

Leider zeigt der diesjährige Bericht des Entwicklungsprogramms der Vereinten Nationen (United Nations Development Programme, UNDP) wie schon in den Jahren zuvor, daß eine Katastrophe heraufzieht, mit der sich die Menschheit von der idealistischen Weltsicht der Allgemeinen Erklärung der Menschenrechte entfernt. 2002 lebten fast 1,2 Milliarden Menschen in himmelschreiender Armut — sie verdienten weniger als einen Dollar pro Tag. Über fünfzig Länder waren in Kriege verwickelt oder hatten Naturkatastrophen zu überstehen. Aids hat bislang 22 Millionen Menschen das Leben gekostet und 13 Millionen Kinder zu Waisen gemacht.

Gleichzeitig haben einige Länder in den vergangenen zwei Jahren gegen die allgemeinen Grundsätze und Vorschriften zu den Menschenrechten verstoßen, indem sie die Ereignisse vom 11. September und den Krieg gegen den internationalen Terrorismus als Vorwand herangezogen haben. Verschiedene Resolutionen der Vereinten Nationen (57/219 der UN-Generalversammlung vom 18. Dezember 2002, 1256 des UN-Sicherheitsrates vom 20. Januar 2003 und 2003/68 der UN-Menschenrechtskommission vom 25. April 2003) betonen, daß alle Staaten die Übereinstimmung jeglicher Maßnahmen zur Bekämpfung des internationalen Terrorismus mit all ihren Verpflichtungen gegenüber internationalem Recht gewährleisten müssen, insbesondere hinsichtlich der internationalen Menschenrechte und dem Gesetz der Menschlichkeit. Unter dem Deckmantel des Krieges gegen den Terrorismus wurden jedoch Verfahrensweisen gerechtfertigt und für legitim erklärt, die Menschenrechte und Grundfreiheiten einschränken, und es wurden Sondertribunale und Sondergerichte eingerichtet, die eine faire Rechtsprechung schwierig und bisweilen unmöglich machen.

Mit großer Sorge beobachten die Menschenrechtsvertreter, daß internationale Menschenrechtsvorschriften nicht nur von ihren ausgewiesenen Gegnern verletzt werden – unter dem Vorwand kultureller Unterschiede. Auch in westlichen Demokratien wird gegen diese Grundsätze verstoßen, mit anderen Worten in den Ländern, die ursprünglich die Charta der Vereinten Nationen und die Allgemeine Erklärung der Menschenrechte verfaßt haben. Vor diesem Hintergrund sind schon seit Monaten mehrere hundert Menschen, die im Verlauf militärischer Auseinandersetzungen festgenommen wurden, in Guantanamo [dem US-Militärstützpunkt] inhaftiert, ohne die Rechte wahrnehmen zu können, die ihnen durch die Genfer Konvention, die Allgemeine Erklärung der Menschenrechte und den Internationalen Pakt der Vereinten Nationen über bürgerliche und politische Rechte zugesichert sind.

In den vergangenen Jahren, insbesondere aber in den letzten Monaten, haben sich Millionen von Bürgern der internationalen Zivilgesellschaft die Frage gestellt: Wie kommt es, daß einige Entscheidungen und Resolutionen des UN-Sicherheitsrates bindend sind, während andere keinerlei bindende Kraft haben? Wie kommt es, daß in den vergangenen 35 Jahren Dutzende von UN-Resolutionen zur Besetzung palästinensischer Territorien durch den Staat Israel nicht unverzüglich umgesetzt wurden, während Staat und Volk des Irak in den letzten zwölf Jahren – beim ersten Mal auf Empfehlung des Sicherheitsrates und beim zweiten Mal gegen seinen Widerstand – mit Angriffen, militärischen Überfällen, wirtschaftlichen Sanktionen und schließlich einer militärischen Besetzung überzogen wurden?

Meine Damen und Herren, lassen Sie mich ein paar Worte über mein Land, meine Herkunftsregion, meine Kultur und meinen Glauben sagen. Ich bin Iranerin. Ein Nachkomme von Kyros dem Großen. Eben dieser Kaiser verkündete auf dem Höhepunkt seiner Macht vor 2500 Jahren, daß er ›nicht über das Volk herrschen will, wenn es das nicht wünscht‹. Er sicherte zu, keinen Menschen zum Wechsel seiner Religion und seines Glaubens zu zwingen, und garantierte Freiheit

für alle. Die Urkunde von Kyros dem Großen ist eines der bedeutend-
sten Dokumente in der Geschichte der Menschenrechte.

    Ich bin Muslimin. Im Koran wird der Prophet des Islam mit den fol-
genden Worten zitiert: ›Euch euer Glaube und mir mein Glaube.‹ [282]
Eben dieses Buch Gottes sieht die Mission aller Propheten darin, alle
Menschen zur Erhaltung der Gerechtigkeit aufzufordern. Auch die
Zivilisation und die Kultur des Iran sind seit dem Auftreten des Islam
von Humanität, von der Achtung vor dem Leben, dem Bekenntnis
und dem Glauben anderer, von der Verbreitung der Toleranz und Ver-
ständigung und der Vermeidung von Gewalt, Blutvergießen und Krieg
geprägt. Die großen Persönlichkeiten der iranischen Literatur, insbe-
sondere unserer gnostischen Literatur, von Hafis, Mowlawi [im Westen
bekannter unter dem Namen Rumi] und Attar bis hin zu Sa'di, Sa-
naei, Naser Khosro und Nisami sind Sendboten dieser humanitären
Kultur. Ihre Botschaft spiegelt sich im folgenden Gedicht von Sa'di:

    Als Adams Nachfahr'n sind wir eines Stammes Glieder.
    Der Mensch schlägt in der Schöpfung als Juwel sich nieder.
    Falls Macht des Schicksals ein Organ zum Leiden führt,
    sind alle andern von dem Leid nicht unberührt. [283]

Über hundert Jahre lang haben die Menschen des Iran Kämpfe zwi-
schen Tradition und Moderne ausgefochten. Manche haben auf die al-
ten Traditionen zurückgegriffen und so versucht, die Welt mit den
Augen ihrer Vorfahren zu sehen und die Probleme und Schwierigkei-
ten der bestehenden Welt mit Hilfe der alten Werte zu bewältigen.
Doch es gibt auch viele, die ihre geschichtliche und kulturelle Vergan-
genheit wie auch ihre Religion und ihren Glauben achten und zu-
gleich bemüht sind, mit den Entwicklungen der Welt Schritt zu halten
und nicht hinter der Karawane der Zivilisation, der Entwicklung und
des Fortschritts zurückzubleiben. Die Menschen des Iran haben ins-
besondere in den letzten Jahren gezeigt, daß sie die Teilnahme an öf-
fentlichen Angelegenheiten für ihr Recht halten und Herren ihres eige-
nen Schicksals sein wollen.

Dieser Konflikt läßt sich nicht nur im Iran beobachten, sondern auch in vielen anderen muslimischen Staaten. Unter dem Vorwand der Unvereinbarkeit von Demokratie und Menschenrechten mit den Lehren des Islam und der überlieferten Struktur islamischer Gesellschaften haben einige Muslime despotische Regierungen gerechtfertigt und tun es weiterhin. Doch ist es nicht so einfach, mit traditionellen, patriarchalischen und paternalistischen Methoden über ein Volk zu herrschen, das sich seiner Rechte bewußt ist.

Der Islam ist eine Religion, deren erste Anweisung an den Propheten mit der Aufforderung ›Lies vor!‹ beginnt. Der Koran schwört auf die Feder und auf das, was sie niederschreibt. Eine solche Lehre und Botschaft kann eigentlich nicht im Widerstreit stehen mit Bewußtheit, Wissen, Weisheit, Meinungs- und Redefreiheit und kultureller Vielfalt.

Auch die diskriminierende Misere der Frauen in islamischen Staaten, sei es auf dem Gebiet des Zivilrechts oder im Bereich sozialer, politischer und kultureller Gerechtigkeit, hat ihre Wurzeln in der patriarchalischen und von Männern dominierten Kultur, die in jenen Ländern vorherrschend ist, und nicht im Islam. Diese Kultur toleriert weder Freiheit noch Demokratie und glaubt auch nicht an die gleichen Rechte von Männern und Frauen und die Befreiung der Frauen aus männlicher Vorherrschaft (durch Väter, Ehemänner, Brüder u. a.), weil das die historische und herkömmliche Stellung der Herrscher und Hüter dieser Kultur gefährden würde.

Jenen, die die Vorstellung eines Zusammenpralls der Kulturen aufgebracht oder dieser Region Krieg und militärische Interventionen verschrieben haben, wobei sie sich auf die kulturelle, wirtschaftliche und politische Trägheit des Südens berufen und so ihr Handeln und ihre Überzeugungen zu rechtfertigen suchen – ihnen sei gesagt: Wer die internationalen Menschenrechtsvorschriften, wozu auch das Recht eines jeden Landes gehört, sein Schicksal selbst zu bestimmen, für universell gültig hält, wer außerdem glaubt, daß eine parlamentarische Demokratie anderen politischen Systemen vorzuziehen und ihnen überlegen ist, der kann nicht voller Selbstsucht und Herablassung an seine eigene Sicherheit und Bequemlichkeit denken. Im Hinblick auf künftige Entwicklungen und internationale Beziehungen müssen die Vereinten Nationen mit höchster Dringlichkeit nach neuen Mitteln und Ideen suchen, mit denen auch die Länder des Südens in den Genuß von Menschenrechten und Demokratie kommen und gleichzeitig ihre politische Unabhängigkeit und territoriale Integrität bewahren können.

Die Entscheidung des Nobelpreiskomitees, mir als erster Iranerin und erster Frau aus einem muslimischen Land den Friedensnobelpreis 2003 zu verleihen, erfüllt mich und Millionen von Iranern, aber auch die Menschen anderer islamischer Länder mit der Hoffnung, daß unsere Anstrengungen, Mühen und Kämpfe für die Realisierung der Menschenrechte und die Einführung der Demokratie in unseren Ländern die Unterstützung, Ermutigung und Solidarität der internationalen Zivilgesellschaft erfahren. Dieser Preis gehört dem iranischen Volk. Er gehört den Menschen der muslimischen Staaten und den Menschen des Südens, die Menschenrechte und Demokratie aufbauen.

Meine Damen und Herren, zu Beginn meiner Rede sprach ich von den Menschenrechten als den Garanten von Freiheit, Gerechtigkeit und Frieden. Wenn es nicht gelingt, daß die Menschenrechte von den jeweiligen Staaten in kodifizierte Gesetze umgewandelt oder in Kraft gesetzt werden, dann wird den Menschen, wie es in der Präambel der Allgemeinen Erklärung der Menschenrechte heißt, keine andere Wahl bleiben, als einen ›Aufstand gegen Tyrannei und Unterdrückung‹ zu beginnen. Ein Mensch, der aller Würde beraubt ist, ein Mensch, dem die Menschenrechte vorenthalten werden, ein Mensch, der dem Hungertod ausgeliefert ist, ein Mensch, der von Hunger, Krieg und Krankheit geschlagen ist, ein gedemütigter und ausgeplünderter Mensch ist nicht fähig und in der Lage, die Rechte wiederzuerlangen, die er oder sie verloren hat.

Wenn sich das 21. Jahrhundert aus dem Kreislauf von Gewalt, Terrorakten und Kriegen befreien und eine Wiederholung der Erfahrungen des 20. Jahrhunderts vermeiden will – dieses am meisten von Katastrophen heimgesuchten Jahrhunderts der Menschheit –, dann gibt es *nur eine einzige Möglichkeit: jedes Menschenrecht als gültig für die gesamte Menschheit zu verstehen und es für alle Menschen in Kraft zu setzen, ungeachtet der Rasse, des Geschlechts, des Glaubens, der Nationalität oder der gesellschaftlichen Stellung.*

In Erwartung dieses Tages und mit großer Dankbarkeit,
Schirin Ebadi«

Aus dem Englischen von Helmut Reuter

Anhang

Alfred Nobel und die Nobelpreise

Das Vermächtnis

Am 27. November 1895, ein Jahr vor seinem Tod, unterzeichnete Alfred Nobel das berühmte Testament, das einige der Ziele verwirklichen sollte, denen er einen großen Teil seines Lebens gewidmet hatte. Er war ein großzügiger Philanthrop gewesen: *»Ich finde es wichtiger, sich um die Mägen der Lebenden zu kümmern, als den Ruhm der Verstorbenen durch Denkmäler zu ehren.«* [268] In seinem Testament bestimmte er, daß der größte Teil seines Vermögens, über einunddreißig Millionen schwedische Kronen, in einen Fonds fließen und als Kapital angelegt werden sollte. Die Rendite dieser Anlage sollte *»jährlich als Preisbelohnung an diejenigen verteilt werden, die im verlaufenen Jahr der Menschheit den größten Nutzen erwiesen haben.«*

Nobels Testament basierte auf seinen Hoffnungen an die Zukunft der Menschheit: *»Aufklärung verbreiten heißt Wohlstand verbreiten – ich meine wirklichen Wohlstand, nicht individuelle Reichtümer – und mit dem Wohlstand wird das meiste Übel... verschwinden. Die Errungenschaften der wissenschaftlichen Forschung... flößen uns die Hoffnung ein, daß Mikroben sowohl der Seele als auch des Körpers schrittweise ausgerottet werden und daß der einzige Krieg, den die Menschheit in Zukunft führen wird, der Krieg gegen diese Mikroben ist.«*

Daß naturwissenschaftliche Disziplinen ausgezeichnet werden sollten – Physik, Chemie, Physiologie oder Medizin –, ist durch seine eigenen Interessen und Aktivitäten begründet. Der Preis für literarisches Schaffen kann auf sein lebenslanges Streben nach Bereicherung des menschlichen Geistes durch Literatur und auf seine eigenen Versuche, in den verschiedensten Sprachen sowohl Lyrik wie Prosa von nicht unbedeutendem Wert zu verfassen, zurückgeführt werden.

Die Gründe für die Stiftung des Friedenspreises liegen in Nobels lebenslanger Suche nach philosophischen, ethischen und geistigen Werten. Bereits in seiner Jugend hatten ihn die pazifistischen Ideen Shelleys stark geprägt, und er verabscheute Kriege zwischen Nationen ebensosehr wie Streitigkeiten zwischen einzelnen Menschen. Nobel nannte Krieg oft *»den Schrecken der Schrecken und das größte aller Verbrechen«*.

Seine lange Freundschaft mit Bertha von Suttner hatte sicherlich einen großen Einfluß darauf, daß er in sein Testament einen Preis für die Belohnung *»der besten Arbeit für die Verbrüderung der Völker«* aufnahm. Bertha von Suttner und Alfred Nobel hatten ein gemeinsames Ziel, waren sich aber nie ganz über die Methoden zu dessen Erreichung einig. Einmal schrieb ihr Nobel: *»Meine Fabriken werden vielleicht dem Krieg früher ein Ende bereiten als Ihre Kongresse.«* Ein anderes Mal brachte er eine »utopische« Idee vor, die später als eines der Grundprinzipien des Völkerbundes beziehungsweise der Vereinten Nationen wurde: *»... die einzige wirkliche Lösung wäre ein Abkommen, durch das alle Regierungen sich verpflichten würden, kollektiv jedes Land zu verteidigen, das angegriffen wird. Ein solches Abkommen würde nach und nach zu partieller Abrüstung führen.«*

Der Mensch

Alfred Nobel war Schwede, 1833 in Stockholm geboren, jedoch durch seine Lebensgeschichte in sehr vielem ein internationaler Mensch. 1842 zog er mit seinen Eltern nach Rußland, wo sein energischer und erfindungsreicher Vater – trotz eines Konkurses in Schweden – bald eine starke und angesehene Stellung als Erfinder und Industrieller errang.

In St. Petersburg erhielt Alfred eine Erziehung durch internationale Hauslehrer, mit besonderem Schwerpunkt auf Chemie und Sprachen. Er beherrschte Schwedisch, Französisch, Russisch, Englisch und Deutsch. Zwischen 1850 und 1852 führten ihn Bildungsreisen nach Deutschland, Frankreich, Italien und in die Vereinigten Staaten, danach begann Alfred Nobel als Chemiker bei seinem Vater in St. Petersburg zu arbeiten. 1853 kehrte er mit seinen Eltern nach Schweden zurück und war in den Pulverlaboratorien seines Vaters in Heleneborg bei Stockholm angestellt.

Schon 1864 erhielt er ein Patent für seine epochemachende Erfindung, den sogenannten »Nobelzünder«. Er arbeitete auch eine leichter zu handhabende Weiterentwicklung des hochempfindlichen Sprengstoffs Nitroglyzerin aus, der vom italienischen Wissenschaftler Ascanio Sobrero erfunden worden war. Nobels Methode wurde 1867 als »Dynamit« patentiert; sie hatte im Bergbau sowie im Straßen- und Tunnelbau revolutionäre Folgen. Sein erfinderischer Geist war unablässig tätig: Am Ende war Nobel Inhaber von dreihundertfünfundfünfzig Patenten. Um die industrielle Herstellung seiner Erfindungen zu gewährleisten, gründete er an die neunzig Fabriken und Firmen und wurde so zum Pionier eines multinationalen Unternehmertums. Das war die Quelle seines immensen Vermögens. Seine zeitraubende industrielle Tätigkeit erwies sich zwar als Störfaktor für seine Forschungsinteressen, gleichzeitig war sie aber eine Notwendigkeit, wenn er nicht um den wirtschaftlichen Nutzen seiner Erfindungen betrogen werden wollte.

Alfred Nobel war, nach allem, was über ihn bekannt ist, geistreich, klug und weltoffen. Trotzdem nahm ein angeborener melancholischer Zug seines Charakters – abgeschwächt durch trockenen Humor und Selbstironie – im selben Maße wie seine Berühmtheit zu und beeinflußte seine Haltung gegenüber der Öffentlichkeit. Er zog sich von anderen Menschen zurück – in vielen schriftlichen Äußerungen finden sich Spuren dieser misanthropischen Haltung. Nobel war ein einsamer Mensch, hatte nie ein eigenes Zuhause und gründete nie eine eigene Familie. Ständig unterwegs, wurde er als »der reichste Vagabund in Europa« beschrieben. Selbst sagte er: »*Mein Zuhause ist, wo ich arbeite, und ich arbeite überall in der Welt.*« Zeitweise besaß er »Heime« in sechs Ländern.

Obwohl seine Mutter, die er sehr verehrte und deren Wohlergehen eine seiner ständigen Sorgen war, die wichtigste Frau in seinem Leben war, war sie nicht die einzige. Eine lebenslange Freundschaft verband ihn mit Bertha von Suttner, der Pionierin der Friedensbewegung. Vor ihrer Heirat war sie kurze Zeit Nobels Privatsekretärin gewesen — möglicherweise hätte er um sie angehalten, wäre sie nicht anderweitig gebunden gewesen.

Seine privaten Tagebücher und sein letzter Brief vom 7. Dezember 1896 zeigen, daß sein schöpferischer Geist bis zuletzt aktiv war. Er starb, wie er gelebt hatte, allein, am 10. Dezember 1896 in seinem Haus, der »Villa Nobel«, im italienischen San Remo.

Das Testament

»*Über mein ganzes übriges, realisierbares Vermögen wird auf folgende Weise verfügt: Das Kapital, von den Nachlaßverwaltern in sicheren Wertpapieren angelegt, soll einen Fonds bilden, dessen Zinsen jährlich als Preisbelohnung an diejenigen verteilt werden sollen, die im verlaufenen Jahre der Menschheit den größten Nutzen erwiesen haben. Die Zinsen werden in fünf gleiche Teile geteilt, von denen ein Teil an den fällt, der auf dem Gebiete der Physik die wichtigste Erfindung oder Entdeckung gemacht hat; ein Teil an den, der die wichtigste chemische Entdeckung oder Verbesserung gemacht hat; ein Teil an den, der im Bereiche der Physiologie oder Medizin die wichtigste Entdeckung gemacht hat; ein Teil an den, der in der Literatur das Vorzüglichste in idealer Richtung geschaffen hat; und ein Teil an den, der am meisten oder am besten für die Verbrüderung der Völker und die Abschaffung oder Verminderung der stehenden Heere sowie die Anordnung und Förderung von Friedenskongressen gewirkt hat. Die Preise für Physik und Chemie werden von der Schwedischen Akademie der Wissenschaften, die für physiologische oder medizinische Arbeiten vom Karolinischen Institut in Stockholm, die für Literatur von der Akademie in Stockholm und die für die Vorkämpfer des Friedens von einem Ausschuß von fünf Personen, die vom Norwegischen Storting gewählt werden, ausgeteilt. Es ist mein ausdrücklicher Wille, daß bei der Preisverteilung keinerlei Rücksicht auf die Zugehörigkeit zu irgendeiner Nationalität genommen wird, so daß also der Würdigste den Preis bekommt, ob er nun Skandinavier ist oder nicht.*«

Paris, den 27. November 1895
Alfred Bernhard Nobel

Kandidatenvorschläge, Wahl der Preisträger, Preisverleihung

Das Recht, Kandidatenvorschläge zu machen, gründet sich auf das Prinzip von Kompetenz und Universalität, wie es in den Staaten der Nobelstiftung definiert ist. Jedes Jahr senden die Nobelkomitees individuelle Aufforderungen an Hunderte von Wissenschaftlern, Mitgliedern von Akademien und Universitätsgelehrten in aller Welt, Kandidaten für die Nobelpreise des kommenden Jahres vorzuschlagen. Da die schwedischen oder norwegischen Behörden keinerlei Einfluß auf die Preisentscheidungen haben, sind offizielle Vorstellungen oder Unterstützung zugunsten eines bestimmten Kandidaten auf diplomatischem oder auf anderem Wege von keinerlei Bedeutung.

Das Recht, Vorschläge für die Verleihung des Friedenspreises zu machen, kommt folgenden Personenkreisen zu:

1. Aktiven und ehemaligen Mitgliedern des Norwegischen Nobelkomitees und vom Komitee ernannten Ratgebern
2. Mitgliedern der Parlamente und Regierungen der verschiedenen Staaten und Mitgliedern der interparlamentarischen Union
3. Mitgliedern des internationalen Schiedsgerichtshofes in Den Haag
4. Mitgliedern der Kommission des Ständigen Internationalen Friedensbüros
5. Mitgliedern und assoziierten Mitgliedern des *Institut de Droit International*
6. Universitätsprofessoren der Politologie, der Jurisprudenz, der Geschichte und der Philosophie
7. Friedensnobelpreisträgern

Nobelpreise werden nur an Einzelpersonen verliehen. Ausgenommen davon ist der Friedenspreis, der auch an Institutionen und Vereinigungen verliehen werden kann.

Kurzbiographien

Bertha von Suttner

9. Juni 1843	Bertha Sophia Felicita Gräfin von Kinsky von Chinic und Tettau wird in der böhmischen Hauptstadt Prag geboren. Der Vater, Graf Franz Joseph Kinsky, starb kurz vor ihrer Geburt im Alter von 75 Jahren. Berthas Mutter, eine geborene von Körner, hat mit Kinsky bereits einen Sohn, Arthur, geboren 1837.
Um 1860	Bertha lernt Gesang und plant eine Karriere als Sängerin.
1867/68	Aufenthalt in Paris. Bertha von Suttner hört zum ersten Mal vom Friedens- und Schiedsgerichtsverein.
1884	Tod der Mutter.
1872	Verlobung mit Prinz Adolf Sayn-Wittgenstein-Hohenstein, ebenfalls Sänger, der kurz darauf während der Überfahrt nach Amerika stirbt.
1873	Bertha wird in Wien Erzieherin der vier Töchter des Barons Carl von Suttner. Sie lernt Arthur Gundaccar von Suttner kennen, geboren 1850 als drittes Kind und jüngster Sohn der Familie.
1876	Bertha verläßt das Haus Suttner und wird Sekretärin und Hausdame bei Alfred Nobel in Paris. Zwei Wochen später kehrt sie nach Wien zurück und heiratet am 12. Juni heimlich Arthur Gundaccar. Das Paar flieht in den Kaukasus und lebt dort neun Jahre. Beide beginnen zu schreiben.
1885	Bertha und Arthur kehren als etablierte Schriftsteller nach Österreich zurück und wohnen, nach Aussöhnung mit den Eltern, in Harmannsdorf auf dem Familienschloß der Suttners.
1889	Veröffentlichung der Schriften *Das Maschinenalter* und *Die Waffen nieder!* 1903 erscheint als Fortsetzungsroman *Marthas Kinder*, für den Bertha vom Pierson Verlag das stattliche Honorar von 15000 RM erhält.
1890 bis 1891	Die Suttners leben in Venedig. Die italienische Friedensgesellschaft wird gegründet.

1891	Bertha von Suttner gründet die Österreichische Friedens-gesellschaft und leitet diese bis zu ihrem Tod. In Rom findet der dritte Weltfriedenskongreß statt, an dem Delegierte aus 17 Ländern teilnehmen. Arthur Gundaccar gründet den »Verein zur Abwehr des Antisemitismus«.
1892	Vierter Weltfriedenskongreß in Bern. Besuch bei Alfred Nobel in Zürich. Alfred H. Fried und Bertha von Suttner gründen die deutsche Friedensgesellschaft in Berlin. Heraus-gabe der Monatszeitschrift »*Die Waffen nieder!*« (bis 1899)
1894	Friedenskongreß in Antwerpen und Interparlamentarische Konferenz in Den Haag.
1896	Friedenskongreß und Interparlamentarische Konferenz in Budapest. Alfred Nobel stirbt. Stiftung der Nobelpreise.
1899	Erste Haager Friedenskonferenz (18. Mai – 29. Juni). Inter-parlamentarische Konferenz in Norwegen. Wenige Monate später bricht der Burenkrieg aus.
1901	Silberne Hochzeit.
1902	Arthur Gundaccar von Suttner stirbt am 10. Dezember.
1903	Eröffnung des *Institut International de la Paix* in Monaco.
1904	Vortragsreise durch die Vereinigten Staaten. Empfang bei US-Präsident Theodore Roosevelt in Washington.
1905	Verleihung des Friedensnobelpreises an Bertha von Suttner.
1906	Am 18. April hält von Suttner ihre Rede in Oslo vor dem Nobelkomitee. Anschließend Reise durch Norwegen, Schwe-den und Dänemark sowie nach Monaco.
1907	Zweite Haager Friedenskonferenz.
1912	Große Vortragsreise durch Amerika.
1914	Vorbereitungen zum Weltfriedenskongreß in Wien. Bertha von Suttner stirbt am 21. Juni. Kurz darauf bricht der Erste Weltkrieg aus.

Jane Addams

6.9.1860	Jane Addams wird in Cedarville, Illinois, als achtes von neun Kindern geboren. Ihr Vater ist ein angesehener Geschäftsmann und enger Freund von Präsident Abraham Lincoln. Die Mutter stirbt, als Jane zwei Jahre alt ist.
1877	Eintritt ins Rockford College, wo sie 1882 ihren Abschluß (B.A.) macht. Anschließend beginnt sie ein Medizinstu-dium, das sie jedoch wegen Krankheit wenige Monate später abbricht.

1881	Tod ihres über alles geliebten Vaters im Alter von nur 59 Jahren. Jane verfällt für acht Jahre in tiefe Depressionen.
1883	Jane Addams reist in Begleitung ihrer Stiefmutter und ihrer Freundin Ellen Gates Starr für zwei Jahre nach Europa. In London wird sie mit dem massiven sozialen Elend konfrontiert, das sie nicht mehr losläßt.
1888	Erneuter Besuch in London. Sie sucht Toynbee Hall auf, die erste Wohlfahrtseinrichtung Englands, gegründet von Studenten der Oxford University. Die Denk- und Arbeitsweise überzeugen Jane und sie beschließt, diese Form des *Settlement* in der aufblühenden Industriestadt Chicago zu etablieren.
18.9.1889	Jane Addams eröffnet zusammen mit ihrer Freundin Ellen Gates Starr das erste Hull House im 19. Bezirk in Chicago. Innerhalb weniger Jahre wächst es zu einem sozialen Zentrum heran, das die Bevölkerung in unzähligen Bereichen mit wertvollen und notwendigen Dienstleistungen unterstützt. Ihre Arbeit führt zur Bildung des ersten Jugendgerichts in den USA.
1893	Die Gründerinnen helfen mit, Fabrikinspektionen zu organisieren, die soziale Mißstände beseitigen wollen. Es folgen Untersuchungen in allen sozialen Bereichen, aus denen zahlreiche Gesetzesänderungen hervorgehen: Arbeitsschutzgesetze für Kinder und Frauen, Schulpflicht etc.
1895	Jane Addams wird Abfallinspektor im 19. Bezirk, in dem die Zustände unhaltbar sind.
1903	Jane Addams wird Vizepräsidentin der *National Women's Trade Union*.
1907	Jane Addams nimmt an einer Kampagne der Frauenbewegung teil, die das Wahlrecht für Frauen fordert.
1909	Jane Addams hilft mit, die nationale Vereinigung für das *Advancement of Colored People* zu gründen. Im gleichen Jahr wird sie die erste Präsidentin der *National Conference of Charities and Corrections,* später *National Conference of Social Work.*
1910	Vermittlerin im Streik der Textilarbeiter in Chicago.
1911 bis 1914	Jane Addams ist erste Vizepräsidentin der *National American Suffrage Association.*
1912	Jane Addams unterstützt Theodore Roosevelts Präsidentschaftskandidatur, wendet sich aber kurz darauf enttäuscht von ihm ab. Bei Ausbruch des Ersten Weltkrieges verfällt sie wieder in Depressionen, konzentriert sich danach auf die Friedensarbeit.
1915	Jane Addams wird Vorsitzende der *Women's Peace Party,* wenige Monate später Präsidentin des *International Congress of Women* in Den Haag.

1917	Der Kriegseintritt der USA löst erneut eine Phase tiefer Verzweiflung und Depressionen aus. Selbst die Mitglieder der *Women's Peace Party* wenden sich von der überzeugten und unnachgiebigen Pazifistin Jane Addams ab. Aufgrund ihrer drastischen Schilderungen europäischer Kriegsgreuel wird Jane Addams in der Öffentlichkeit massiv angegriffen. Ihre Vermittlungsversuche bei europäischen Regierungen nennt Theodore Roosevelt »töricht und unüberlegt«. Präsident Woodrow Wilson geht auf ihre Anregungen, eine Vermittlerkonferenz der neutralen Staaten zu leiten, nicht ein.
1919	Jane Addams hilft mit, die *Women's International League of Peace and Freedom* (WILPF) zu gründen und ist bis 1929 deren Präsidentin.
1931	Jane Addams erhält als erste Amerikanerin den Friedensnobelpreis. Die Preissumme von rund 16000 Dollar stiftet sie WILPF. Weitere Ehrungen folgen, unter anderen: *Bryn Mawr's M. Cary Thomas Prize* und der *Pictorial Review Award,* beide 1931. In den nächsten Jahren Ehrendoktorwürden der Northwestern University, der University of Chicago, des Swarthmore College, des Rollins College, des Knox College, der University of California and Mt. Holyohe.
21. Mai 1935	Jane Addams stirbt in Chicago.

Emily Greene Balch

8.1.1867	Emily Green Balch wird in Jamaica Plain, Massachusetts, als zweitältestes von sechs Kindern eines angesehenen Anwalts und einer engagierten Lehrerin geboren.
1886	Eintritt in die Abschlußklasse am Bryn Mawr College, Boston. Sie wählt als Schwerpunkt griechische und römische Literatur. Später wechselt sie zur Volkswirtschaft und liest sich in volkswirtschaftliche und soziale Probleme ein. Ihr Abschluß erfolgt 1889. Als erste Frau erhält sie das neugestiftete *European Fellowship,* ein Stipendium für ein einjähriges Studium in Paris.
1892	Erste Begegnung mit Jane Addams in einem Sommercamp; im Dezember Mitbegründerin des *Settlements* Denison House.
1895/96	Studium an der Berliner Universität bei Adolf Wagner und Gustav Schmoller, die als »Kathetersozialisten« gelten.
1896	Emily Greene Balch beginnt ihre Teilzeitstelle als Assistenzprofessorin für Volkswirtschaft und Sozialwissenschaften am Wellesley College. 1897 erhält sie eine Vollzeitanstellung.

1903	Mitbegründerin der *Women's Trade Union*.
1905/06	Studienaufenthalte in Österreich-Ungarn und den USA, um die Lebensbedingungen der slawischen Bevölkerung zu untersuchen.
1915	Emily Greene Balch nimmt an der Frauenkonferenz in Den Haag teil, aus der nach dem Krieg die *Women's International League for Peace and Freedom* (WILPF) hervorgeht.
1916 bis 1917	Sie erhält vom Wellesley College einen Forschungsurlaub, um sich ganz auf die Friedensarbeit konzentrieren zu können; 1918 nimmt sie unbezahlten Urlaub. In diesen Jahren ist sie äußerst aktiv in Gruppierungen wie *American Neutral Conference, Emergency Peace Federation* sowie des späteren *People's Council of Amercia for Democracy and Terms of Peace,* die sie zum Teil mitbegründet. Zudem beteiligt sie sich intensiv an der *Neutral Conference for Continous Mediation* in Stockholm.
1919	Die Verwaltung des Wellesley College beschließt, sie trotz ihrer über zehnjährigen Lehrtätigkeit nicht wieder einzusetzen.
1919-22	Sie arbeitet als Generalsekretärin von WILPF. Anschließend steht sie der Organisation auf freiwilliger Basis in verschiedensten Kommissionen und Funktionen zur Verfügung, leitet ab 1931 die amerikanische Sektion und wird ab 1937 Ehrenpräsidentin der Gesamtorganisation.
1921	Mitglied bei den Quäkern in London.
1926	Emily Greene Balch geht im Auftrag der WILPF in das von den USA besetzte Haiti; ihre 1927 vorgelegte Studie veranlaßt Präsident Hoover zu eigenen Untersuchungen und führt 1934 zum endgültigen Abzug der Amerikaner.
1946	Emily Greene Balch wird zusammen mit John R. Mott mit dem Friedensnobelpreis ausgezeichnet. Den größten Teil der Preissumme von 16000 Dollar gibt sie der WILPF.
9.1.1961	Einen Tag nach ihrem 94. Geburtstag stirbt Emily Greene Balch.

Betty Williams

22.5.1943	Betty Williams wird als ältere von zwei Töchtern einer katholischen Kellnerin und eines protestantischen Metzgers in Belfast geboren. Als sie 13 ist, erleidet ihre Mutter einen Schlaganfall. Betty wird für den gesamten Haushalt und die Erziehung ihrer Schwester verantwortlich.

1961	Heirat mit Ralph Williams, einem protestantischen Schiffs-ingenieur. Mit ihm hat sie einen Sohn und eine Tochter.
1966	Beginn der Konflikte zwischen Katholiken und Protestanten, die sich 1969 zu einem permanenten Bürgerkrieg ausweiten. Betty verliert zwei Vettern.
1976	Nach dem Attentat im August gründet sie zusammen mit Mairead Corrigan und Ciaran McKeown die Bewegung der *Peace People*. Bereits im ersten Jahr sammeln die beiden Frauen 293000 Pfund, die für ein Büro mit acht Angestellten und die Herausgabe der Zeitung »*Peace by Peace*« eingesetzt werden.
1976	Betty erhält, zusammen mit Mairead Corrigan, den Friedens-preis des Norwegischen Volkes, und im Dezember, zusammen mit Mairead Corrigan und Ciaran McKeown, die Carl-von-Ossietzky-Medaille.
1977	Ehrendoktorwürde der Yale University und des College of Siena Heights (Michigan).
1977	Betty Williams erhält zusammen mit Mairead Corrigan den Friedensnobelpreis für das Jahr 1976.
1980	Betty Williams verläßt die Organisation der *Peace People*.
1982	Mit ihrer Tochter Auswanderung in die USA.
1983	Betty Williams heiratet in zweiter Ehe den wohlhabenden amerikanischen Geschäftsmann Jim Perkins.

Mairead Corrigan

27.1.1944	Mairead Corrigan kommt als zweites Kind einer kinderreichen katholischen Familie im ärmlichen Falls-Road-Distrikt von Belfast zur Welt. Da ihr der Vater, der als Fensterputzer seine Familie durchbringt, keine höhere Schulausbildung finan-zieren kann, verläßt sie die katholische Primarschule nach Ablauf der obligatorischen Zeit.
1958	Mairead tritt der katholischen Wohlfahrtsorganisation »Le-gion der Jungfrau Maria« bei.
1960 bis 1976	Mairead wird Hilfsbuchhalterin in einer Textilfabrik, mit einundzwanzig Jahren zuerst Sekretärin, später Chefsekretärin des Verwaltungsdirektors einer Brauerei.
1976	Im Dezember gibt Mairead Corrigan ihre Arbeit auf, um sich ausschließlich der Friedensarbeit zu widmen.
1977	Mairead Corrigan erhält zusammen mit Betty Williams den Friedensnobelpreis für das Jahr 1976.
1981	Heirat mit ihrem Schwager Jack, dessen drei Kinder aus seiner

318

	Ehe mit ihrer verstorbenen Schwester sie annimmt. Aus der Ehe gehen zwei weitere Kinder hervor.
1990	Mairead Corrigan erhält den *Pacem In Terris / Peace and Freedom Award* (Davenport, Iowa). Es folgen die Ehrendoktorwürde des College of New Rochelle und des St. Michael's College (Vermont). Gastrednerin bei der 3. Internationalen Menschenrechtskonferenz in Helsinki. Außerdem hält sie die geachtete *Ava Helen Paulnig Lecture* an der Oregon State University.
1991	Zusammen mit anderen Nobelpreisträgern spricht sie in einer TV-Dokumentation unter dem Titel *Jenseits von Haß*.
1992	Grundsatzreferat am Augusta College anläßlich des Peace Prize Forums. Im Juni erhält sie den Peace *Leadership Award der Nuclear Age Peace Foundation,* Santa Barbara, Kalifornien.
1993	Im Dezember schreibt sie einen weitverbreiteten, offenen Brief an die IRA unter dem Titel: *A New Vision – An Open Letter to The IRA.*
seitdem	Ehrenpräsidentin der Initiative *Hands Off Cain* zur Abschaffung der Todesstrafe und Mitinitiantin von *Child Right Worldwide* zum Schutz mißbrauchter Kinder. Zudem schreibt sie regelmäßig in der Zeitung »*The Citizen*«, in die die Zeitung »*Peace by Peace*« integriert wurde.

Mutter Teresa

27.8.1910	Agnes Gonxha Bojaxhiu wird in Skopje, Mazedonien, als jüngstes von drei Geschwistern geboren; Schwester Aga, 1904, Bruder Lazar, 1907.
15.9.1928	Agnes geht zu den Loreto-Schwestern nach Irland.
1.12.1928	Agnes fährt nach Indien.
1929	Schwester Teresa wird Novizin und beginnt in Darjeeling als Lehrerin zu arbeiten.
1931	Schwester Teresa legt ihre ersten Gelübde der Armut, der Ehelosigkeit und des Gehorsams ab. Sie wird nach Kalkutta geschickt, um dort Geschichte und Geographie zu unterrichten.
1937	Schwester Teresa legt ihre Ewigen Gelübde ab; sie wird Direktorin der *St. Mary School.*
10.9.1946	Auf dem Weg nach Darjeeling kommt Schwester Teresa zu der Überzeugung, daß sie von Gott berufen ist, »den Armen zu helfen, indem sie unter ihnen lebt«. Schwester Teresa bittet um Erlaubnis, das Kloster verlassen zu dürfen.

1947	Indien erhält seine Unabhängigkeit.
16.8.1948	Schwester Teresa verläßt das Kloster.
1950	Papst Pius XII. erkennt die Gründung der »Missionarinnen der Nächstenliebe« an.
1952	Eröffnung des Sterbehauses *Nirmal Hriday,* Reines Herz.
1953	Mutter Teresa und ihre achtundzwanzig Schwestern ziehen in die Lower Circular Road Nr. 54a, ins Mutterhaus. Die ersten Schwestern legen ihre Gelübde ab.
1955	*Shishu Bhavan,* das erste Kinderheim, wird eröffnet.
1959	In Titagarh wird eine Zuflucht für Leprakranke eingerichtet.
1960	Mutter Teresa besucht die USA, England, Deutschland und Rom, wo sie ihren Bruder Lazar zum erstenmal seit 30 Jahren wiedersieht.
1963	Die ›Missionare der Nächstenliebe‹ beginnen mit ihrer Arbeit.
1965	Papst Paul VI. erläßt das *Decretum Laudis,* das den »Missionarinnen der Nächstenliebe« erlaubt, außerhalb von Indien Niederlassungen zu gründen – die erste davon in Venezuela.
1968	Gründung von Niederlassungen in Rom und Tabora in Tansania.
1969	Mutter Teresa gründet *Shanti Nagar,* die ›Stadt des Friedens‹, 300 km westlich von Kalkutta.
6.1.1971	Mutter Teresa wird der Papst-Johannes-XXIII.-Friedenspreis verliehen.
1972	Am 12. Juli stirbt ihre Mutter Drana, drei Jahre später Schwester Aga. Im gleichen Jahr erhält sie den Jawaharlal-Nehru-Preis für internationale Verständigung.
16.10.1971	Mutter Teresa erhält den Internationalen John-F.-Kennedy-Preis.
1975	Fünfundzwanzigjähriges Bestehen der ›Missionarinnen der Nächstenliebe‹. Mutter Teresa wird der Internationale Albert-Schweitzer-Preis verliehen.
1979	Mutter Teresa erhält den Friedensnobelpreis. Das Preisgeld von umgerechnet ca. DM 500000 fließt in die Arbeit des Ordens ein.
1981	Mutter Teresa feiert ihr fünfzigjähriges Jubiläum als Ordensschwester. Bruder Lazar stirbt.
1983	Während eines Besuchs bei Papst Johannes Paul II. erleidet sie eine Herzattacke.
Nov. 1983	Königin Elisabeth II. verleiht Mutter Teresa den Verdienstorden Großbritanniens.
1985	Sie erhält die höchste zivile Auszeichnung der USA, die *Medal of Freedom.*

1989	Nach einer zweiten, beinahe tödlichen Herzattacke implantieren ihr die Ärzte einen Herzschrittmacher.
16.11.1996	Mutter Teresa erhält die Ehrenbürgerschaft der USA.
13.3.1997	Mutter Teresa tritt als Leiterin ihres Ordens ab.
5.9.1997	»Der Engel der Armen« stirbt in Kalkutta.
19.11.2003	Papst Johannes Paul II. spricht Mutter Theresa selig.

Alva Myrdal

31.1.1902	Alva wird in Uppsala, Schweden, als ältestes von fünf Kindern geboren. Mit 15 Jahren arbeitet sie im Rechnungsamt der Stadt Eskilstuna als Kassiererin. Sie lernt Englisch und liest schwedische Literatur.
1919	Begegnung mit dem einundzwanzigjährigen Studenten Gunnar Myrdal.
1922	Alva Myrdal studiert in Stockholm Literaturgeschichte, nordische Sprachen und Religionsgeschichte. Sie hat eine erste Fehlgeburt, der weitere folgen.
1924	Heirat mit Gunnar.
bis 1934	Alva studiert in England, Deutschland, USA und der Schweiz die Fächer Psychologie, Pädagogik, Philosophie und Statistik. Gunnar spezialisiert sich auf ihre Anregung hin auf Nationalökonomie, 1927 promoviert er.
1927	Geburt des Sohnes Jan.
1929	Beide erhalten ein Stipendium des Rockefeller-Instituts für die USA und werden zum ersten Mal mit den Schattenseiten einer weiterentwickelten Industriegesellschaft konfrontiert. Nach ihrer Rückkehr treten sie der Sozialdemokratischen Arbeiterpartei Schwedens bei.
1932 bis 1934	Alva arbeitet als Psychologin am größten schwedischen Gefängnis.
1934	Tochter Sissela wird geboren. Das erste gemeinsame Buch mit Gunnar *Krise in der Bevölkerungsfrage* erscheint. Alva promoviert in Pädagogik.
1936 bis 1938	Redakteurin der sozialdemokratischen Monatsschrift »Morgonbris«.
1936	Tochter Kaj wird geboren. Alva wird Rektorin des Sozialpädagogischen Instituts. Diese Stellung behält sie bis 1948.
1936 bis 1938	Präsidentin der schwedischen Landesvereinigung berufstätiger Frauen (wie auch zwischen 1940–1942).
1938 bis 1947	Präsidentin des Internationalen Bundes berufstätiger Frauen.

1938	Gunnar erhält den Ruf in die USA, um die ›Negerfrage‹ zu analysieren. Alva folgt mit den drei Kindern und unterstützt ihn bei seiner Arbeit. Um nicht untätig zu bleiben, schreibt sie in dieser Zeit das Buch *Nation and Family*, das 1941 publiziert wird.
1940	Rückkehr nach Schweden, Veröffentlichung ihres zweiten gemeinsamen Buches *Kontakt mit Amerika*.
1941	Gunnar geht erneut in die USA, Alva folgt nach kurzem Zögern. Sie gibt ihre sozialpädagogische Arbeit auf.
1944	Alva fordert für Schweden einen Sechs-Stunden-Tag für alle, um zu einer gleichberechtigten Aufteilung von Familien- und Berufsarbeit für Männer und Frauen zu gelangen.
1945	Gunnar wird Handelsminister in Schweden, kurz zuvor hatte Alva eine Nominierung zur Erziehungsministerin abgelehnt.
1946	Alva lehnt, ebenfalls aus familiären Gründen ab, Direktorin der UNESCO zu werden.
1947	Umzug der Familie nach Genf, wohin Gunnar als Chef der UN-Wirtschaftskommission berufen wird. Alva beginnt mit ersten Arbeiten an einem Buch, das sie zusammen mit Viola Klein 1956 unter dem Titel *Die Doppelrolle der Frau in Familie und Beruf* veröffentlicht.
1949	Alva Myrdal geht als Direktorin des Sozialen Amtes der UNO nach New York.
1950	Erste Ehrendoktorwürde (Mount Holyoke College in Massachusetts).
1951	Alva wird als Chefin der sozialwissenschaftlichen Abteilung der UNESCO nach Paris berufen.
1955 bis 1961	Schwedische Botschafterin für Indien, Ceylon, Birma und Nepal in Delhi. Begegnung mit Jawaharlal Nehru.
1961	Alva faßt ihre Erlebnisse und Erfahrungen in dem Buch *Unsere Verantwortung für die armen Völker* zusammen. Im gleichen Jahr wird sie schwedische Delegierte bei den Abrüstungsverhandlungen der UNO und Sprecherin der kleinen neutralen Staaten.
1962 bis 1970	Mitglied des schwedischen Reichstages und Vorsitzende der Gleichstellungskommission der Schwedischen Arbeiterpartei (SAP).
1964	Alva entwickelt zusammen mit Gunnar und finanziert vom schwedischen Reichstag die Idee für das Internationale Institut für Friedensforschung (SIPRI), das 1966 eröffnet wird.
1964	Ehrendoktor der Edinburgh University, Schottland.
1965	Ehrendoktor der Columbia University, USA.

1966	Friedenspreis der Jugend verliehen vom Friedensverband der Jugend *(Ungdomens fredsförbund)*.
1967	Ministerin für Abrüstung in der schwedischen Regierung.
1968	Ehrendoktorwürde der Temple University, USA.
1969-1973	Alva Myrdal ist zudem Ministerin für Kirchenfragen. In den sechziger Jahren eskalieren die ständigen Konflikte mit Sohn Jan und führen zum endgültigen Bruch.
1970	Alva und Gunnar erhalten gemeinsam den Friedenspreis des Deutschen Buchhandels.
1971	Vorsitzende der Zukunftskommission der SAP.
1972	Vorsitzende der UNO-Kommission für Abrüstung und Entwicklung.
1973	Preis der Haager Friedensakademie.
1973	Alva wird pensioniert. Bis 1977 ist sie zu Studien und Gastvorlesungen in den USA. Dort publiziert sie das Buch *Falschspiel mit der Abrüstung.*
1974	Gunnar erhält zusammen mit dem Österreicher Friedrich von Hayek den Nobelpreis für Ökonomie.
1975	Ehrendoktor der Universität Göteborg. Preis, verliehen von der königlichen Technischen Hochschule in Stockholm.
1976	Alva Myrdal erhält in Stockholm den Monismanien-Preis für die Verteidigung der Gedankenfreiheit.
1977	Goldmedaille der Königlichen Wissenschaftsakademie. *Pro Munde Habitabili;* Goldmedaille Ceres, FAO, Rom.
1978	Erster »Laß-Leben-Preis« der Zeitung ›Arbeitet‹, Malmö.
1978	Alva gründet mit Gunnar die Myrdal-Foundation, um Bürgerinitiativen zu unterstützen und Informationen über Abrüstung einfacher zu machen.
1980	Alva erhält den erstmals verliehenen Albert-Einstein-Friedenspreis in New York.
1981	Ehrendoktor der Universität von Helsinki. Ehrendoktor der Universität von Oslo.
1981	Alva Myrdal gründet das *Peace Forum* in Schweden, im gleichen Jahr die Bewegung *Women for Peace.*
1981	Jawaharlal-Nehru-Preis für internationale Verständigung, gemeinsam mit Gunnar, und den Nehru-Friedenspreis.
1981	Sie erhält den norwegischen Friedenspreis, das Preisgeld gibt sie an das *Peace Forum.*
1982	Zusammen mit dem Mexikaner Alfonso Robles nimmt Alva den Friedensnobelpreis entgegen.
1.2.1986	Alva Myrdal stirbt. Am 17.5.1987 stirbt Gunnar.

Aung San Suu Kyi

19.6.1945	Aung San Suu Kyi wird als drittes Kind des Nationalhelden Aung San und seiner Frau Daw Khin Kyi in Rangun geboren. Sie hat zwei ältere Brüder, von denen einer als Kind im Teich ertrinkt.
Juli 1947	Kurz vor der Unabhängigkeit Birmas wird ihr Vater im Alter von 32 Jahren von politischen Rivalen ermordet.
1958	Aung San Suu Kyi geht mit der Mutter nach Indien, die in Neu Delhi ihr Amt als Botschafterin antritt.
60er Jahre	Aung San Suu Kyi studiert an der Universität von Oxford Philosophie, Politik und Wirtschaft. Dort lernt sie den britischen Tibetologen Michael Aris kennen.
1967	Sie beendet ihre Studien und tritt eine Stelle im Sekretariat der Vereinten Nationen in New York an.
1972	Heirat mit Michael Aris. Zunächst leben sie in Bhutan, wo er als Hauslehrer der königlichen Familie und Aung San Suu Kyi als Beraterin des bhutanischen Außenministers arbeiten.
1973	Geburt von Sohn Alexander.
1977	Sohn Kim kommt zur Welt. Ab Mitte der 70er Jahre kehrt sie in die akademische Welt zurück. Sie lehrt und erforscht birmanische Themen, und ein Buch zu ihrem Vater entsteht.
1985	Sie wird für ein Jahr als Gastdozentin an die Universität Kyoto in Japan berufen. Sie und ihr Sohn Kim, der sie begleitet, lernen Japanisch.
1986	Aung San Suu Kyi geht nach Simala in Indien. Dort soll sie einen Vergleich zwischen dem birmanischen und indischen Nationalismus zwischen den Kriegen erarbeiten. Michael Aris ist ebenfalls in Indien am *Institute of Advanced Study* als Dozent engagiert.
April 1988	Aung San Suu Kyi hat gerade eine Habilitationsarbeit in der *School of Oriental and African Studies* in London begonnen, als ihre Mutter einen Schlaganfall erleidet. Sie fährt sofort nach Rangun, um ihre kranke Mutter zu pflegen.
15.8.1988	Aung San Suu Kyi schreibt einen offenen Brief an die Regierung und tritt zum ersten Mal mit politischen Forderungen an die Öffentlichkeit.
26.8.1988	Anläßlich eines Generalstreiks in Birma formuliert Aung San Suu Kyi vor begeisterten Zuhörern die Grundprinzipen ihrer Politik.
18.9.1988	Nach einem Massaker an Studenten durch das Militär, dem nach westlichen Angaben 3000 Demonstranten zum Opfer

fallen, putscht sich der Staatsrat zur Wiederherstellung von Recht und Ordnung (SLORC) unter General Saw Maung an die Macht. Er übernimmt gleichzeitig das Amt des Staatsoberhauptes und des Außenministers. Der SLORC setzt die geltende Verfassung außer Kraft und verhängt den Ausnahmezustand über Birma.

24.9.1988	Aung San Suu Kyi gründet mit Tin U und Aung Gyi die »Nationale Liga für Demokratie«(NLD). Der NLD gelingt es, die zersplitterten Oppositionsgruppen zu einer Massenpartei zusammenzufassen. Aung San Suu Kyi wird zur Generalsekretärin gewählt, den Parteivorsitz übernimmt Tin U. Ziele der Partei sind die Wiedereinführung der Menschenrechte und der gewaltlose Kampf für Demokratie.
27.12.1988	Daw Khin Kyi, die Mutter von Aung San Suu Kyi, stirbt in Rangun. In den folgenden Monaten reist Aung San Suu Kyi durch das Land und propagiert die Ziele der NLD.
Juni 1989	Birma wird offiziell in Myanmar umbenannt.
Sommer 1989	Ab Juni organisiert die NLD zusammen mit Studentenorganisationen und anderen Parteien unter Mißachtung der Kriegsrechtsverordnung Massenversammlungen. Auf diesen kritisiert Aung San Suu Kyi die Regierung massiv.
19.7.1989	Es wird eine nächtliche Ausgangssperre verhängt, worauf die NLD alle Feierlichkeiten zum »Tag des Märtyrers« – Aung San – absagt. Das Wohnhaus von Aung San Suu Kyi wird von Soldaten umstellt.
20.7.1989	Aung San Suu Kyi und Tin U werden festgenommen und unter Hausarrest gestellt.
21.7.1989	Ein Regierungssprecher bestätigt, daß Aung San Suu Kyi und Tin U für ein Jahr unter Hausarrest stünden und nur Kontakt zu engsten Familienangehörigen haben dürften.
27.5.1990	Bei den Wahlen zur neuen Nationalversammlung erringt die NLD über 80 Prozent der Stimmen und 392 von 485 Sitzen der Nationalversammlung. Die Militärregierung erkennt den Sieg der Opposition zwar an, weigert sich aber, die politische und militärische Macht abzugeben.
1990	Thorolf-Rafto-Gedenkpreis für Menschenrechte.
2.7.1991	Sacharow-Preis für die Freiheit des Geistes des Europäischen Parlamentes.
10.12. 1991	Aung San Suu Kyi erhält den Friedensnobelpreis. Die Familie nimmt den Preis für sie in Oslo entgegen. Das Geld spendet Aung San Suu Kyi einer Stiftung zur Förderung von Gesundheit und Erziehung des birmanischen Volkes.

11.12.1991	Aung San Kyi wird mit der Begründung, »vermeintliche Verbindungen zu aufrührerischen Gruppen und Ausländern zu haben«, aus ihrer Partei NLD ausgeschlossen.
Dez. 1993	Sie erhält den zum vierten Mal vergebenen Solidaritätspreis der Stadt Bremen.
Januar 1994	Laut Meldungen von westlichen Diplomaten in Birma werden die Soldaten vor ihrem Haus abgezogen, der Hausarrest bleibt jedoch bestehen.
Februar 1994	Erstmals seit Beginn des Hausarrestes darf ein amerikanischer Abgeordneter Aung San Suu Kyi in ihrem Haus besuchen.
20.9.1994	Ein erstes Treffen zwischen Aung San Suu Kyi und Vertretern der Militärjunta findet statt.
Januar 1995	Aung San Suu Kyi bekräftigt in einem Brief, daß sie sich unter keinen Umständen mit den Militärs auf einen Handel über ihre Freilassung einlassen werde.
11.7.1995	Aung San Suu Kyi wird ›freigelassen‹.
27.3.1999	An seinem 53. Geburtstag stirbt Michael Aris an Krebs. Seine Frau nimmt an der Beerdigung – aus bekannten Gründen – nicht teil.
2000	Präsident Bill Clinton verleiht Aung San Suu Kyi die U.S. Presidential Medal of Freedom.
September 2001	Anläßlich des 100. Geburtstags des Friedensnobelpreises produziert das Nobelkomitee in Oslo eine Serie von acht Sondermarken. Abgebildet werden Henri Dunant, Fridtjof Nansen, Martin Luther King jr., Michael Gorbatschow, Aung San Suu Kyi, Rigoberta Menchú Tum und Nelson Mandela.
6. Mai 2002	Nach erneuten neunzehn Monaten Hausarrest wird Aung San Suu Kyi freigelassen.

Rigoberta Menchú Tum

9.1.1959	Rigoberta wird als sechstes von insgesamt zehn Kindern von Juana Tum und Vincente Menchú in Chimel, Guatemala, geboren. Erst mit 20 Jahren lernt sie Spanisch, mit 23 Lesen und Schreiben.
1979	Rigoberta tritt dem von ihrem Vater mitbegründeten *Comité de Unidad Campesinos* (CUC) bei.
9.9.79	Bruder Petrocinio wird im Alter von sechzehn Jahren nach grausamen Folterungen von den Militärs ermordet.
31.1.80	Vater Vincente Menchú und 38 Indios werden anläßlich der Besetzung der spanischen Botschaft ermordet.

April 1989	Ihre Mutter Juana Tum wird von den Militärs verschleppt, gefoltert und ermordet.
1981	Exil nach Mexiko.
August 1982	Rigoberta Menchú nimmt als erste guatemaltekische Indígena am ersten UNO-Arbeitsgruppentreffen zu Indígena-Völkern teil. Von da an nimmt sie an der UNO-Unterkommission gegen rassistische Diskriminierung und für den Schutz ethnischer Minderheiten teil.
1982	Rigoberta Menchú gründet zusammen mit anderen Exilanten die Vereinigte Vertretung der guatemaltekischen Opposition.
1983	Es erscheint ihr erstes Buch, das 1984 in deutscher Sprache unter dem Titel *Rigoberta Menchú – Leben in Guatemala* erscheint und in mehr als zehn Sprachen übersetzt wird.
1985	Rigoberta Menchú wird zusammen mit Nelson Mandela zum Ehrenmitglied des Komitees der Nichtregierungsorganisationen Belgiens ernannt.
1986	Beraterin der UNO im Forum für Eingeborenenrechte.
1986	Mitglied der Exekutive des Internationalen Indios Vertragsrates.
1988	Sonderpreis *Premio Nonino* in Mailand.
1988	Ehrendiplom der Stadt San Francisco.
Dez. 1989	Rigoberta Menchú ist besonderer Gast des zweiten iberoamerikanischen Kongresses der Menschenrechtsorganisationen.
1990	Friedenspreis der UNESCO.
1992	Ehrenbürgerin der Stadt Mailand.
Nov. 1992	Empfang bei Papst Johannes Paul II. zu einer Privataudienz.
Dez. 1992	Rigoberta Menchú erhält den Friedensnobelpreis. Die Preissumme setzt sie für eine Stiftung ein, die an ihren Vater erinnern soll und den Indios zugute kommt. Die Medaille beläßt sie in Mexiko – bis sich die Zustände in Guatemala geändert haben.
1992	Ehrendoktorwürde der Universität Managua und Ehrenmitgliedschaft der Universität San Carlos Guatemala.
1993	Die UNO erklärt das Jahr zum »Jahr der Rechte der eingeborenen Völker«.
Frühjahr 1995	Rigoberta Menchú heiratet den Indio Angel Francisco Canil.

Jody Williams

| 9.10.1950 | Jody Williams wird in Brattleboro, Vermont, USA, als zweites von fünf Kindern eines Bezirksrichters und einer Hausfrau |

geboren. Sie hat einen Abschluß in Internationalen Beziehungen (1984), als Lehrerin für Spanisch und ESL (Englisch als Zweitsprache, 1976) und einen B. A. der Universität von Vermont (1972). Nach dem Studium lehrt sie ESL für zwei Jahre in Mexico, danach zieht sie nach Washington.

1984 bis 1986 Williams arbeitet als Ko-Koordinatorin des Nicaragua-Honduras-Ausbildungsprojekt, führt verschiedene Delegationen nach Mittelamerika an.

1986 bis 1992 Sie entwickelt und leitet ein humanitäres Projekt der in Los Angeles beheimateten medizinischen Hilfsorganisation für El Salvador.

1991 Williams lernt Bobby Muller, Präsident der Stiftung der Amerikanischen Vietnam-Veteranen kennen. Dieser fragt sie, ob sie eine Initiative für das weltweite Verbot von Landminen koordinieren wolle. Jody Williams akzeptiert und beginnt, alle Organisationen, die sich für ein solches Verbot einsetzen, die mit Minenräumaktionen beschäftigt waren und die Opfer der Antipersonenminen betreuten, in einer gemeinsamen Kampagne zusammenzuführen.

Oktober 1992 Die Internationale Kampagne für das Verbot von Landminen, ICBL, wird offiziell begründet; sechs Jahre später gehören ihr bereits mehr als 700 Mitgliederorganisationen an.

1992 bis 1995 Williams bereist als Chefstrategin der Kampagne die ganze Welt und spricht u.a. vor den Vereinten Nationen, dem Europäischen Parlament und der Africa Unity.

1995 Zusammen mit Shawn Roberts publiziert Williams das Buch *After the Guns Fall Silent: The Enduring Legacy of Landmines.*

Oktober 1996 Auf Einladung der kanadischen Regierung beraten interessierte Staaten über ein Abkommen für das Verbot von Landminen.

Dez. 1997 Der Vertrag von Ottawa wird unterzeichnet und 122 Länder verpflichten sich zum Verbot von Antipersonenminen.

Dez. 1997 Jody Williams erhält zusammen mit ICBL den Friedensnobelpreis. Für die Kampagne nimmt der Kambodschaner Tun Channareth, dem durch eine Mine beide Beine abgerissen wurden, den Preis entgegen.

1998 Jody Williams erhält den *Distuingished Peace Leadership Award* der *Nuclear Age Peace Foundation* und den *Fiat Lux Award* der Clark University. Mehrere Universitäten verleihen ihr die Ehrendoktorwürde, darunter das Briar Cliff College, das Marlboro College, die University of Vermont sowie das Williams College.

März 1999 Der Vertrag von Ottawa über die Ächtung von Antipersonenminen tritt in Kraft. Er verbietet Herstellung, Lagerung, Einsatz und Weitergabe von Minen. Der Vertrag verpflichtet die unterzeichnenden Staaten dazu, ihre Lagerbestände innerhalb von vier Jahren zu vernichten und vermintes Gelände innerhalb von 10 Jahren zu räumen. Sie dürfen nur eine kleine Anzahl Minen behalten, damit Soldaten deren Beseitigung üben können. Inzwischen haben 133 Staaten das Abkommen unterschrieben, 60 ratifiziert. Nach wie vor gehören die USA nicht dazu.

Sept. 2000   Anläßlich der zweiten Konferenz der Signatärstaaten werden die neuesten Zahlen bekanntgegeben, wonach 138 Staaten die Ottawa-Konvention gezeichnet und 101 Staaten ratifiziert haben. Nach wie vor nicht dabei sind die Großmächte Rußland, China und USA. Nach Angaben des ›Landmine Monitor Report‹ sank die Zahl der Herstellerstaaten von 54 auf 16. Auch bei den Nichtunterzeichnern zeige die Kampagne eine indirekte Wirkung, da diese den Export von Minen einstellen mußten und der internationale Handel somit zum Erliegen gekommen sei.

2001   Jody Williams ist als internationale Botschafterin für die ICBL und als Mitglied des Koordinationskomitees tätig.

August 2002   Afghanistan schließt sich dem Ottawa-Abkommen an.

Oktober 2002   Jody Williams erhält den Hollywood Humanitarian Award.

Schirin Ebadi

1947   Schirin Ebadi wird in der iranischen Provinz Hamadan geboren. Ihr Vater war Professor für Wirtschaftsrecht, die Mutter Hausfrau. Sie hat einen Bruder und zwei Schwestern.

1974   Als erste Frau des Landes wird Schirin Ebadi zur Richterin ernannt, in dieser Funktion ist sie von 1975 bis 1979 am Stadtgericht Teheran tätig. In diesen Jahren wird sie Vorsitzende des iranischen Juristenverbandes.

1975   Heirat mit dem fünf Jahre älteren Elektroingenieur Jawad Tavasolian.

1979   Mit der Machtübernahme der Mullahs muß Ebadi das Amt als Richterin aufgeben.

1981   Tochter Negra wird geboren, die inzwischen Ingenieurwissenschaften in Kanada studiert.

1983   Geburt der Tochter Nargess, die die Familientradition fortführt und in Teheran Jura studiert.

1993	Ebadi beginnt als Anwältin zu arbeiten.
1994	Mit mehreren Freunden gründet Ebadi eine der wenigen iranischen Nicht-Regierungs-Organisationen, ein Kinderhilfswerk, das sich für die Verbesserung der Lage und der Rechte von Kindern und Jugendlichen im Iran einsetzt. Sie publiziert über die Probleme von Frauen und Kindern in verschiedenen Zeitschriften, darunter auch in der angesehenen Frauenzeitschrift Zanan (Frauen).
1996	Preis der Organisation Human Rights Watch für ihr Engagement im Kampf um Menschenrechte.
1997	Mit vielen anderen Intellektuellen beteiligt sich Ebadi an der Kampagne, die am 23. Mai zum Sieg des reformorientierten Mohammed Chatami bei den Präsidentschaftswahlen führt.
2000	Anfang des Jahres reist Schirin Ebadi nach Berlin, wo sie im Menschenrechtsausschuß des Deutschen Bundestages um die Unterstützung der europäischen Länder für die iranische Zivilgesellschaft bittet.
28. Juni 2000	Ebadi wird wegen staatsfeindlicher Umtriebe verhaftet und zu fünfzehn Monaten Gefängnis verurteilt. Zudem verhängt man ein Berufsverbot von fünf Jahren über sie. Sie legt Widerspruch ein und kommt nach wenigen Wochen Aufenthalt im Teheraner Evin-Gefängnis, allerdings nur auf Bewährung, frei.
Juli 2000	Studenten der Teheraner Universität verleihen ihr eine Tapferkeitsmedaille. Ebadi hatte die wegen umstürzlerischer Aktivitäten angeklagten Studenten vor Gericht verteidigt.
2001	Auszeichnung mit dem Thorolf-Rafto-Gedenkpreis. Mohammed Chatami gewinnt am 8. Juni erneut die Wahlen und bleibt für weitere vier Jahre Präsident.
2003	Als erste Muslimin und elfte Frau erhält Schirin Ebadi den Friedensnobelpreis. Den mit 1,1 Millionen Euro dotierten Preis will sie für ihre Arbeit in den verschiedensten Menschenrechtsorganisationen einsetzen. Sie arbeitet als Anwältin und unterrichtet als Juradozentin an der Teheraner Universität.

Dank

Für die tatkräftige Unterstützung in Form von ausführlichen Gesprächen, Vermittlungen von wichtigen Dokumenten, Photos und Unterlagen sowie die Bereitschaft, ihre persönlichen Erinnerungen und Begegnungen mit uns zu teilen, danken wir:

Professor Irvin Abrams, Antioch University, Yellow Springs, Ohio/USA

Amnesty International

Archives de la Société des Nations, Genf

Dr. Michael Aris, Oxford University/England

Kathleen Bell, Irish News Library, Belfast/Irland

Mairead Corrigan

Kaj Fölster, Tochter von Alva Myrdal

Josepha Gosselke, Lippstadt, für ihre Übersetzung der Rede von Mutter Teresa

Informationsstelle Guatemala e.V., Bonn

Anne Kjelling, Nobel-Institut, Oslo/Norwegen

Jan Miller, Antioch University Library, Yellow Springs, Ohio/USA

Edition Pacis, Zug/Schweiz

Günter Siemers, Institut für Asienkunde, Hamburg

Mutter Teresa

Eugen Vogt, Begründer »Hilfswerk für Mutter Teresa«, Luzern/Schweiz

Women's International League for Peace and Freedom (WILPF), Genf/Schweiz

Und wir danken Professor Dr. Georg Kohler für seinen Beitrag »Von der Friedfertigkeit«.

Bibliographie

Zu »Von der Friedfertigkeit«

Euripides. *Iphigenie unter den Taurern.* (Uraufführung 412 v. Chr. in Athen)
Grant, J. Hazel. *Lexikon der antiken Mythen und Gestalten.* München 1980.
Goethe, J. W. von. *Iphigenie auf Tauris. Ein Schauspiel.* 1786, zit. nach: *Goethe. Werke. II. Band.* Frankfurt a/M 1970.

Von Bertha von Suttner

Inventarium einer Seele. Leipzig 1883.
Ein Manuskript! Leipzig 1884.
Ein schlechter Mensch. Leipzig 1885.
Danilea Dorms. München 1886.
High Life. München 1886.
Verkettungen. Leipzig 1887.
Schriftstellerroman. Dresden 1888.
Erzählte Lustspiele: Neues aus dem High Life. Dresden 1889.
Das Maschinenalter: Zukunftsvorlesungen über unsere Zeit. Zürich 1889.
Die Waffen nieder! Eine Lebensgeschichte. Dresden 1892.
Erzählungen und Betrachtungen. Wien 1890.
Dr. Hellmuts Donnerstage. Dresden 1892.
An der Riviera. Mannheim 1892.
Eva Siebeck. Dresden 1892.
Im Berghause. Berlin 1893.
Phantasien über den ›Gotha‹. Dresden 1893.
Die Tiefinnersten. Dresden 1893.
Trente et Quarante. Dresden 1893.
Es Löwos, eine Monographie. Dresden 1894.
Vor dem Gewitter. Wien 1894.
Hanna. Dresden 1894.
Krieg und Frieden: Erzählungen, Aphorismen, Betrachtungen. Zusammengestellt und herausgegeben von L. Katscher. Berlin 1896.

Nabucco: Dramatisches Gedicht in 4 Aufzügen von Ferdinand Fontana. Deutsch von Bertha von Suttner. Dresden 1896.

Einsam und arm. Dresden 1896.

Frühlingszeit: Lenzes- und Lebensgabe unseren erwachsenen Töchtern zur Unterhaltung und Belehrung gewidmet von den deutschen Dichterinnen der Gegenwart. Dresden 1896.

Der Kaiser von Europa. Nach dem Englischen von F. A. Fawkes. Berlin 1897.

Schmetterlinge. Novellen und Skizzen. Dresden 1897.

La Traviata. (neue Ausgabe von An der Riviera). Dresden 1898.

Schach der Qual! Dresden 1898.

Ku-i-kuk: Niemals eine Zweite. Kürschners Bücherschatz 1899.

Herrn Dr. Carl Freiherr v. Stengels und andere Argumente für und wider den Krieg von Dr. N. N. Privat-Docent an der Universität. Hrsg. Von Bertha von Suttner. Wien 1899.

Die Haager Friedenskonferenz, Tagebuchblätter. Dresden 1900.

Marthas Kinder. Dresden 1904-1905.

Briefe an einen Toten. Dresden 1904-1905.

Ketten und Verkettungen: Donna Sol. Leipzig 1904.

Babies siebente Liebe und Anderes. Dresden 1905.

Gesammelte Schriften. 12 Bd. Dresden 1906.

Randglossen zur Zeitgeschichte: Das Jahr 1905. Kattowitz 1906.

Stimmen und Gestalten. Leipzig 1906.

Zur nächsten intergouvernementalen Konferenz in Haag. Leipzig 1907.

Randglossen zur Zeitgeschichte: Das Jahr 1906. Kattowitz 1907.

Memoiren. Stuttgart 1909.

Rüstung und Überrüstung. Berlin 1909.

Der Menschheit Hochgedanken: Roman aus der nächsten Zukunft. Berlin 1911.

Die Barbarisierung der Luft. ›Internationale Verständigung‹. Heft 6. Berlin 1912.

Aus der Werkstatt des Pazifismus. Vortragszyklus, in: *Aus der eigenen Werkstatt.* Bd. 2. Wien 1912.

Der Kampf um die Vermeidung des Weltkrieges: Randglossen aus zwei Jahrzehnten zu den Ereignissen vor der Katastrophe (1892-1900, 1907-1914). Hrsg. Von Dr. Alfred H. Fried. Zürich 1917.

Über Bertha von Suttner

Abrams, Irwin. *Bertha von Suttner and the Nobel Peace Prize,* in: ›Journal of Central European Affairs‹. Oktober 1962, 14, S. 286-307.

Abrams, Irwin. *Bertha von Suttner,* in: *Biographical dictionary of modern peace leaders.* New York 1985.

Abrams, Irwin. *The Nobel Peace Prizes, Bertha von Suttner and Lay Down your Arms!* in: *World encyclopaedia of peace.* Oxford 1986.

Abrams, Irwin. *Bertha von Suttner: Bibliographical notes,* in: ›Peace and Changes‹. Januar 1991, 16, S. 64-73.

Abrams, Irwin. *Chère Baronne et Amie,* in: ›Die Waffen nieder!‹. Genf 1993.

Fassbinder, Klara-Marie. *Bertha von Suttner und ihre Töchter. Ein Versuch.* Gelsenkirchen 1964

Fried, Alfred Hermann. *Bertha von Suttner.* Leipzig 1908.

Gregor-Dellin, Martin. *Bertha von Suttner – Aus Menschenliebe gegen den Krieg,* in: *Der Friedensnobelpreis von 1905 bis 1916.* Band II. Zug 1988.

Hamann, Brigitte. *Bertha von Suttner. Ein Leben für den Frieden.* München/Zürich 1986.

Kempf, Beatrix. *Bertha von Suttner. Das Leben einer großen Frau, Schriftstellerin, Politikerin, Journalistin.* Wien 1964.

Kempf, Beatrix. *Eine Frau kämpft für den Frieden.* Freiburg i. Breisgau 1979.

Key, Ellen. *Florence Nightingale und Bertha von Suttner.* Zürich 1919.

Kleberger, Ilse. *Die Vision vom Frieden – Bertha von Suttner.* Berlin/München 1988.

Reicke, Ilse. *Bertha von Suttner: ein Lebensbild.* Bonn 1952.

Wintersteiner, Marianne. *Die Baronin Bertha von Suttner.* Mühlacker 1984.

Bertha von Suttner – Festschrift zum 150. Geburtstag am 9. Juni 1993. Herausgegeben von der Bertha-von-Suttner-Schule in Berlin-Reinickendorf. 1983.

Von Jane Addams

Democracy and Social Ethics. 1902. Cambridge 1964.

Newer Ideals of Peace. 1907. Peace Movement in America Series. New York 1972.

The Spirit of Youth and the City Streets. 1909. Urbana 1972.

Twenty Years at Hull-House 1910. Urbana 1990.

The Second Twenty Years at Hull-House. New York 1930.

Die Stimme der Völker über den Krieg, in: ›Neue Wege – Blätter für religiöse Arbeit‹. Basel 1915.

The Excellent Becomes the Permanent. New York 1932.

Women at The Hague. (zusammen mit Emily Greene Balch und Alice Hamilton). 1915. New York 1972.

Zwanzig Jahre sozialer Frauenarbeit in Chicago. München 1913.

Über Jane Addams

Abrams, Irwin. *The Nobel Peace Prize and the Laureates, 1901-1987*.
New York 1988.
Davis, Allen F. *American Heroine: The Life and Legend of Jane Addams*.
London 1973.
Farrell, John C. *Beloved Lady: A History of Jane Addams' Ideas on Reform and Peace*. Baltimore 1967.
Gruber, Carol. *Der Friedensnobelpreis*. Band 4. Zug 1989.
Hovde, Jane. *Jane Addams*. New York 1989.

Von Emily Greene Balch

Public Assistance of the Poor in France. Baltimore 1893.
Our Slavic Fellows Citizens. New York 1910.
Occupied Haiti. New York 1927.
Women at the Hague (zusammen mit Jane Addams und Alice Hamilton).
New York 1972.
The Miracle of Living. New York 1941.
A Venture in Internationalism. Genf 1938.
Towards a Planetary Civilisation. 1942, in: ›Four Lights 2‹

Über Emily Greene Balch

Alonso, Harriet H. *The Two Women of WILPF.* Rede an der *International Conference of Peace Historians at the Nobel Institute.* Oslo 1992.
Faver, Catherine. *Creative Apostle of Reconciliation – The Spirituality and Social Philosophy of Emily Greene Balch*, in: ›Women's Studies‹. 1991,
Vol. 18. S. 335-351.
Habermann, Frederick W. (ed). *Nobel Lectures. Peace – 1926-1950*. Vol. 2.
Amsterdam/London/New York 1972.
Miller Solomon, Barbara. *Witnesses of Change – Quaker Women Over Three Centuries.* New Brunswick/New York 1989.
Miller, Solomon, Barbara. *The Influence of Quaker Women on American History.*
Studies in Women and Religion. Vol. 21. Lewiston/New York 1986.
Palmieri, Patricia N. *Emily Greene Balch,* in: *Der Friedensnobelpreis von 1946 bis 1952*. Band 6. Zug 1990.
Randall, Mercedes. *Improper Bostonian*. New York 1964.
Randall, M. (ed.) *Beyond Nationalism: Social Thoughts of Emily Greene Balch*.
New York 1972.

Schraff, Anne. *Women of Peace.* New York 1994.
Shane, Martha P. *Papers of Emily Greene Balch, 1875-1961.* Delaware 1988.
Wilson, H. W. *Biographical Dictionary, Nobel Prize Winners.* New York 1987.

Von Betty Williams

Den Autorinnen sind keine Publikationen von Betty Williams bekannt.

Von Mairead Corrigan Maguire

A Nonviolent Political Agenda for a More Humane World. Waging Peace Series.
Booklet 31. Nuclear Age Peace Foundation. Santa Barbara/Kalifornien 1992.
A Letter To My Son Luke, in: ›Peace by Peace‹.
Address to Peace People Assembly. 18.10.1986, Benburb.
Hard Birthing of a New Humanity. November 1991.

Über Betty Williams und Mairead Corrigan

Abrams, Irwin. *The Nobel Peace Prize and the Laureates, 1901-1987.*
New York 1988.
Breuer, Beate. *The Peace People – A Dream That Died.* Diplomarbeit.
Fachhochschule Köln. 1988.
Fairmichael, Rob. *The Peace People Experience.* ›Dawn Train‹ No. 5, 1987.
Grefe, Christiane. *Wir sind zum Durchhalten da, nicht zum Erfolghaben,* in:
Kerner, Charlotte. (Hrsg.) *Nicht nur Madame Curie.* Weinheim 1992.
Holl, Karl. *Betty Williams und Mairead Corrigan,* in: *Der Friedensnobelpreis von
1905 bis 1916.* Band 10. Zug 1992.
Weisbach, Margot. *Betty Williams,* in: *Die Töchter Nobels.* Lünen 1990.
WDR II: Die Auslandreporter – Die Peace People von Ulster und was aus
ihnen wurde. Sendung 21.11.1986.

Von Mutter Teresa

Worte der Liebe. Freiburg 1993.
Mein Geheimnis ist ganz einfach. Konstanz 1980.
Lieben bis es weh tut. Konstanz 1979.
Die Weisheit der Mutter Teresa – Meine Gebete. München 1992.
Die Sprache der Hoffnung – Texte zur Orientierung: Mutter Teresa. Gütersloh 1990.

A Gift for God. Freiburg 1977.
In the Silence of the Heart. Meditations by Mother Teresa of Calcutta. London 1983.

Über Mutter Teresa

Chetcuti, Paul. *Sich für den Ärmsten entscheiden,* in: ›Vie consacrée‹. 15.1.1979.

Gosselke, Josepha. *Mit Mutter Teresa unterwegs*. Freiburg 1983.

Gray, Charlotte. *Mutter Teresa – Die Helferin der Ärmsten der Welt*. Würzburg 1989.

Hofmeister, Ilse Maria. (Hrsg.) *Das Charisma der Mutter Teresa*. Ostfildern1985.

Konermann, Bernward. *Mutter Teresa,* in: *Der Friedensnobelpreis von 1979 bis 1982*. Band XI. Zug 1992.

Kornprobst, Roswitha. (Hrsg.) *Mutter Teresa – Nur ein Lächeln*. *Aussprüche*. Konstanz 1984.

Kornprobst, Roswitha. *Mutter Teresa – Zeichen der Hoffnung*. Konstanz 1981.

Le Joly, Edward. *Wir leben für Jesus*. Freiburg 1978.

Muggeridge, Malcolm. *Mutter Teresa – Missionarin der Nächstenliebe*. Freiburg 1972.

Mundakel, T. T. *Der Engel der Armen – Mutter Theresa – Die Biographie*. München 2003.

Porter, David. *Mutter Teresa – Von Skopje nach Kalkutta*. München 1989.

Rupert, Helmut. *Mutter Teresa*. Bergisch Gladbach 1979.

Serrou, Robert. *Mutter Teresa – Eine Bildbiographie*. Freiburg 1980.

Vogt, Eugen. *Mutter Teresa – Lebensbild, Geistliche Texte*. Konstanz 1990.

Nobel Prize Book 1979. Herausgegeben vom Nobel-Institut.

Rundbriefe des Schweizer Hilfswerks für Mutter Teresa.

›Mein Geheimnis ist ganz einfach‹. Interview vom 9. Dezember 1979 in Oslo mit Hans-Joachim Schilde.

Von Alva Myrdal

Probleme der Friedenssicherung. Deutsche Gesellschaft für Auswärtige Politik e.V. 1968.

Falschspiel mit der Abrüstung. Reinbek 1983.

Dankesrede anläßlich der Verleihung des Friedenspreises des Börsenvereins des Deutschen Buchhandels. Frankfurt a/M 1970.

Myrdal, Alva; Klein, Viola. *Die Doppelrolle der Frau in Familie und Beruf*. Köln 1970.

Über Alva Myrdal

Bok, Sissela. *Alva Myrdal – A Daughter's Memoir.* New York 1991.

Brandt, Heike. *Und Aufgeben ist des Menschen nicht würdig,* in: Kerner, Charlotte. *Nicht nur Madame Curie.* Weinheim 1992.

Fölster, Kaj. *Sprich, die du noch Lippen hast – Annäherung an Alva Myrdal.* Hitzerod 1993.

Kaiser, Karl. *Laudatio anläßlich der Verleihung des Friedenspreises des Börsenvereins des Deutschen Buchhandels.* Frankfurt a/M 1970.

Myrdal, Gunnar. *An American Dilemma.* New York 1975.

Myrdal, Gunnar. *Asian Drama: An Inquiry into the Poverty of Nations.* New York 1968.

Myrdal, Jan. *Kindheit in Schweden.* Hitzerod 1990.

Van Harten, Marten. *Alva Myrdal – Abrüstungskontrolle von unten,* in: *Der Friedensnobelpreis von 1979 bis 1982.* Band XI. Zug 1992.

Von Aung San Suu Kyi

Let's Visit Burma. Kinderreiseführer, 1985.

Burma and India – Some Aspects of Intellectual Life under Colonialism. Auckland 1990.

Freedom From Fear and Other Writings. London 1991.

Die Fallen der modernen Zivilisation. Rede für die Oxford-Universität, gehalten am 19. Mai 1993 von Ehemann Michael Aris.

Listen: The Culture of Democracy and Human Rights is Universal. Address speech. UNESCO conference, Manila, Dezember 1994, verlesen von Corazon Aquino.

Über Aung San Suu Kyi

Aris, Michael. (Hrsg.) *Aung San Suu Kyi.* München 1992.

Lintner, B. *Aung San Suu Kyi,* in: *Der Friedensnobelpreis.* Band XIII. Zug 1992.

Siemers, Günter. *Aung San Suu Kyi,* in: *Der Friedensnobelpreis.* Zug 1991.

Von Rigoberta Menchú

Rede von Rigoberta Menchú am 8. Juli 1992 im Flüchtlingslager El Porvenir I, La Trinitaria, Chiapas/Mexiko, in: *Ojalá, Guatemalas Flüchtlinge kehren zurück.* Grafenau 1993.

Klage der Erde. Der Kampf der Campesinos in Guatemala. Göttingen 1993.

Hacia una cultura de paz. México 2002.

Über Rigoberta Menchú

Astúrias, Angel M. Die Maismenschen. Bornheim 1983.
Burgos, Elisabeth. Rigoberta Menchú – Leben in Guatemala, Göttingen 1984.
Painter, James. Guatemala: False Hope, False Freedom. Wuppertal 1987.
Schlesinger, Stephen; Kinzer, Stephen. Bananenkrieg. Hamburg 1993.
Zauzich, Maria-Christine. Rigoberta Menchú, in: Der Friedensnobelpreis.
Band XIII. Zug 1993.

Von Jody Williams

Shawn, Roberts; Williams, Jody. After The Guns Fall Silent: Enduring Legacy
of Landmines. Washington D.C. 1995.
Landmines and measures to eliminate them. ›International Report of the Red
Cross‹. July-August 1995, No. 307.
Landmines: Dealing with the Environmental Impact. ›Environmental Security‹.
1997, Vol. 1. No.2.
Social Consequences of Widespread Use of Landmines. Referat, gehalten am
Landmine Symposium des IKRK in Montreux (CH), April 1993.

Über das Thema Landminen

Gitteos, George. Minefields. Sidney 2000.
Persönliche Fragen zum Thema Landminen beantwortet Jody Williams
unter williams@icbl.org, generelle Fragen zum Thema Landminen werden
unter icbl@icbl.org beantwortet.

Von Schirin Ebadi

Als Anwältin, Autorin und Publizistin schrieb Schirin Ebadi zahlreiche
Artikel und eine Reihe von Büchern (bei unserem Gespräch in Oslo er-
wähnte sie elf), von denen einige ins Englische übertragen wurden. Allerdings ist aktuell keines davon lieferbar.

The Rights of the Child. A Study of Legal Aspects of Children's Rights in Iran.
Teheran 1994.
History and Documentation of Human Rights in Iran. New York 2000.
Democracy, Human Rights and Islam in Modern Iran: Psychological, Social and
Cultural Aspects. Bergen 2003.

Über Schirin Ebadi

Amirpur, Katajun. *Gott ist mit den Furchtlosen*. Freiburg 2003.

Anmerkungen

[1] Grant, Hazel, S. 225f.
[2] a.o.O. S. 226
[3] a.o.O. S. 226
[4] a.o.O. S. 226

Literatur: *Grant, J. Hazel:* Lexikon der antiken Mythen und Gestalten, München (Deutscher Taschenbuchverlag 1980, I. Auflage)
J. W. von Goethe: Iphigenie auf Tauris. Ein Schauspiel, 1786 (zitiert nach: Goethe, Werke, II. Band, Inselverlag, Frankfurt am Main, 1970, S. 251 ff.)
Euripides: Iphigenie unter den Taurern (Uraufführung 412 v. Chr. in Athen)

[5] Bertha von Suttner. *Memoiren.* S. 214
[6] Bertha von Suttner. *Das Maschinenzeitalter.* Vorwort
[7] Bertha von Suttner, *Memoiren,* Vorwort
[8] ebda. S. 8
[9] Bertha von Suttner. *Die Waffen nieder!* Berlin 1990. S. 278f.
[10] ebda. S. 219f.
[11] ebda. S. 401
[12] zit. nach: Ilse Kleberger. *Bertha von Suttner.* S. 59
[13] zit. nach: Brigitte Hamann. *Bertha von Suttner.* S. 7
[14] ›Neue Freie Presse‹, 15.3.1890
[15] Bertha von Suttner. *Friedensnobelpreisrede*
[16] zit. nach: Brigitte Hamann. *Bertha von Suttner.* S. 61
[17] zit. nach: Martin Gregor-Dellin. *Der Friedensnobelpreis.* S. 65
[18] ebda. S. 68
[19] zit. nach: Brigitte Hamann. *Bertha von Suttner.* S. 15
[20] ebda. S. 16f.
[21] zit. nach: Martin Gregor-Dellin. *Der Friedensnobelpreis.* S. 40f.
[22] ebda. S. 43f.
[23] zit. nach: Brigitte Hamann. *Bertha von Suttner.* S. 47f.
[24] ebda. S. 51
[25] ebda. S. 52
[26] ebda.
[27] zit. nach: Martin Gregor-Dellin. *Der Friedensnobelpreis.* S. 76
[28] ebda. S. 79
[29] ebda. S. 75
[30] zit. nach: Brigitte Hamann. *Bertha von Suttner.* S. 68
[31] Bertha von Suttner. *Brief an einen Toten.* S. 238
[32] zit. nach: Martin Gregor-Dellin. *Der Friedensnobelpreis.* S. 67
[33] Bertha von Suttner. *Briefe an einen Toten.* S. 235
[34] ebda. S. 1
[35] Bertha von Suttner. *Der Menschheit Hochgedanken.* S. 350
[36] Bertha von Suttner. *Briefe an einen Toten.* S. 236
[37] zit. nach: Martin Gregor-Dellin. *Der Friedensnobelpreis.* S. 91

[38] Jane Addams. *Zwanzig Jahre sozialer Frauenarbeit in Chicago.* München, Beck, 1913. S. 132

[39] Jane Adams. *Zwanzig Jahre Sozialer Frauenarbeit in Chicago.* München, S. 9

[40] ebda. S. 107

[41] ebda. S. 1

[42] ebda. S. 52

[43] ebda. S. 46

[44] ebda. S. 41

[45] ebda. S. 5

[46] ebda. S. 107

[47] ebda. S. 45

[48] ebda. S. 85

[49] ebda. S. 59

[50] ebda. S. 60

[51] ebda. S. 38

[52] ebda. S. 88

[53] ebda. S. 77

[54] ebda. S. 19

[55] Jane Addams. *Die Stimme der Völker über den Krieg.* S. 20

[56] vgl. Broschüre ›Hull-House Association‹

[57] Carol Gruber. *Der Friedensnobelpreis von 1901 bis heute.* Band 4:Von 1926-1932. Zug 1989. S. 177

[58] Jane Addams. Die Stimme der Völker über den Krieg, in: Separatdruck aus ›Neue Wege – Blätter für religiöse Arbeit‹. Basel 1915. S. 12

[59] Emily Greene Balch. *Letter to the Chinese People,* in: ›The Nation‹. 14. Mai 1955. S. 418

[60] vgl. Mercedes M. Randall. *Improper Bostonian – Emily Greene Balch.* S. 436

[61] vgl. Catherine A. Favre. *Creative Apostle of Reconciliation.* S. 341

[62] vgl. Barbara Miller Salomon. *The Influence of Quaker Women on American History.* S. 361

[63] zit. nach: Patricia Ann Palmieri. *Emily Greene Balch.* S. 37

[64] vgl. Mercedes M. Randall (ed.). *Beyond Nationalism* S. XV

[65] Mercedes M. Randall. *Improper Bostonian – Emily Greene Balch.* S. 8

[66] ebda. S. XXIV

[67] ebda.

[68] vgl. Mercedes M. Randall (ed.). *Beyond Nationalism.* S. 77

[69] ebda. S. 189

[70] ebda. S. 81

[71] zit. nach: Catherine A. Faver. *Creative Apostle of Reconciliation.* S. 341

[72] vgl. Mercedes M. Randall (ed.). *Beyond Nationalism* S. 78

[73] ebda. S. XXVI

[74] ebda. S. 79

75 ebda. S. 91

76 ebda. Brief an Miss Pendleton, 3. April 1918. S. 105

77 ebda. S. 81

78 vgl. H. W. Wilson. *Biographical Dictionary – Nobel Prize Winners.* S. 49

79 vgl. Mercedes M. Randall (ed.). *Beyond Nationalism.* S. 80

80 vgl. Barbara Miller Salomon. *Witnesses for Change.* Brief an Dr. Alice Hamilton. S. 139

81 vgl. Mercedes M. Randall (ed.). *Beyond Nationalism.* S. 162

82 Frederick W. Habermann. *Peace 1926–1950. Nobel Lectures.* Vol. 2. S. 345

83 vgl. Mercedes M. Randall (ed.). *Beyond Nationalism.* S. 172

84 ebda. S. 165

85 ebda. S. 188

86 ebda. S. 191f

87 Frederick W. Habermann. *Peace 1926–1950. Nobel Lectures.* Vol. 2. S. 350

88 zit. nach: Patricia Ann Palmieri. *Emily Greene Balch.* S. 36

89 Harriet Hyman Alonso. *The Two Women Of WILPF.* S. 34

90 Mairead Corrigan Maguire. *A Letter to My Son Luke,* in: ›Peace by Peace‹

91 vgl. Betty Williams, Nobel Lecture, 11.12.1977, The Nobel Foundation.

92 ›Die Welt‹, 13.12.1986

93 ›Interpress‹, 5.5.1993

94 ›Bild am Sonntag‹, 5.9.1976

95 ›Westdeutsche Allgemeine Zeitung‹, 4.9.1976

96 ebda.

97 ebda.

98 ›Die Welt‹, 20.8.1976

99 ebda.

100 ebda.

101 ›Die Zeit‹, 5.10.1979

102 ebda.

103 ›Deutsche Zeitung‹, Nr. 45, 5.11.1976

104 ›Welt am Sonntag‹, 10.5.1981

105 ebda.

106 zit. nach: Rob Fairmichael *The Peace People Experience,* in: ›Dawn Train‹. No 5, 1987

107 ›Die Welt‹, 29.11.1978

108 ›Die Welt‹, 13.2.1986

109 ebda.

110 ›Die Welt‹, 29.11.1978

111 vgl. Rob Fairmichael. *The Peace People Experience,* in: ›Dawn Train‹. No 5, 1987

112 ›Die Welt‹, 29.11.1978

113 ›Welt am Sonntag‹, 10.5.1981

[114] zit. nach: Grefe, Christiane. *Wir sind zum Durchhalten da, nicht zum Erfolg-haben,* in: Kerner, Chalotte. (Hrsg.) *Nicht nur Madame Curie.* Weinheim 1992. S. 247

[115] vgl. Mairead Corrigan Maguire. *A Nonviolent Political Agenda for a More Human World.* S. 9

[116] vgl. Betty Williams, *Nobel Lecture,* 11.12.1977, The Nobel Foundation

[117] vgl. www. nobel.se/peace/laureates/1998/press.html

[118] zit. nach: Bernward Konermann. *Mutter Teresa.* S. 61

[119] ebda. S. 113

[120] zit. nach: Charlotte Gray. *Mutter Teresa.* S. 27

[121] zit. nach: Robert Serrou. *Mutter Teresa.* S. 98

[122] zit. nach: Eugen Vogt. *Mutter Teresa.* S. 28

[123] zit. nach: Bernward Konermann. *Mutter Teresa.* S. 14

[124] zit. nach: David Porter. *Mutter Teresa.* S. 23

[125] ebda. S. 23

[126] ebda. S. 74

[127] ebda. S. 74f.

[128] ebda. S. 120

[129] ebda. S. 121

[130] zit. nach: Bernward Konermann. *Mutter Teresa.* S. 54

[131] ebda. S.78f.

[132] ebda. S. 120

[133] ebda. S. 121

[134] ›Washington Post‹, 20. Oktober 1979

[135] zit. nach: Eugen Vogt. *Mutter Teresa.* S. 31

[136] zit. nach: Bernward Konermann. *Mutter Teresa.* S. 60

[137] zit. nach: David Porter. *Mutter Teresa.* S. 84

[138] zit. nach: Bernward Konermann. *Mutter Teresa.* S. 61

[139] zit. nach: David Porter. *Mutter Teresa.* S. 99

[140] zit. nach: Bernward Konermann. *Mutter Teresa.* S. 66

[141] ebda. S. 101f.

[142] ebda. S. 75

[143] ebda. S. 79

[144] ebda. S. 82

[145] ebda. S. 87

[146] ebda. S. 88

[147] zit. nach: Charlotte Gray. *Mutter Teresa.* S. 43

[148] zit. nach: Bernward Konermann. *Mutter Teresa.* S. 92

[149] ebda. S. 94

[150] zit. nach: Robert Serrou. *Mutter Teresa.* S. 98

[151] zit. nach: Bernward Konermann. *Mutter Teresa.* S. 95

[152] zit. nach: www.cnnn.com/world/9709/mother.teresa/profile/index.html

[153] zit. nach: Charlotte Gray. *Mutter Teresa*. S. 53

[154] Helga Henschen, Todesanzeige von Alva Myrdal, in: Kay Fölster. *Sprich, die du noch Lippen hast*. S. 39

[155] zit. nach: Sissela Bok. *Alva Myrdal*. S. 286

[156] ›Frankfurter Rundschau‹, 3.2.1986

[157] zit. nach: Kay Fölster. *Sprich, die du noch Lippen hast*. S. 12

[158] ›Der Standard‹. Besprechung von Jan Myrdals *Kindheit in Schweden*

[159] Dankesrede anläßlich der Verleihung des Friedenspreises des Deutschen Buchhandels. S. 69

[160] zit. nach: Kaj Fölster. *Sprich, die du noch Lippen hast*. S. 21f.

[161] ebda. S. 161

[162] ebda. S. 165

[163] ›Handelsblatt‹, 8. 4. 1987

[164] zit. nach: Sissela Bok. *Alva Myrdal*. S. 354

[165] ebda. S. 61

[166] zit. nach: Kaj Fölster. *Sprich, die du noch Lippen hast*. S. 188

[167] ebda. S. 187

[168] ebda.

[169] zit. nach: Kaj Fölster. *Sprich, die du noch Lippen hast*. S. 165

[170] ebda. S. 200

[171] ebda. S. 199f.

[172] ebda. S. 204

[173] Dankesrede anläßlich der Verleihung des Friedenspreises des Deutschen Buchhandels. S. 60

[174] zit. nach: Sissela Bok. *Alva Myrdal*. S. 278

[175] Zitate von Alva Myrdal, übermittelt von Kaj Fölster im persönlichen Gespräch mit der Autorin.

[176] ›Frankfurter Allgemeine Zeitung‹, Nr. 25, 30.1.1982

[177] ›Frankfurter Rundschau‹, 3.2.1986

[178] zit. nach: Sissela Bok. *Alva Myrdal*. S. 302

[179] Dankesrede anläßlich der Verleihung des Friedenspreises des Deutschen Buchhandels. S. 63

[180] ebda. S. 71

[181] ›Frankfurter Allgemeine Zeitung‹, 3.2.1986

[182] Alva Myrdal, *Nobelpreisrede vom 11.12.1982*

[183] zit. nach: Sissela Bok. *Alva Myrdal*. S. 350

[184] ebda. S.359

[185] zit. nach: Michael Aris (Hrsg.). *Aung San Suu Kyi*. S. 89

[186] ›Die Weltwoche‹. 17.10.1991

[187] ›Zürcher Tages-Anzeiger‹. 30.5.1990

[188] zit. nach: Michael Aris (Hrsg.). *Aung San Suu Kyi*. S. 89

[189] ebda. S. 92

[190] ebda. S. 96

[191] ›Zürcher Tages-Anzeiger‹. 10.7.1991

[192] zit. nach: Michael Aris (Hrsg.). *Aung San Suu Kyi*. S. 96

[193] WDR Pressearchiv. RX 1 157-H2/89

[194] zit. nach: Michael Aris (Hrsg.). *Aung San Suu Kyi*. S. 92

[195] WDR Pressearchiv. RX 1 157-H2/89

[196] zit. nach: Michael Aris (Hrsg.). *Aung San Suu Kyi*. S. 96

[197] ebda. S. 93

[198] ebda. S. 92

[199] ebda. S. 90

[200] ebda. S. 43

[201] ebda. S. 78

[202] ebda.

[203] ebda.

[204] ebda. S. 96

[205] ebda. S. 97

[206] ›Zürcher Tages-Anzeiger‹. 22.5.1993

[207] zit. nach: Michael Aris (Hrsg.). *Aung San Suu Kyi*. S. 7

[208] ›Die Weltwoche‹. 17.10.1991

[209] zit. nach: Michael Aris (Hrsg.). *Aung San Suu Kyi*. S. 72

[210] zit. nach: Michael Aris, in: *Der Friedensnobelpreis*. Band XIII.

[211] ›Stern‹. Nr. 50, 1991.

[212] ebda.

[213] ›Frankfurter Allgemeine Zeitung‹. 18. 5. 1992

[214] zit. nach: Michael Aris (Hrsg.). *Aung San Suu Kyi*. S. 69

[215] ebda. S. 71

[216] ›Der Spiegel‹. Nr. 29, 1995

[217] ebda.

[218] zit. nach: Elisabeth Burgos. *Rigoberta Menchú*. S. 71

[219] ›Neues Deutschland‹. 26.6.1993

[220] zit. nach: Elisabeth Burgos. *Rigoberta Menchú*. S. 133

[221] ebda. S. 134

[222] ebda. S. 58

[223] Rigoberta Menchú. *Klage der Erde*. S. 50

[224] zit. nach: Elisabeth Burgos. *Rigoberta Menchú*. S. 22

[225] Rigoberta Menchú. *Klage der Erde*. S. 13f.

[226] ebda. S. 20

[227] zit. nach: Elisabeth Burgos. *Rigoberta Menchú*. S. 58f.

[228] Reuter, 19. Oktober 1992, zit. in: Elisabeth Burgos. *Rigoberta Menchú*. S. 249

[229] ebda. S. 58

[230] zit. nach: Elisabeth Burgos. *Rigoberta Menchú*. S. 121

[231] ebda. S. 228
[232] ebda.
[233] ebda. S. 240
[234] ebda. S. 228
[235] ebda. S. 240f.
[236] ebda. S. 228
[237] ebda.
[238] ebda. S. 182
[239] ebda. S. 179
[240] ebda. S. 60
[241] ebda. S. 163
[242] ebda. S. 240
[243] ebda. S. 167
[244] ebda. S. 168
[245] ebda. S. 166f.
[246] ebda. S. 241
[247] ebda.
[248] ebda. S. 199
[249] ebda. S. 227
[250] ›Frankfurter Rundschau‹, 17.10.1992
[251] ›Zürcher Tages-Anzeiger‹, 17.10.1992
[252] ›Publik-Forum‹, 6.11.1992
[253] ebda.
[254] zit. nach: *Ojalá – Guatemalas Flüchtlinge kehren zurück*
[255] ebda. S. 86
[256] ebda. S. 92
[257] http://www.gnacademy.org/peacejam/jody/u1c4.html
[258] http://www.csmonitor.com/durable/1997/10/14/us/us.4.html
[259] ebda.
[260] www.engagedpage.com/landmines.html
[261] ›Frankfurter Allgemeine Zeitung‹, 26.8.1999
[262] www.engagedpage.com/landmines.html
[263] ›Frankfurter Allgemeine Zeitung‹, 4.3.2000
[264] http://www.gnacademy.org/peacejam/jody/u1c4.html
[265] ›Frankfurter Allgemeine Zeitung‹, 4.12.1999
[266] http://www.cnn.com/2000/us/09/07/landmines01/index.html
[267] http://www.universitycommunications.uvm.edu/oldreleases/
     webjodywilliamsspeech.htm
[268] alle Zitate nach: Stähle, Niels K. *Alfred Nobel und die Nobelpreise*
[269] Friedenspolitischer Ratschlag. ›Neues Deutschland‹, 10.12.2003
[270] im persönlichen Gespräch mit der Autorin
[271] dpa. 13.10.2003

[272] dpa. 13.10.2003

[273] im persönlichen Gespräch mit der Autorin

[274] im persönlichen Gespräch mit der Autorin

[275] Amirpur, Katajun. *Gott ist mit den Furchtlosen.* S. 45

[276] ebda. S. 58

[277] ›Die Welt‹. 18.10.2003

[278] ebda.

[279] im persönlichen Gespräch mit der Autorin

[280] Amirpur, Katajun. *Gott ist mit den Furchtlosen.* S. 16

[281] ›Der Spiegel‹. 42/2003

[282] In der Übertragung von Max Hennig, Reclam Verlag Stuttgart 1960/1991

[283] In der Übertragung von Dr. Salamat Schiftah, entnommen aus der Zeit-schrift »Kultur-Journal«, Zeitschrift für Afghanen und Deutsche, Hrsg. Afghanistan-Zentrum e.V., Bonn, 1/2002

Bildnachweis

Weitere Informationen

Zu Jane Addams

Jane Addams Hull House Museum
The University of Illinois at Chicago
800 S. Halsted Chicago
IL 60607-7017
Täglich geöffnet

Zu Emily Greene Balch und der WILPF

Women's International League for Peace and Freedom: Consultative Status
with United Nations ECOSOC, UNCTAD and UNESCO,
Special Consultative Relations with FAO, ILO, and UNICEF
International Secretariat
1, rue de Varenbé
Case Postale 28
CH-1211 Genf 20
Schweiz
Tel.: 0041/22/733 61 75
Fax: 0041/22/740 10 63

Zu Betty Williams, Mairead Corrigan Maguire und den Peace People

Das Büro der *Peace People* ist unter folgender Adresse erreichbar:
The Peace People
Fredheim
224 Lisburn Road
IRL-Belfast BT9 6GB

zu Mutter Teresa

Missionarinnen der Nächstenliebe
Elisenstr. 15
D–45139 Essen

Hilfswerk für Mutter Teresa
c/o Herrn Joseph Probst
Rue de la Montage 1
LUX-Junglinster

Mitarbeiter Mutter Teresas
c/o Frau Michaela Scheichl
Eschenbachgasse 20
A–5020 Salzburg

Hilfswerk für Mutter Teresa
Habsburgerstr. 44
CH–6004 Luzern

zu Rigoberta Menchú

Informationsstelle Guatemala e.V.
Heerstr. 205
D–53111 Bonn

Medico International
»Guatemala«
Obermainanlage 7
D–60314 Frankfurt

Zu Jody Williams

www.mgm.org
Website mit ›Nachrichten aus der Welt des humanitären Minenräumens‹

www.landmines.org
Diese Organisation ist registriert bei United Nations Association of the
USA, Inc.

Hannah Arendt
Mary McCarthy

Im Vertrauen

Briefwechsel 1949–1975.
Herausgegeben und mit einer
Einführung von Carol Brightman.
Aus dem Amerikanischen von
Ursula Ludz und Hans Moll.
583 Seiten. Serie Piper

In diesen Briefen der deutschen Philosophin Hannah Arendt und der amerikanischen Schriftstellerin Mary McCarthy sprechen zwei kluge, aufgeklärte und unvoreingenommene Frauen über alles, über Politik, Ideen und Moral, ihre Bücher, ihre Männer, über sich und ihre persönlichen Erlebnisse: Briefe, die sich spannend wie ein Roman lesen.

»Daß zum Wesen solcher Freundschaft das Ineinander von vertrauender Intimität und räsonierender Öffentlichkeit gehört, daß Freundschaft der Raum einer vertrauensvollen Schärfe des Urteils ist, beweist diese Korrespondenz Hannah Arendts mit der amerikanischen Freundin.«
Frankfurter Allgemeine

Hannah Arendt

Rahel Varnhagen

Lebensgeschichte einer deutschen
Jüdin aus der Romantik.
298 Seiten. Serie Piper

»Was mich interessierte war lediglich, Rahels Lebensgeschichte so nachzuerzählen, wie sie selbst sie hätte erzählen können. Warum sie selbst sich, im Unterschied zu dem, was andere über sie sagten, für außerordentlich hielt, hat sie in nahezu jeder Epoche ihres Lebens in sich gleichbleibenden Wendungen und Bildern, die alle das umschreiben sollten, was sie unter Schicksal verstand, zum Ausdruck gebracht. Worauf es ihr ankam, war, sich dem Leben so zu exponieren, daß es sie treffen konnte ›wie Wetter ohne Schirm‹…«
Diesem Interesse folgend ist es Hannah Arendt gelungen, die Lebensgeschichte dieser ungewöhnlichen Frau nach den unverfälschten Quellen, die Rahels Mann nach ihrem Tode bekanntlich eigenmächtig stilisiert hatte, ebenso einfühlsam wie erhellend nachzuvollziehen.

SERIE PIPER

Stefan Gläser

Frauen um Napoleon

*261 Seiten und 16 Seiten Bildtafeln.
Serie Piper*

Elf Frauen, die in Napoleons Leben eine besondere Rolle spielten, die seinen glanzvollen Aufstieg und seinen jähen Sturz erlebten, die ihn liebten, bewunderten oder auch verachteten: von der Mutter Letizia und den drei Schwestern über die Ehefrauen Joséphine und Marie Louise und die beiden Adoptivtöchter bis hin zur Geliebten Marie Walewska und den Gegnerinnen Königin Luise und Madame de Staël – sie alle hat Stefan Gläser historisch fundiert und mitreißend porträtiert.

»Eine flüssig zu lesende und zugleich neue Einsichten eröffnende Ergänzung zu den unzähligen politischen Napoleon-Biographien.«
Geschichte

Martha Schad

Die Frauen des Hauses Fugger

*Mit sanfter Macht zum Weltruhm.
190 Seiten mit einem farbigen
Bildteil. Serie Piper*

Die Augsburger Handwerker- und Kaufmannsfamilie Fugger stieg im 16. Jahrhundert zu sagenhaftem Reichtum und politischem Einfluß auf. Den Weg von einfachen Webern zum wichtigen Handelsgeschlecht ebneten auch die bislang nur wenig beachteten weiblichen Akteure des Hauses: Martha Schad zeigt, wie mit sanfter Macht die Fäden der Familien- und Reichspolitik gezogen wurden. Ein engagiertes Geschichtsbuch, das detaillierte Einblicke in Freud und Leid der Fugger bietet und dabei die historische Objektivität niemals verläßt.

»Die Autorin holt die Frauen aus der Fußnote der Geschichtsschreibung ... Mit der bei Martha Schad gewohnten Mischung aus Witz, Spannung und Detailreichtum.«
Aichacher Zeitung

05/1602/01/L   05/1601/01/R

Barbara Beuys

Denn ich bin krank vor Liebe

Das Leben der Hildegard von Bingen. 376 Seiten. Serie Piper

Barbara Beuys stellt Hildegard von Bingen im Kontext ihrer Zeit dar – als weibliches Multitalent mit einem einzigartigen und vielseitigen Werk. Denn Hildegard war nicht nur Theologin, sondern auch Botanikerin, Medizinerin und Musikerin. Die Autorin befreit die zur Kultfigur gewordene Äbtissin von Klischees und Legenden, deckt neue Seiten einer ungewöhnlichen Persönlichkeit auf und zeigt, daß gerade Frauen einen wichtigen Anteil am geistigen Leben des Mittelalters hatten.

»Barbara Beuys, die schon öfter bewiesen hat, wie brillant sie die schwierige Kunst beherrscht, historisch Komplexes gleichermaßen differenziert wie eingängig zu vermitteln, hat diese Aufgabe souverän gemeistert.«
Die Zeit

Finn Jor

Sören und Regine

Kirkegaard und seine unerfüllte Liebe. Aus dem Norwegischen von Gabriele Haefs. 303 Seiten. Serie Piper

»Einer Ungenannten, deren Name einst erwähnt werden wird« – fast sein gesamtes Werk widmete der dänische Philosoph Sören Kierkegaard seiner großen und unerfüllten Liebe Regine Olsen. Erst vierzehn Jahre ist sie, als sie sich in den exzentrischen Theologiestudenten Sören verliebt. Die Verlobung der beiden wird zum Stadtgespräch, doch Sören meint an einem bösen Fluch zu leiden und setzt alles daran, die Verlobung zu lösen ... In dieser Liebesgeschichte erwacht das 19. Jahrhundert zum Leben und mit ihm die faszinierende Gestalt eines der bedeutendsten europäischen Philosophen.

»Finn Jor meistert die diffizile Aufgabe der biographischen Annäherung mit Bravour, indem er die tragisch-schöne Liebesgeschichte von Sören Kierkegaard und Regine Olsen mit großem erzählerischem Geschick und fundierter Sachkenntnis nachzeichnet.«
Der kleine Bund, Bern

SERIE

PIPER

05/1584/01/L

05/1532/R

Thea Leitner

Fürstin, Dame, Armes Weib

Ungewöhnliche Frauen im Wien der Jahrhundertwende. 352 Seiten mit 38 Abbildungen. Serie Piper

Die sechs hier porträtierten Frauen aus dem Wien der Wende zum 20. Jahrhundert stammen aus höchst unterschiedlichen sozialen Kreisen. Kennzeichnend für sie ist jedoch die Tatsache, daß jede dieser Frauen das ihr vorgezeichnete Lebensmuster modifizierte oder sogar sprengte – auch um den Preis der Gefährdung der eigenen Person.

Helmut Kaiser

Maria Sibylla Merian

Eine Biographie. 203 Seiten mit 17 Abbildungen. Serie Piper

Maria Sibylla Merian (1647–1717), hochbegabte Kupferstecherin, Malerin und Naturforscherin, Tochter des berühmten Kupferstechers Merian, zeichnete Pflanzen, Früchte und Insekten in ihren verschiedenen Entwicklungsstadien nach der lebenden Natur wie kein Wissenschaftler und Künstler vor ihr. Ihre Forschungsarbeit, gepaart mit grenzenloser Neugier und nicht zu erschöpfender Tatkraft, war ebenso unkonventionell und ungewöhnlich wie ihr Privatleben: Sie trennte sich von ihrem Ehemann, lebte zeitweise in einer pietistischen Glaubensgemeinschaft und wechselte häufig ihren Wohnsitz. Ihre Forschungsreise nach Surinam 1699 krönte ihre Lebensleistung. Nach ihrer Rückkehr veröffentlichte sie 1705 ihr naturwissenschaftliches Meisterwerk, die kolorierten Kupferstiche »Metamorphosis Insectorum Surinamensium«.

05/1310/01/L

05/1307/01/R

Antje Windgassen

Alexandra David-Néel
Auf der Suche nach dem Licht.
Biographischer Roman. 246 Seiten.
Serie Piper

Als eine der ersten Frauen studierte Alexandra David-Néel an der Sorbonne. Als Dreiundzwanzigjährige machte sie sich 1891 das erste Mal auf in das Land ihrer Träume, nach Asien. Schließlich verbrachte sie ihr halbes Leben dort und wanderte durch Indien, Sikkim, Nepal, China und Tibet. Begegnungen mit dem Dalai Lama und mit Mahatma Gandhi machten sie weltberühmt.

»Es gab rasante Abenteuerinnen, die auf Kamelen Afrika erkundeten, in langen Röcken den Mont Blanc bezwangen und in unsicheren Flugkisten mit offenem Cockpit flogen. Eine von ihnen und die wohl berühmteste ist Alexandra David-Néel.«
Emma

Perlen Afrikas

Das neue Afrikanissimo-Lesebuch
Herausgegeben von Ruth Kumpmann und Peter Ripken. 174 Seiten. Serie Piper

Afrika ist ein Kontinent voller Geschichten – da gibt es den weisen Alten, der den jungen Menschen im Dorf von den Vorfahren erzählt, den Griot, der die Herrschenden besingt und verspottet, und die kluge Frau, die witzig und selbstbewußt von starken Frauen zu erzählen weiß. Noch heute verbinden viele mit dem zweitgrößten Kontinent der Erde die Exotik von Maskentänzern und Geisterbeschwörern einerseits und Katastrophen, Armut und Gewalt andererseits. In dieser Sammlung zeitgenössischer afrikanischer Literatur zeigt sich Afrika in einem neuen Licht: Die Geschichten sind so vielfältig wie der Kontinent, dem sie entstammen – geheimnisvoll und vergnüglich, verspielt und raffiniert, spannend und gefühlvoll. Ein Buch, das den Blick für die Widersprüche und Schönheiten dieses Kontinents öffnet.

SERIE PIPER

SERIE PIPER

Susanne Knecht

Eliza Fraser

Schiffbruch vor Australiens Künste. 178 Seiten mit zehn Abbildungen. Serie Piper

Mai 1836: Die Stirling Castle erleidet vor Australiens Küste Schiffbruch. Während große Teile der Besatzung unter mysteriösen Umständen ums Leben kommen, kümmern sich Aborigines um die einzige Frau an Bord: Eliza Fraser, die Frau des Kapitäns, die gerade Witwe geworden ist. Nach ihrer »Befreiung« vermarktet sie ihre Erlebnisse erfolgreich – doch Frasers Geschichte ist hoch kompliziert, wie die engagierte Journalistin und Ethnologin Susanne Knecht nach umfassenden Recherchen aufgedeckt hat: Denn gut versteckt unter dem turbulenten Geschehen liegt ein Sprengsatz des Kolonialismus...

Verena von der Heyden-Rynsch

Christina von Schweden

Die rätselhafte Monarchin. 254 Seiten. Mit 10 Abbildungen. Serie Piper

Als Tochter des »Schwedenkönigs« Gustav II. Adolf mußte Christina (1626–1689) schon früh die Regierungsverantwortung übernehmen, obwohl sie eher künstlerisch und wissenschaftlich als politisch interessiert war. Ihrem Beinamen »Minerva des Nordens« machte sie alle Ehre: Sie unterstützte Künstler und Gelehrte, begeisterte sich für spanische Literatur und Malerei, und es gelang ihr sogar, den französischen Philosophen Descartes an den schwedischen Hof zu holen. Ihre Umwelt irritierte sie durch ihre Launenhaftigkeit, ihr skandalumwittertes Liebesleben und ihr Freidenkertum, vor allem aber durch ihre Abdankung, ihre Konversion zum katholischen Glauben und ihren Umzug nach Rom. Dort war sie Mittelpunkt gelehrter Kreise, gründete eine philosophische Akademie und unterhielt bedeutende Kunstsammlungen.

05/1571/01/L

05/1304/01/R

Velma Wallis
Zwei alte Frauen

Eine Legende von Verrat und Tapferkeit. Aus dem Amerikanischen von Christel Dormagen. Illustriert von Heinke Both. 128 Seiten. Serie Piper

Ein Nomadenstamm im hohen Norden von Alaska: Während eines bitterkalten Winters kommt es zu einer gefährlichen Hungersnot. Wie das alte Stammesgesetz es vorschreibt, beschließt der Häuptling, die beiden ältesten Frauen als »unnütze Esser« zurückzulassen, um den Stamm zu retten. Doch in der Einsamkeit der eisigen Wildnis geschieht das Unglaubliche: Die beiden alten Indianerfrauen geben nicht auf, sondern besinnen sich auf ihre ureigenen Fähigkeiten, die sie längst vergessen geglaubt hatten ...

»Die indianische Legende besticht durch die archaische Kraft und außergewöhnliche Naturschilderungen.«
Marie Claire

Sylvia Plath
Die Tagebücher

Herausgegeben von Frances McCullough. Vorwort von Ted Hughes. Deutsch von Alissa Walser. 492 Seiten. Serie Piper

Sylvia Plath ist eine der beunruhigendsten und wichtigsten amerikanischen Autorinnen des 20. Jahrhunderts und wurde – nicht zuletzt durch ihren Freitod – zum Mythos. Ihre Tagebücher sind aufregende Protokolle über die Bewußtseinszustände einer jungen Frau, die in allem die Beste sein will. Ihnen vertraut sie auch ihre dunklen Seiten an: ihren Ehrgeiz und ihre Selbstzweifel, ihre zerstörerische Eifersucht, ihren Haß auf Mutter Aurelia, den Zorn auf ihren Ehemann, den Dichter Ted Hughes. In ihren kompromißlos geführten Tagebüchern, brillant übersetzt von der Schriftstellerin Alissa Walser, findet sie zu einer Prägnanz und Klarheit, die nicht selten erschrecken.

SERIE PIPER

05/1518/01/L   05/1115/01/R

Christa Monkhouse/Renate Wapplinger

Übermorgen

Wenn wir alt sind

192 Seiten, Gebunden

Kein gesunder Mensch kommt auf die Idee, voller Freude und Enthusiasmus einen Umzug ins Pflegeheim zu planen. Denn dort, so die leidvolle Erfahrung, herrschen Einsamkeit, Hilflosigkeit und Langeweile. Wie es gelingen kann, Pflege und Betreuung von Betagten zu gewährleisten, mit ihnen selbstbestimmt und mit Freude eine lebenswerte Umgebung zu gestalten, zeigt die seit drei Jahren in Zollikon (Zürich, Schweiz) gelebte Eden-Alternative.

Die gesellschaftliche Brisanz wie Relevanz dieser Philosophie zeigen die beiden Autorinnen anhand zahlreicher Beispiele aus der Praxis, die zur Nachahmung anregen sollen.

"Es ist eines der schönsten, informativsten und hoffnungsvollsten Bücher über das Alter, das ich kenne ... Dieses Buch macht Hoffnung und es macht Mut. Mit der Eden-Alternative kann jeder Mensch lernen dem Alter beruhigt entgegenzugehen und es nicht zu fürchten."
Leonie Ossowski, Schriftstellerin

Rüffer&Rub
Sachbuchverlag